日韓対照研究によるハとガと無助詞

ひつじ研究叢書〈言語編〉

第110巻 言語行為と調整理論 久保進 著
第111巻 現代日本語ムード・テンス・アスペクト論 工藤真由美 著
第112巻 名詞句の世界 西山佑司 編
第113巻「国語学」の形成と水脈 釘貫亨 著
第115巻 日本語の名詞指向性の研究 新屋映子 著
第116巻 英語副詞配列論 鈴木博雄 著
第117巻 バントゥ諸語の一般言語学的研究 湯川恭敏 著
第118巻 名詞句とともに用いられる「こと」の談話機能 金英周 著
第119巻 平安期日本語の主体表現と客体表現 高山道代 著
第120巻 長崎方言からみた語音調の構造 松浦年男 著
第121巻 テキストマイニングによる言語研究 岸江信介・田畑智司 編
第122巻 話し言葉と書き言葉の接点 石黒圭・橋本行洋 編
第123巻 パースペクティブ・シフトと混合話法 山森良枝 著
第124巻 日本語の共感覚的比喩 武藤彩加 著
第125巻 日本語における漢語の変容の研究 鳴海伸一 著
第126巻 ドイツ語の様相助動詞 髙橋輝和 著
第127巻 コーパスと日本語史研究 近藤泰弘・田中牧郎・小木曽智信 編
第128巻 手続き的意味論 武内道子 著
第129巻 コミュニケーションへの言語的接近 定延利之 著
第130巻 富山県方言の文法 小西いずみ 著
第131巻 日本語の活用現象 三原健一 著
第132巻 日英語の文法化と構文化 秋元実治・青木博史・前田満 編
第133巻 発話行為から見た日本語授受表現の歴史的研究 森勇太 著
第134巻 法生活空間におけるスペイン語の用法研究 堀田英夫 編
第137巻 日韓対照研究によるハとガと無助詞 金智賢 著
第138巻 判断のモダリティに関する日中対照研究 王其莉 著

ひつじ研究叢書
〈言語編〉
第137巻

日韓対照研究による
ハとガと無助詞

金智賢 著

ひつじ書房

はしがき

本書は、現代日本語と韓国語の談話におけるハ（eun/neun）とガ（i/ga）と無助詞を対照分析することで、類似する両言語におけるこれら助詞類の語用論的意味と体系を再考するものである。本書は、著者の博士論文である「現代韓国語と日本語の談話における無助詞について―主語名詞句及び文頭名詞句を中心に―」（東京大学総合文化研究科言語情報科学専攻、2009）を加筆修正したもので、無助詞が焦点になっているにも関わらず関連現象としてハとガを広くカバーしている原著の特徴を生かしつつ、本書独自の枠組みでこれら助詞類やその周辺を捉えなおしている。

日本語でも韓国語でも文法歴史において最も古いテーマであるハとガ（eun/neun と i/ga）の問題に、今真正面から向き合うことは無謀に思われるかもしれない。しかし、その対立構造に無助詞を入れて、ハとガを中心に流れてきた議論を新たな視覚から見直すことは決して無意味なことではない。なぜ、ハとガと無助詞か。日本語と韓国語の文法歴史でハとガ（eun/neun と i/ga）が注目を集めてきた最も重要な理由の一つは、その文法的価値と使用頻度にあるはずである。即ち、日本語の特徴を最もよく表す要素の一つでありながら、文の一番目立つ場所に一番よく現れるハとガ、さらにそれらはある基準によって交替的に使用される。その基準を明らかにするというのがハとガの問題の本質だとすれば、多様化する言語研究において無助詞に関心が集まるのは偶然ではない。例えば、主語にどのような助詞が用いられているかに関して、純粋な話し言葉を対象に行った本書の計量的調査によると、日本語でガ（29.9%）＞無助詞（28.8%）＞ハ（20.4%）の順、韓国語で i/ga（45.0%）＞無助詞（25.9%）＞ eun/neun（16.4%）の順によく用いられることが分かる。この結果は、ハとガの議論に無助詞を欠いてはいけない重大な根拠を与える。

無助詞そのものは、限りなく語用論的である。第1章の1節で詳しく論じるが、規範的文法レベルで完全とされる文においては、無助詞が現れる余地は殆どない。主に以前の、規範化した言語表現が現れやすい書き言葉が研究対象だったハとガの議論では、無助詞の価値は相対的に低かったと言える。しかし、その規範化した言語の使用者によって行われる実際の言語生活（特に、話し言葉）では、無助詞はハやガに劣らない存在感で独自の意味・機能を思う存分発揮しているのである。このことから、無助詞は語用論レベルにおいてこそ意味があると言える。本書はハとガと無助詞を同じ線上で見るために、語用論的視点を貫いている。ただし、これは伝統的なハとガの議論を完全に排除したという意味ではない。本書は、近年日本語文法でよく見られる構文分けの形式こそとらないものの、伝統的なハとガの議論で指摘されてきた主要概念を適宜導入しながら、本書独自のまとめ方で三つの助詞を捉えなおしているのである。以下、本書の流れを述べる。

冒頭では、以上の議論を含め、理論的背景について述べている。本書は、ある言語現象を分析することによって特定の言語理論を裏付けるというものではない。ところが、議論を進める基本的な考え方として、統語・意味論レベルと談話・語用論レベルを区別し言語記述を明確にするべきだとする関連性理論（Relevance Theory）の概念を採用している。第1章では、この理論的なベースの上で助詞類をどのように位置づけるかについて詳述している。その後、ハとガと無助詞を取り上げるに際し、これまでの関連先行研究を韓国語と日本語の順で概観している。これは読者に、日本語と非常に類似する別の言語ではハとガと無助詞がどのように扱われているかを先に覗き日本語との類似点や相違点を吟味してもらうことで、本書の流れを予想してもらうという狙いがある。第2章では、本書のハとガと無助詞に関する議論をめぐる諸現象とそれに対する本書の見解について述べている。特に、無助詞に関わる問題の一つである省略現象と、ハとガと無助詞を語用論的な視点から見るための予備的な議論として、本書で言う統語・意味論レベルではこれらの助詞をどう考えるべきかという問題に焦点を当てている。なお、本書の前半は主語名詞句を対象としていることから、主語という文法範疇についても明確にしている。

本書の重要な特徴の一つは、現代日本語と韓国語の談話における助詞の使い方を、実際の談話資料から計量的に調査・分析している点にある。第3章と第4章では、韓国語と日本語の自然談話資料を計量的に調査・分析した結果を紹介している。この調査・分析は、自然談話の中から抽出された「主語—述語」の形をしている全ての単文を対象に、主語名詞句の性質、述部動詞句の性質、文のタイプなどによって主語の助詞がどう表れるかを調べたものである。助詞の使い方を分析するために大量の自然談話の中から実際助詞を数えてみたという研究は、管見の限りこれまでにない。近年コーパス言語学が発達し、特定の単語が特定の表現と共起しやすいなどといったことまで機械的に調べられる時代ではあるが、まだ助詞類については上述のような詳しい分析ができるところまで至っておらず、特に無助詞のような目に見えない形式の振る舞いについて機械的な操作を当てることは現実的に不可能に近い。このような意味で、本書における助詞の計量的調査は、今後行われる関連研究の物差しともなる貴重な土台と言えよう。

第5章以降では談話・文脈を考慮した本格的な語用論的分析を行っている。第5章では、典型的な無助詞文を取り上げ、無助詞の本質について明らかにしている。第3章と第4章を通して無助詞の大きな特徴の一つは現場性にあることを示し、第5章ではその現場性の本質を探る議論を行っている。現場性自体は韓国語と日本語の先行研究でも指摘されている概念であるが、無助詞とこれらの概念との関係付けが研究者によって異なるのみならず、その殆どが理論的な説明にとどまっているのが現状である。本書では、自然談話の綿密な分析を通して無助詞の性質としての現場性とは何かを追究している。ここでは、ハ（eun/neun）とガ（i/ga）に関する従来の議論を踏まえ、無助詞を加えた談話・語用論レベルにおける助詞類の特徴を体系的にまとめている。第6章では、第5章の議論に当てはまらないように見える例外的なケースを取り上げ分析した。談話の話題と関連する限定的現場性と存在表現における無助詞文である。ここでは、一見これまでの説明の例外に見えるこれらの現象が実は例外ではないことを示している。第7章では、話し手主語や疑問詞疑問文などいくつかのケースを取り上げ、韓国語と日本語の助詞の使用における主な違いについて論じている。本書の計量的分析では、ハとガと無助詞の全体的な使い分けにおける日韓の違いを数値的に確認することができる。両言語の無助詞に関する議論では、日韓両言語の類似点が目立つ。第7章では、特に有形の助詞を中心に、日韓で最も違いを見せる使い方に焦点を当て、談話の例を観察しながら分析している。両言語の構造的な類似さ、及び、無助詞における共通点に逆行する有形の助詞の違いを総合的な視野から分析することで、それぞれの言語における助詞類の全体像が見えてくるのである。

第8章と第9章は、両言語のハとガの議論に頻繁に登場する情報構造と主題の問題を扱っている。これらの問題では大きく、主題の定義や情報構造と助詞との関係という二つの論点がポイントになる。助詞と主題の関係に関するこれまでの議論は、「主題—解説」という形式の面と、「旧情報」という情報論的な面が入り交ざって問題視されており、さらに、「主題性」という曖昧な概念が加わって非常に複雑なものになっている。第8章では、これらの概念をハとガと無助詞の意味・用法の記述に適用すべく、諸概念、特に「主題」の概念について整理を行うとともに、情報構造と助詞との関係について述べた。第9章は、それぞれの助詞の性質がどのような形で主題と結合しているかについて、実際の例を分析しながら論じている。さらに、助詞と主題の問題において日本語と韓国語で大きな違いが見られる点、そこから浮き彫りになる各言語の特徴を明らかにしている。

第10章では、全体の内容を章ごとにまとめた後、残る課題と展望を述べた。特に、本書のテーマから拡張できる問題として目的語における無助詞や、社会言語学的な観点から無助詞現象をどう見るかについて議論を行った。本書で取り上げられなかった目的語、ヲ(eul/leul) 格における助詞の使い分けについては、本書の談話資料からの例を中心に観察した結果、主語の場合と同じ観点から分析できることを見た。なお、談話参加者の性別や年齢、会話の場の性格など社会言語学的な要素が助詞の使用にどう影響するかについては、先行研究で言われたことが本書の談話資料から観察できるかどうかを中心に見たが、今回のデータからは明確なことは言えず、今後の課題である。

本書は、東京大学韓国学研究部門の「韓国学中央研究院・海外韓国学中核大学育成事業　東京大学韓国学研究者育成事業学術成果刊行助成制度」による刊行助成を受け、世の中の読者に出会うことができた。これからの研究人生に残る貴重な機会をいただいたことに深く御礼を申し上げる。また、原著の学位論文執筆の段階で、経済的支援をいただいた朴龍九育英会にも厚く御礼申し上げたい。学位論文を細かくご指導いただき、物心両面において支援をいただいた東京大学教授の生越直樹先生には感謝の念に堪えない。その他に、論文執筆の段階ではいろいろな方にお世話になった。とりわけ、論文の多くを占める言語データの統計処理において多大なる助けをいただいた台湾国立政治大学教授の朴炳善先生、執筆のいろいろな段階で惜しみない理論的助言をくださった創価大学教授の守屋三千代先生に御礼を申し上げたい。なお、審査の段階では東京大学教授の藤井聖子先生、近藤安月子先生、福井玲先生、国立国語研究所教授の野田尚史先生に有益な助言をいただき、北星学園大学の高野照司先生、神奈川大学教授の尹亭仁氏には貴重な資料とアドバイスをいただいた。韓国語の部分においては、ソウル大学校の任洪彬先生、李賢熙先生に教えをいただいた。先生方に深く感謝申し上げたい。

本書の大切な資料となる自然談話は、多くの方々の協力によって収集できた。特に、韓国語のデータ収集は徳成女子大学校助教授の盧姙鉉氏の協力に負うところが大きい。また、東京外国語大学准教授の伊集院郁子氏、同徳女子大学校教授の奥山洋子氏にはご自身のデータを使わせていただいた。諸氏をはじめ、ここにお名前を全て記すことはできないが、日本におけるデータの収録や文字化作業を手伝ってくださった多くの方々に心から感謝したい。

最後に、今回出版を快くお引き受けくださったひつじ書房社長の松本功氏、編集作業で大変お世話になった渡邉あゆみさんにも心より感謝申し上げたい。なお、頑固な娘を信じ応援し続けてくれた両親に愛と感謝を捧げる。

2016年4月20日
金智賢

※ This work was supported by the Core University Program for Korean Studies through the Ministry of Education of the Republic of Korea and Korean Studies Promotion Service of the Academy of Korean Studies (AKS-2014-OLU-2250002).
※この著書は、2014年大韓民国教育部と韓国学中央研究院（韓国学振興事業団）を通じて海外韓国学中各大学育成事業の支援を受け遂行した研究である(AKS-2014-OLU-2250002)。
※本書の一部の内容は、朝鮮学会が発行する『朝鮮学報』に掲載されたものである。

目　次

第1章
ハとガと無助詞の理解

1. 無助詞への理解のために

従来、日本語文法では助詞のハとガを対立させる議論が盛んであった。ハとガは、一般に主語という同じ場所に現れそれぞれの意味を表すことから、このような議論は妥当に見える。この議論にモやナラが問題視されなかったのは、ハとガの圧倒的な使用頻度と、その類似した働きによるものであろう。ところで、この基準なら主語に何の助詞も付かない無助詞をハとガの議論に追加しなければならない。というのは、主語においていえば、無助詞はハよりも使用頻度が高く*1、モのようにハとガからはっきり区別されるわけでもないからである。そのような意味で、ハとガと無助詞は同じ線上において観察、分析、体系化される必要があると言える。

さて、無助詞はハやガのように目に見える形を持っているわけではない。このことから、ハとガと無助詞を同じ線上におくためには、無助詞とは何かという問題についての議論が先行しなければならない。第2章でも詳しく見るが、まずここで簡略に紹介する。本書で言う無助詞とは、通常助詞が現れるべきところに助詞が現れない次のような現象を指す(「φ」は無助詞を表す)*2。

(1) 저φ 형 전화번호φ 모르는데. 〈K01-MM*3〉
jeo hyeong jeonhwabeonho moleu-neunde.
私-φ 兄 電話番号-φ 知らない-[婉曲(平叙)].
(僕φ先輩の電話番号φ知らないんですけど。)

(2) 애φ 어디φ 있지? 〈K07-FF〉
yae eodi iss-ji?
この子-φ どこ-φ いる-[確認(疑問)]?
(この子φどこφいるんだ?)

(3) あたしφ入学式の自己紹介φほとんど覚えてないんだけど。

〈J01-FF〉

(4) 僕φ去年1回、○○○先生の歓迎会φ誘われたんですよ。

〈J02-MM〉

韓国語の例の「저 jeo（私）φ」、「애 yae（この子）φ」、そして、日本語の例の「あたしφ」、「僕φ」は、文の成分としては通常主語とされる名詞句である。また、「전화번호（電話番号）φ」、「自己紹介φ」は目的語、「어디 eodi（どこ）φ」、「○○○先生の歓迎会φ」は必須補語とされるものである。これらは、文を構成する成分としての名詞句であり、どれも格助詞やその他の助詞が付いていない。これらは全てここで言う無助詞名詞句である。名詞句に有形の助詞が現れていないことから、無助詞の特徴をつかむためには同じ場所に有形の助詞が現れる場合と比較してみる必要がある。本書では、無助詞が現れる様々な場所のうち主に「主語」に注目し、そこに現れる無助詞、助詞ガ・i/ga*4 とハ・eun/neun*5 を取り上げる。次のような例が対象となる*6。

(5) 나φ 안경도 하나 사야 돼. 〈K03-MM〉

na angyeong-do hana sa-ya dwae.

私-φ 眼鏡-も 一つ 買う-[義務（平叙）].

（俺φ眼鏡も一つ買わなくちゃいけないんだ。）

(6) あたしφ北海道で生きていけないわ。 〈J01-FF〉

(7) 아버지가 옛날에 그, 낚싯대를 제조하는 그런 공장을 하셨거든요.

〈K06-MM〉

abeoji-ga yesnal-e geu, nakksisdae-leul jejoha-neun geuleon gongjang-eul ha-sy-eoss-geodeun-yo.

父-ガ 昔-に その、釣り竿-を 製造する-[連体] そんな 工場-を する-[尊敬]-[過去]-[理由]-[丁寧（平叙）].

（父ガ昔その、釣り竿を製造するという工場をやってたんですよ。）

(8) バスが急に止まったんですよ。 〈J04-MF〉

(9) 그 사람은 군인이에요. 〈K05-MF〉

geu salam-eun gunin-i-eyo.

あの 人-ハ 軍人- [copl] - [丁寧 (平叙)].

(あの人ハ軍人ですよ。)

(10)僕はレポートに追われそうですね。 〈J02-MM〉

上述のように、無助詞は日本語や韓国語におけるハ・eun/neunとガ・i/gaの問題にも関わる現象で、本書は、無助詞を含めたより広範囲の助詞の使用を扱うことで従来の議論への反省をも図る。また、実際の談話を量的・質的に分析することによって、ハ・eun/neunとガ・i/gaと無助詞の談話・語用論レベルにおける特徴を明らかにし、3者による新しい体系のための土台を作っていく。

無助詞については、同じ現象を有する日本語や韓国語の文法研究の歴史においてかなり早くから注目されており、様々な視点から研究がなされてきた。しかし、何が原因でこのような現象が起こり、そこにどのような規則があるか――またはあるかどうか――といった問題さえ明確ではない。特に、韓国語における無助詞研究は、その多くがその時代時代の外来の様々な理論の枠組みに助詞の問題を当てはめようとしたため、無助詞の研究は定着せず理論的な記述にとどまっているのが現状である。本書は、これら先行研究へ方法論的な問題意識を提起し、独自に構築したデータをもって無助詞の解明に挑みたいと思う。実際の談話データの中で見られた無助詞の実例を見つめることから始め、先行研究の不十分なところを明らかにしながら、無助詞の本質を探る。統語的な観点のみならず、語用論的な観点を大いに取り入れ無助詞を考えることによって、各レベルにおける特徴をまとめ、無助詞の本質を明らかにすることができると考える。その過程では、助詞を用いる話し手に関わる問題、文の情報構造と主題の問題、省略とは何かという問題、無助詞の汎言語性に関わる問題など様々な課題が当然出てくるが、本書では、これらの課題にも注目しながらハとガと無助詞を考えていきたいと思う。

有形の助詞とは違って無助詞を考えるに当たっては、その場に現れ得る他の助詞との関係を調べその違いを明らかにすることが第一歩となろう。そのためには、統語的に助詞が現れるべきところに、実際に助詞が現れた場合と、助詞が現れていない場合をすべて調べる必要があるだろうが、次の二つの理由から、無助詞というものを所謂構造格（文法格）助詞の現れない現象に限って考察したいと思う。その理由は第一、すべての助詞とその非実現形を、実際の言語データから抽出し分析することはあまりにも膨大な作業であり、現実的に無理がある。また、第二の理由とも関係あるが、このような作業が無助詞の研究に必ずしも有効とは言えない。第二、意味格助詞や格助詞以外の助詞はその実現形と非実現形を論じること自体が有意義ではない。なぜなら、これらの助詞は、その有無によって意味の違いがはっきり示されるためである。それに比べ、構造格助詞は、その有無が真理条件的な意味の変化をもたらさないことから、古くから省略問題が注目されてきているのである。これは、日本語でハとガが注目され、モやナラは特に問題視されなかった事実と一脈相通ずる。無助詞の範囲を絞りさらに詳しく考察することによって、これまでの助詞省略の議論に新たな方向性を示すことができると思われる。

さて、本書では、構造格助詞の中でも主語をマークする格助詞のガ・i/gaと無助詞、そしてハ・eun/neunを取り上げる*7。これらの助詞を一まとまりのものとして扱う理由は、上述通り、これらの助詞類が一見文内の同じ場所に現れるからである。例えば、韓国語コーパスの計量的な分析結果によると、現れた主語に用いられる助詞はi/ga（45.5%）、eun/neun（28.1%）、無助詞（約8.7%）に多い*8。上記のデータは主に書き言葉が対象で、純粋な話し言葉を対象とした本書のデータにおいては、i/ga（45.0%）、無助詞（25.8%）、eun/neun（16.5%）、その他（12.7%）の順で、無助詞はeun/neunよりも出現頻度が高い。日本語の場合もガ（29.9%）、無助詞（28.9%）、ハ（20.4%）、その他（20.8%）の順で、比率は異なるものの上位三つは韓国語の場合と同じである。直観とも一致するが、書き言葉に比べ話し言葉では無助詞主語がハ・eun/neunよりも広く用いられるようである。主語名詞句における助詞の現れ方を論じる際にハ・eun/neunとガ・i/gaと無助詞を取り上げる妥当性は、実際の言語使用をもとに抽出した以上の数値的な結果からも十分に得られる。

本書の意義は「新しい方法論」にあると言える。無助詞という現象は、助詞という大きな文法項目の一部あるいは周辺的な現象として扱われてきているのが現状で、無助詞そのものに目を向けている近年の研究（特に日本語）は、逆に、他の助詞との関係や助詞体系の中の無助詞の位置などの問題を排除し微視的な観点で無助詞を見ている。本書はこのような方法論を適度に融合し、総合的な観点からハとガと無助詞を捉えようと思う。さらに、この種の議論では欠かせない現場性、主題、情報構造、省略などの大きな概念の整理は、無助詞を含む話し言葉の様々な現象を理解するにも役立つものと思われる。また、日韓対照という道具を使い汎言語的な現象としてハ・eun/neunとガ・i/gaと無助詞を考えてみることは、それぞれの言語をさらに深く解明できる有効な方法と考えられる。なお、両言語における実際の言語データの綿密な分析も、これまでは行われていない作業である。単なるデータの統計処理ではなく、また、単なる実例の理論的説明でもない、言語データの特性を十分に生かした量的・質的分析は、談話・語用論レベルにおける助詞の研究には大変有効なものと考えられる。本書は、このような新しい方法論で、これまで様々な観点から議論されてきた無助詞の本質、さらに、それと関わるハとガの本質を明らかにしたいと思う。

2. 言語のレベルと助詞の使用

本論に入る前に、本書で用いる主な用語を定義しておこう。最も主要な用語をまとめると次のようである。

談話：いくつかの文が集まり何らかのまとまりを持ったディスコースの中で話し言葉のことを指す*9。

統語・意味論レベル*10：言語共同体における体系としての言語のレベル。言葉が統合・配列則によって構成する文が最大単位となる抽象的な言語のレベル。

談話・語用論レベル：統語・意味論レベルの言語が使用者によって実際に運用され、具体的な場において現れる言語のレベル（「発話レベル」と同義）。

省略：統語・意味論レベルにおける文において、不可欠な文構成要素が現れないことを指す。

無助詞（φ）：文構成要素の中で名詞句に助詞が現れない現象を、談話・語用論レベルにおいて指すもの*11。

助詞類：無助詞とすべての有形の助詞の通称。

以下では、これらの詳しい説明を行いながら、本書における理論的な背景や基本的な考え方について述べることにする。本書の観察対象は現代韓国語と日本語の「話し言葉」であり、「談話」という用語も話し言葉に限る。畠（1993: 239）には、「いくつかの文が集まり何らかのまとまりを持ったものをディスコースdiscourseと言う。（中略）ディスコースの日本語訳として「文章・談話」を使い、話しことばのディスコースを「談話」、書きことばのディスコースを「文章」とする」とあるが、本書もこのような考え方を受け入れ、話し言葉のディスコースを「談話」と呼ぶことにする。

さて、本書は、言語を見る基本的な立場として統語・意味論レベルと談話・語用論レベルの概念的な区別を主張する。ここで言うレベルの概念的な区別とは、次のようなものである。例えば、Aという人がBという人に「ハサミある？」と聞かれ、「あそこにあるよ。」と答えた場合、この「あそこにあるよ。」という文は統語・意味論レベルにおいては、「（現実ではどこか分からない）あそこに（ハサミが）ある」という形・意味を持ち、「あそこ」というのは場所指示代名詞で、「ある」という存在動詞が述語であり、主語は「Nが」の形式で要求されるが言語化されていないなどのことが言える。一方、この文は、それが実際発話されるという談話・語用論レベルにおいては、「ハサミが（二人と少し離れた）机の上にある」という意味が聞き手に伝わることになり、場合によってはさらに多くの情報が伝わることになる。例えば、話し手が「ハサミが机の上にある」という意味の発話をしているという発話行為そのものに関する情報や、話し手はそのことを信じているという話し手の信念に関するもの、命題や聞き手に対する話し手の態度などが伝わる。実際発話された発話文を埋め込み文の形にして、客観的な事実として述べると、埋め込まれた文は統語・意味論レベルに近いと考えられる。例えば、「あそこにあるよ。」という発話文の統語・意味論レベルにおける形は「あそこに（ハサミが）あること」の下線の部分に近い。しかし、この下線の部分はまだそのままでは意味の完全な文とは言えない。「あそこ」がどこを指しているのが分からないためである。「あそこ」のような代名詞は、統語・意味論レベルではそれが何を指すかが特定できず、現実で発話されて始めて「あそこ」がどこなのかが分かることから、文を超えないところで既に語用論的要素が関与していることが分かる*12。このように、言語現象を分析する際に、どこまでが統語・意味論レベルにおける事実で、どこまでが談話・語用論レベルの事実なのかを概念的に区別することは重要であり、特に、片方のレベルでしか確認できない言語事実があるとすれば、このような区別は必須となる。ここで、一つ注意されたいのは、このようなレベルの区別はあくまでも概念的な区別であり、言語現象自体が各レベルで相互排他的に起こるということを主張しているわけではない。例えば、上述の文における「ハサミ」は、どのレベルにおいても「物を２枚の刃で挟んで切る道具」を意味する名詞として起こり得るのである*13。レベル分けは概念的なもので、現象的には両レベルは連続的であると言える。発話レベルでも、報告など客観的な事実を述べる場合や講演などフォーマルな場における言葉は、統語・意味論レベルに近いものがあると考えられる。というのは、話し手が「規範的な」言葉遣いを気にかけて話しているためである。規範的であることは当該の言語共同体が決めている抽象的な言語レベルの特徴と言える。典型的な談話・語用論レベルは、自発的で省略、言い誤り、繰り返し、ためらい、不正確な発音などを含む、所謂「話し言葉」である。

ところで、統語・意味論レベルと談話・語用論レベルの概念的な区別は、本書が議論を進める上での基本的な考え方であるが、言語のレベルを分けることは多くの学者によって様々に行われてきている。古くはソシュールのラングとパロールの区別をはじめ、言語行為を発話行為・発話内行為・発話媒介行為などのレベルに分けることや、モダリティ論で言う命題とモダリティの区別などもある。言語学では統語論・意味論・語用論などのように研究分野を言語レベルごとに分けることもある*14。本書で採用している、上述の

「ハサミある?」という発話文における言語レベルの概念的区別は、発言された言葉が表す抽象的な意味（統語・意味論レベル）と、その言葉が現実世界で実際に使われたときに聞き手に伝わる意味（談話・語用論レベル）との区別である*15。このようなレベルの概念的な区別は、助詞の働きを説明する際に大変有効である。無助詞に関して言えば、様々なアプローチが可能であろうが、この現象は主に話し言葉で確認できるものであり、談話・語用論レベルに特化していると言うことができる。特に、無助詞は目に見える形がなく、例えば、代名詞の指示対象が統語・意味論レベルでは特定できないのと同様、無助詞がどのような働きをするかというのは統語・意味論レベルでは特定できないのである。有形の助詞に関しても、例えば、日本語のガは統語・意味論レベル寄りの助詞で、モは談話・語用論レベル寄りの助詞であると考えられる*16。ここで、本書における統語・意味論レベルと談話・語用論レベルの違いと、これらの助詞がそれぞれのレベルとどう関わっているかを、実際の談話の一例をもって説明することにする（文の提示においては、客観的な叙述として述べるため「〜すること」という埋め込み文の形で表現している）。

(11) a. J01AF: ○○の自己紹介全然覚えてないんだよね。
　　 b. J01BF: あ、残念。あたしも覚えてないわ。 〈J01-FF〉

(12) a. あたしガ（X ヲ）覚えていない（こと） ［統語・意味論レベルの意味］
　　 b. J01BF が○○の自己紹介を覚えておらず、J01BF 以外に○○の自己紹介を覚えていない人（J01AF）が存在する（こと） ［談話・語用論レベルの意味］

(11b）の「あたしも覚えてないわ」という発話文は、(12a）のような「統語・意味論レベルの意味」と（12b）のような「談話・語用論レベルの意味」を持つと考えられる。(12a）の「あたし」は、それが実際誰を指すかを文脈から探るといった語用論的手段によって「J01BF」という人物であることが特定される。「覚えていない」ことは「○○の自己紹介」であることも文脈による語用論的手段によって解釈されると言うことができる。即ち、「統語・意味論レベルの意味」は語用論的プロセスを受ける前の発話文の意味であり、「談話・語用論レベルの意味」は統語・意味論レベルの意味が様々な語用論的プロセスを受けた発話文の意味であると言える。さて、発話（11b）に現れている助詞モ（太字）は、この文の統語・意味論レベルの意味には含められず、談話・語用論レベルの意味に関わるものと考えられる。というのは、話者J01BFは、自分が誰かの自己紹介を覚えていないという命題と共に、「あなたが○○の自己紹介を覚えていない事実に加えて」という情報を、モを通して伝えているものと考えられるのである。要するに、モはその本質上、既に当該の文の外の情報――先行名詞句以外にそれと同類のものが既に存在するという――即ち、語用論的情報を持っているのである。このような意味でモは談話・語用論レベル寄りの助詞であると言うことができる。一方、（12a）の統語・意味論レベルの意味には本来の発話には現れていなかった助詞ガがある。この助詞は、述語「覚えていない」における主体を表す文法的な機能を担っているものであり、モのような助詞とは異なって、話者たちの抽象的言語体系の中で常に主語をマークするものとして概念的に存在する助詞である*17。このような意味で助詞ガは統語・意味論レベル寄りの助詞であると言える。モとガに関するこのような理解は、韓国語のdoとi/gaに対しても同様に適用される。

さて、本書の研究対象である無助詞及びハ・eun/neunは、ガ・i/gaよりはモ・doとそのカテゴリーを共にするものと考えられる。即ち、談話・語用論レベルにのみ現れ、固有の意味役割を果たすのである。無助詞について考えてみると、発話文の統語・意味論レベルにおいては（12a）のように、名詞句などが文内でどのような文法的役割を果たすかを示す格助詞が常に存在する。従って、このレベルにおいて格助詞が現れないということは、完全な抽象的文の形を成すための要素を欠いていることになり、補わなければならないという話者の概念が作用することになるのである。このような場合、格助詞の非実現は「省略」と呼んで相応しいであろう。ところが、上述したモ・doのような、本来文の統語・意味論レベルの意味とは無縁の助詞類においては、このようなプロセスが成立せず、談話・語用論レベルにおいて有形の助詞が現れていないからといってモ・do（あるいはハ・eun/neun）が省略されているとは言えない。

本書は、発話や発話理解において統語・意味論レベルが先に形成され何らかのプロセスを経て談話・語用論レベルになるなどとは考えていない。従って、統語・意味論レベルで主体などを表す役割を果たしていた助詞が談話・語用論レベルに現れていないからといって当該助詞が「省略」しているとは考えないのである。このような考えによると、「省略」とは統語・意味論レベルにおける概念的操作であり、談話・語用論レベルではこのような操作が意味をなさないということが分かる。というのは、談話・語用論レベルは、実際の会話で聞き手に伝わる意味に貢献する要素だけで成っており、何かを補う必要が生じる要素は最初から省略しないはずなのである。談話・語用論レベルにおいて名詞句に助詞が現れないという無助詞も、特定の意味を表すために話者が別の有形の助詞の代わりに選択したものであり、そこには無助詞を使うことによってのみ表せる固有の意味があるはずである。

さて、これまで統語・意味論レベルと談話・語用論レベルの違いを説明してきたが、このような説明では一見統語・意味論レベルの範囲が談話・語用論レベルのそれに比べ非常に狭いようにも見え、このようなレベル分けが果たして合理的なのかという疑問が生じ得る。しかし、本書では言語全体のレベルを分類学的に分けることを目標としているのではなく、例えば、談話・語用論レベルもさらに細かく分類される可能性は十分ある*18。本書で統語・意味論レベルと談話・語用論レベルに分けるのは、それが言葉のレベルを考慮する際一次的に考えられる概念的分類であり、本書で扱っている助詞類の性質を説明するのに最も適していると考えるためである。無助詞、ガ・i/ga、ハ・eun/neunをこのようなレベルと関連付けて述べると、ガ・i/gaは、上述通り主体を表す機能的な働きをする統語・意味論レベル寄りの助詞類であり、無助詞は、あるべき助詞がないということから統語・意味論レベルでは助詞（格助詞）の省略と言えるが、談話・語用論レベルにおいてはじめてその固有の役割を有することから談話・語用論レベル寄りの助詞類であると言える。

本書において、「助詞の省略」ではなく敢えて「無助詞」という用語を使うのは、それが談話・語用論レベルで果たす固有の役割を重視するためである。ということで、本節の冒頭の用語の説明で示したように、統語・意味論レベルにおける助詞の省略と談話・語用論レベルにおける無助詞は概念的に区別できる。また、ハ・eun/neunは、モ・doと同じく文の統語・意味論レベルには現れないことから、談話・語用論レベル寄りの助詞であると言える。このように、統語・意味論レベルと談話・語用論レベルという分け方は、助詞類の最も基本的な性質を説明するのに有効なのである。このような言語レベルの区別という概念を助詞と関連付けて分析しているのは少なく*19、さらに、無助詞をこのようなレベルの違いと関係付けて考えるものはこれまでになかった。本書では、韓国語と日本語の助詞類は統語・意味論レベルに関わるものと談話・語用論レベルに関わるものがあり、助詞によっては二つのレベルにおいて連続性を持つ場合もあるという観点をとる。

これまでの説明で、ガ・i/gaのような格助詞と呼ばれる助詞類は統語・意味論レベルに、ハ・eun/neunまたは無助詞のような助詞類は談話・語用論レベルにおいて本来の役割があることを主張した。ところで、統語・意味論レベル寄りのガ・i/gaも談話・語用論レベルの意味に貢献することがある。即ち、統語・意味論レベルで述語に対する主体を表すという役割ではなく、談話文脈と語用論的要素が関わる実際の発話に使われるときのみに表れる意味役割があるのである。第5章以降で無助詞やハ・eun/neunとの違いと関連して論じるガ・i/gaの意味は、まさに発話の談話・語用論レベルにおける意味である。上述のように、統語・意味論レベルと談話・語用論レベルは排他的に存在するのではなく連続していると考えるならば、統語・意味論レベルにおける役割に加え、談話・語用論レベルに貢献する別の働きをするなど、同じ助詞類がレベルをまたがり複数の意味を有することは十分あり得る。本書では、ガ・i/gaにおいては、統語・意味論レベル寄りといったその特性を十分理解した上で、この助詞類の談話・語用論レベルにおける意味を無助詞やハ・eun/neunとの比較で考察する。

3. 韓国語におけるハとガと無助詞

本節と次節に渡り日韓の先行研究を紹介する。本書で取り上げる三つの助詞類は、それぞれの研究もさることながらハ・eun/neunとガ・i/gaの対照研究等が数えきれないほどあるが、ここでは無助詞を研究対象に入れているもののみを取り上げる。その多くはハ・eun/neunとガ・i/gaの議論をも含んでおり、本書における様々な議論の土台になっている。

まず、韓国語の文法研究においては、i/ga、eul/leul*20といった格助詞が現れないという現象について主に研究されてきた。あるべきところに助詞が現れないという現象にはかなり早くから気づかれていたが*21、それを経済性などによる単なる助詞の省略と見る（洪起文1927、1947、朴勝彬1931、1935、최현배1929、李基白1977など）のではなく、独自の意味や機能を持ったものとして扱い始めたのは、李崇寧（1953）の「体言の曲用」、安秉禧（1966）の「不定格」などの概念が取り入れられ始めてからである。ここでは、韓国語の文法研究における無助詞がどのように説明されてきたかを概観し、後者（助詞の現れない現象を独自の意味や機能を持ったものと見る立場）に関連する先行研究をまとめる。

格標識*22あるいは助詞が現れない現象を扱った研究の流れは大きく二つに分けうる。その一つはこの現象を「体言の曲用」など、文の成分としての名詞句の「格」と関係付けて扱うもの（Ramstedt 1939、정렬모1946、李崇寧1953、金敏洙1960、安秉禧1966、閔賢植1982、李南淳1988、1998a、1998bなど）で、ここにはRamstedt（1939）の「nominative」、정렬모（1946）の「두루빛dulubich」、李崇寧（1953）の「体言の曲用」、安秉禧（1966）の「不定格」、閔賢植（1982）の「無標格」などといった概念が含まれる。このような考え方では、生成文法や格文法などその時代を代表する外来の文法を基に、主に文レベルで考察が行われているものが多い。最近の임홍빈（2006）は無助詞の意味として「提示主題」という概念を提案しているが、ここで言う主題の概念は非常に統語的であるため、この研究も無助詞を文レベルで扱って

いると言える。
先行研究のもう一つの流れは、助詞の現れない現象を談話・語用論レベルで考察するというもの（이기동 1981、프로스트 1981、申鉉淑 1982、柳東碩 1984など）である。이기동（1981）は、助詞の使用に話し手と聞き手の意識問題が関わっているとしている。프로스트（1981）はeul/leulの省略を扱い、伝達内容の性質や言語陳述、話者間の関係などが助詞の省略の原因であるとし、日本語との違いにも言及している。柳東碩（1984）は、「通報機能量」という概念をもって助詞の使用を説明している。これらの研究は、助詞の現れない現象への解釈がそれぞれ違っているものの、皆文を越え談話・語用論レベルで分析を行っているという点で一致している。また最近は、文・統語と談話・語用論の総合的・多角的観点から無助詞現象を追究しようとする動きも出てきている（Lee & Thompson 1989、김지은 1991、최재희 2000、須賀井 2003など）。Lee & Thompson（1989）は、韓国語における目的格助詞の有無に関する条件は、部分的には文法的で部分的には語用論的であるとした。김지은（1991）は文と談話の特性をそれぞれ考慮し主語に助詞の付かない現象の環境を考察しており、최재희（2000）も、格標識の非実現形の条件として語用的条件、統語的条件、意味的条件を提案している。ここでは、これらの先行研究の中で主なものをいくつか取り上げ紹介しながらその問題点などをまとめる。

文レベルの研究

① Ramstedt（1939）と安秉禧（1966）の「nominative: 不定格」

開化期（1900年前後）の西洋の研究者たちによって論じられた韓国語の助詞は、韓国語の格を名詞の曲用（declension）と見る考えから、名詞に付く接辞として把握された*23。このような考え方では、接辞（助詞）の付かない名詞も曲用の一つの形と見なされたが、そのような議論の代表的なものがRamstedt（1939）である。Ramstedt（1939）は、새집 saejib（新家）、새집들 saejibdeul（新家（複数））、새집에 saejibe（新家に）のような変化を、英語のように屈折するものと見て、屈折しない部分は変化する部分に対する描

写や限定であると説いた。このような考え方から、韓国語の格を曲用（declension）と見る次のような体系を立てる＊24。

表 1–1

		For persons		For things	
Nominative	= N	**사람** 'man'	**아이** 'child'	**집** 'house'	**나무** 'tree'
Genitive	= G	사람의	아이의	집의	나무의
Dative	= D	사람에게	아이에게	—	—
Locative	= L	사람에	아이에	집에	나무에
Accusative	= A	사람을	아이를	집을	나무를
Instrumental	= I	사람으로	아이로	집으로	나무로

（Ramstedt1939: 36）

即ち、助詞が付かない名詞はそのままで主格を表示し、助詞 -i と -ga は述語に対する主語の特別な関係を示すと述べている。助詞の現れない現象をめぐる韓国国内の議論を最初にまとめたと言える安秉禧（1966）も、このような Ramstedt（1939）の論考を取り上げ、格語尾（格助詞）を欠いた一般主格に対し i/ga は特別な主述関係を表すとしたのは卓見と評価した。また、安秉禧（1966）は、曲用語幹に叙述語が結合したら主格、体言が結合したら属格、他動詞が結合したら対格が表示されるとし、該当する格語尾を有すればその格は強調され統合関係は明確になるとした。そして、格の強調される主格、属格、対格とともに、「不定格」を曲用の屈折表に定立させることを提案したのである。

助詞のない名詞句を名詞の屈折形と見るこのような考え方は、前述のように、印欧語の文法からすると接近しやすい便利なものとも言えるが、今では韓国語において非常に重要な役割を果たすことで品詞として立てられている助詞というカテゴリーを全面的に、あるいは、部分的に否定するものになっていることから、現在では受け入れにくいものであると言える。また、主語名詞に助詞が付いて表すという「特別な主述関係」とは何かに関しては、どの研究でも詳しく論じていない。にもかかわらず、「不定格」は多くの研究者たちに受け入れられ、少しずつ視点を変えた研究が続々となされた。「不定格」を根拠に、形態論的な立場から助詞のない現象を調べようとしたものに閔賢植（1982）がある。閔賢植（1982）は、無標格（unmarker case）という用語でこの現象を捉え、格文法を理論的枠組みとして韓国語の単独体言、即ち無標体言の格機能を調べようとした。

② 閔賢植（1982）の格文法的「無標格（unmarker case）」

閔賢植（1982）はまず、格の概念を形態論・統語論*25・意味論的に定義するが、その結果、格には7個の成分格（統語格、表面格）と15個の意味格（深層格、内面格）があるとし、体言の成分格と意味格は、体言と他の語類との関係（N-N、N-V）によって決まるものであり助詞の添加により決まるものではないとした。また、無標格とそれに対応する助詞などについては次のような表を提示している（下段の（　）は日本語逐語訳、日本語訳及び表の枠は筆者）。

即ち、韓国語の助詞類というのは状況指示標識であり、状況指示標識としての「#」の伝達情報は「単純指示性（simple

表 1–2

〈基底(論理)意味〉	〈発話状況意味〉	〈発話文〉	〈選択された状況指示標識〉
{나} + {간다} ({私} + {行く})	+ 単純指示 状況	나 #*26 간다 (私 # 行く)	#
{나} + {간다} ({私} + {行く})	+ 明示（強調）状況	내가 간다 (私が行く)	가 (が)
{나} + {간다} ({私} + {行く})	+ 強調、当為 状況	나야（말로）간다 (私こそ行く)	야（말로） (こそ)
{나} + {간다} ({私} + {行く})	+ 謙譲　状況	나요 갑니다 (私ですか､行きます)	요 (ですか)
{나} + {간다} ({私} + {行く})	+ 慣用、強調 状況	나말이야 간다 (私さ、行く)	말이야 (さ)
{나} + {간다} ({私} + {行く})	+ 対照、主題 状況	나는 간다 (私は行く)	는 (は)

（閔賢植 1982: 21）

definiteness)」であるとした。なお、無標格の解釈は、形態論・統語論・意味論的に行われているが、次のようにまとめられる。

・形態論的:「#」に比べ、助詞(有標)は明示的・強調的である。
・統語論的: 無標「#」は7成分の位置にすべて出現するが、成分格は「#」によるのではなく、N_V関係によって決まる。
・意味論的: 無標「#」は15の意味格に実現できるが、その意味格は「#」によるのではなく、N_V関係によって決まる。「#」の意味素は単純指示性である。

最後に、無標格の分布及び有標格の省略許容環境という点については、助詞不要型、助詞省略型、助詞必須型の3類型があり、複合助詞及び特殊助詞は原則的に省略を許さない助詞であるとした。ここでは、辞書から引いた膨大な例を上の三つの類型に収めるという作業が行われており、助詞の省略は主格i/ga、対格eul/leul、属格ui(の)、共同格wa(と)に多いということが明らかにされている。

以上閔賢植(1982)は、格助詞が現れないという現象を独自の意味を持つものとして捉え、それを格文法に応用して説明しようとした点では評価できると思われる。特に、無標格という現象を文法体系に収めようとする試みは本書と通じるところがある。また、韓国語は歴史的に格標識がない(語順による統語機能範疇の識別をする)言語から、格標識を要求する方向に発達したという議論は示唆的である。しかし、格文法に当てはめたこのような議論は、一つの記述にはなるかもしれないが、韓国語における助詞の非出現そのものについては「単純指示性」を持つということ以外には詳しい説明がない。例えば、「나 간다 na ganda(私行くよ)」という文の主語は、何故助詞をとっていないのか、それによって発生する意味は具体的にどのようなものなのかといったことについては説明されていない。「#」の意味である「単純指示性」とはどういうものなのかという問いについても納得の行く解答が与えられていないのである。無標格も有標格と同様各機能を果たし、ある場合には必須的に、ある場合には任意に起こるという結論だけでは、現象を説明するのに不十分なのである。また、このような議論を少し違った観点から、さらに具体的な形にしたのが李南淳(1988)である。

③ 李南淳（1988）の統語構造的「不定格」

李南淳（1988）は助詞が現れないという現象が、統語構造と密接な関係にあることを示したものである。これによると、文の形象的な構造（configurational structure）で、文の交点（S）、述部の最上位交点（VP_0）、名詞句の交点の下で項と項が一次的に姉妹関係を形成するとき、格標識の非実現形が現れる（◀――▶は矢印の両端にある二つの項が姉妹関係にあることを表す。日本語逐語訳は筆者）。

（13）영이（가）　어머니（의）　편지（를）　읽는다.（S）
　　　ヨンイ（が）お母さん（の）手紙（を）　読む。（S）

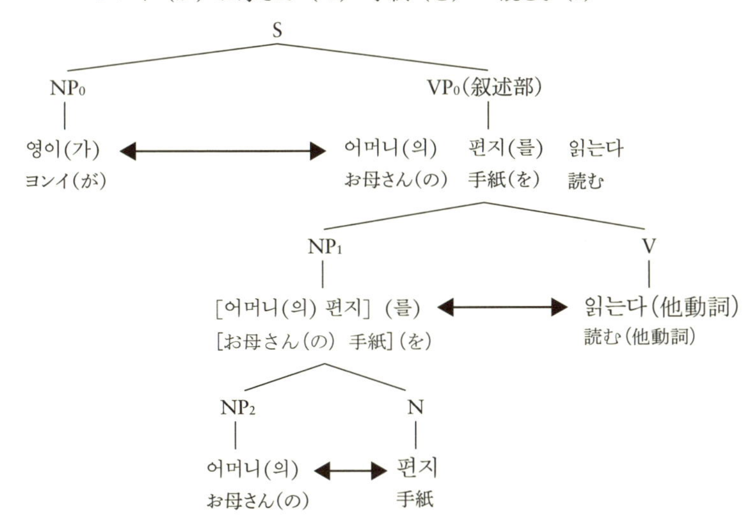

（李南淳 1988: 15）

従って、文の構成上構造的にそのような関係にある（構造的に束縛された）主格、対格、属格などが格標識の非実現形で現れる。処格（与格）、助格、共同格など（構造的に自由なもの）は格標識が現れなかったら主格や対格として認識されてしまうため格標識の非実現形はあまり起こらないが、構造上の推移を受けS交点、VP_0交点の下で一次的な姉妹関係を形成するときには格標識の非実現形が現れることができるとしている。ここでは、格標識によって格が表示される主格、対格、属格、処格（与格）、助格、共同格の格標識が実現されたのは「定格」であり、文の統合だけで格が表示される主格、対格、属格の格標識の非実現形は「不定格」、処格（与格）、助格、共同格の格標識の非実現形は格標識の「省略」と区別されている。

そして、不定格の定格への実現には文の成分のgapping、scrambling、話題（または主題topic）*27、プロミネンス（prominence）などが影響するとしているが、要するに、文の成分は何らかの原因で自分の格が確実でない場合定格になり、格が確実である場合は不定格や格標識の省略になるということになる。また、不定格あるいは格標識の省略になる可能性は、（話題＞）主格＞対格＞処格＞助格＞共同格の順であるとされる。

ここで、唯一格関係ではない概念として「話題」が登場するが、scramblingによって文頭に移動した主格や対格成分は話題として用いられるとし、定格に実現された話題は対照話題（助詞がついた名詞句が対照されるもの）、不定格に実現された話題は提示話題であり、eun/neunは「評言成分（叙述語）の対照」を表す話題（叙述語の部分が対照されるもの）、プロミネンスが置かれたeun/neunは「文全体の対照」を表す話題を示すと述べているのが注目される。特に、閔賢植（1982）の「単純指示性（#）」という概念を「提示話題」（文頭にscramblingされたとき）と捉え、定格は意味焦点になりやすいとしたことはこれからの研究にも示唆に富むと思われる。

以上のように李南淳（1988）は様々な格標識を対象に徹底的に統語論的な分析を試み*28、格助詞の現れない現象に対しかなり説得力のある議論を行っている。主格、対格、属格の格標識がなぜ処格（与格）、助格、共同格より省略されやすいかということを統語論的に見事に説明できたと思われる。特に、様々な統語環境や文型における「不定格」や「格標識の省略」を対象に、そのメカニズムを追究したという点については非常に評価できると思われる。しかし、研究範囲を統語環境に限定したばかりに、――部分的に談話らしき文脈を提示したり文を超える概念を用いて説明したりしているが――分析の限界を見せているとも言える。例えば、（14）のような例を引いて李南淳（1988）は次のように述べている（日本語逐語訳は筆者）。

(14) 가. 돌이 재웠다.

Ga. Doli jaewo-ss-da.

トリ 寝かせる-［過去］-［普通（平叙）］.

（トリ寝かせた。）

나. 돌이 순이 재웠다.

Na. Doli Suni jaewo-ss-da.

トリ スニ 寝かせる-［過去］-［普通（平叙）］.

（トリ、スニ寝かせた。）

다. 돌이가 재웠다.

Da. Doli-ga jaewo-ss-da.

トリ-ガ 寝かせる-［過去］-［普通（平叙）］.

（トリガ寝かせた。）

라. 돌이가 순이 재웠다.

La. Doli-ga Suni jaewo-ss-da.

トリ-ガ スニ 寝かせる-［過去］-［普通（平叙）］.

（トリガスニ寝かせた。）

마. 돌이 순이를 재웠다.

Ma. Doli Suni-leul jaewo-ss-da.

トリ スニ-ヲ 寝かせる-［過去］-［普通（平叙）］.

（トリ、スニヲ寝かせた。）

바. 돌이가 순이를 재웠다.

Ba. Doli-ga Suni-leul jaewo-ss-da.

トリ-ガ スニ-ヲ 寝かせる-［過去］-［普通（平叙）］.

（トリガスニヲ寝かせた。） （李南淳 1988: 31）

「(14Ga) は特定の言語的文脈が前提されない限り「돌이 Doli（トリ）」が行為の主体か対象かが明確ではない。しかし、行為の対象に解釈され、対格の不定格の実現に見なされる可能性が高い。その理由は叙述動詞との近接の程度から見て、主格よりは対格に解釈されるのが自然だからである。（中略）(14Na) で「돌이 Doli（トリ）」が主格、「순이 Suni（スニ）」が対格に解釈されるなら、(14Na) は (14La) の形式をとるのが自然である（李南淳 1988: 32)」（日本語訳及び下線は筆者）と説明しているが、実際にこの

ような文が発話されるのは言語的な文脈の中であり、文脈の中でしか起こらない現象を観察するためなら、文脈がない場合を設定しなければならない如何なる理由もない。(14Na) の文は談話の中では何の混同もなく自然に使われ、実際の談話で (14Na) と (14La) は確実な違いがある。結局、李南淳 (1988) では「不定格」が現れやすい条件や環境などが統語的なレベルで明らかになっただけで、それが使用される際の談話における意味や話し手の意図などに関する具体的な議論にまでは達していないのである。上述の通り、無助詞現象は談話・語用論的な要素を全く除外して述べることができず、統語レベルのみにおける分析は無助詞の解明から程遠いのである。

これまでのような文レベルの研究は、助詞が現れない現象に関する理論的な記述を可能にした点で評価できるが、次のような問題点がある。(1) 単純な格関係あるいは統語関係からの追究では、「言語場面」や「文脈」への関わりがうまく説明できず、様々な例外に直面する、(2) 実際の談話でのバリエーションを考慮していないため、無理な文判定や現実とかけ離れた例文へのこだわりなど、余計な作業が行われやすい。これらの問題点を解決するためには、文を越えるレベルでの考察が不可欠である。次に、このような文レベルの考察から視野を広げ談話・語用のレベルで助詞の現れない現象を観察しようとした研究をいくつか取り上げる。

談話・語用論レベルの研究

① 이기동 (1981) の「話し手と聞き手の意識問題」

이기동 (1981) は neun (ハ) に関わる話し手と聞き手の意識を問題視しながら、neun を調べるに当たって neun や ga (ガ) に限った先行研究の分析方法を批判し、neun と ga の実現と非実現現象 (φ) との比較を通じて eun/neun を追究しようとしたものである。そのために、1. φ (無標識)*29 + 述部、2.NP-φ + 述部、3.NP-ga + 述部、4.NP-neun + 述部の四つの体系を設定し、それぞれの形態の使用を話し手と聞き手の意識と関連させて分析している。つまり、対話中この四つの中で何を用いるかに関わる一番重要な概念は「意

識」と「話し手の判断」であり、聞き手の意識に対する話し手の判断によって、話し手は1～4の中から一つを選ぶということである。例を挙げてみる（日本語逐語訳は筆者）。

(15) φ 온다.（バスを待っている場面）
φ o-n-da.
φ 来る-［現在］-［普通（平叙）］.
（来る。）

(16) 버스 온다.
beoseu o-n-da.
バス 来る-［現在］-［普通（平叙）］.
（バス来る。）

(17) (아니야) 버스가 온다.
(aniya) beoseu-ga o-n-da.
（いや）バス-ガ 来る-［現在］-［普通（平叙）］.
（いや、バスガ来る。）

(18) A: 다들 왔니？
dadeul wa-ss-ni?
皆 来る-［過去］-［普通（疑問）］？
（皆来た？）
B: 아니, C는 왔는데, D와 E가 안 왔다.
ani, C-neun wa-ss-neunde, D-wa E-ga an wa-ss-da.
いや，C－ハ 来る－［過去］－［婉曲］、D－ト E－ガ［否定］来る－［過去］－［普通（平叙）］.
（いや、Cハ来たけど、DトEガ来なかった（来ていない)。）　（이기동 1981: 34–37）

上の（15）から（18）まではそれぞれ1～4に当たる例である。（15）は、話し手が、動詞だけを言えば相手が主語をすぐ見つけるだろうと思ったとき（「버스beoseu（バス）」が共通意識に入っていると判断したとき）に用いられ、（16）は、話し手が、聞き手が他のことに気を取られ「버스beoseu（バス）」をしばらく忘れていると思ったとき（「버스beoseu（バス）」が聞き手の意識に入っていないと判断したとき）に用いられる。（17）は、話し手が、聞き

手は「택시 taegsi（タクシー）」が来ると思っていると考えたとき（「무엇이 온다 mueosi onda（何かが来る）」という概念は共通の意識の中にあるが、その「무엇 mueos（何か）」の正体が異なると判断したとき）用いられ*30、（18）は、共通の意識の中にある複数のものの中で相手の注意をある一つのものに集中させるとき用いられるとしている。これをまとめると以下の表のようになる（表中「＋」は共通領域にあることを、「－」は話し手の領域だけにあることを表す）。

表 1–3

表現の種類＼話し手と聞き手の意識			主語		述部	
			話し手	聞き手	話し手	聞き手
A	ϕ	述部	＋	＋	＋	－
B	名詞 - ϕ	述部	＋	－	＋	－
C	名詞 -ga	述部	＋	±	＋	＋
D	名詞 -neun	述部	＋	＋	＋	－

（이기동 1981: 38）

この表から同氏は、意識だけでは四つの場合が区別できないとし、検証及び補完を行っている。例えば、A の場合、主語の名詞が共通意識に入っているだけでなく、話し手が聞き手による主語の混同は起こらないだろうと判断する点が大切であることを再び強調し、B でも話し手の判断を重要な要素と挙げた後、助詞が使われないことによって「主語 - ϕ + 述部」全体が一つの概念単位をなすことをも取り上げている*31。また、C のところでは、助詞「ga」は既に言及された項（古い情報）であれそうでない項であれ、話し手が「対照」、「新しい指示項の導入」、「強調」の場合に特別に聞き手の注意を引こうとするとき用いられるとしている。D においては、何がどうやって共通領域に入るかという問題を提起し、その要因として Chafe（1976: 124）の「話し手と聞き手が直接意識できるもの、言語状況の一部になる発話時間、場所、参加者、含意関係」などを挙げ韓国語に適用している。また、「文法装置の使用は機械的ではなく、話し手の方から聞き手の意識を点検しながら自分（話し手）

の判断に沿って文法標識を使う」のであると述べている。

以上のように、이기동（1981）は助詞ga及びneunやϕの問題を語用論の立場から全体的に考察した本格的な研究であり、話者たちの意識という観点から助詞の問題を捉えようとした――特に話し手の方の意識・判断を重視した――という点で評価できると思われる。だが、この研究にも、氏が自ら「完全なものではなく新しい方向の提示」であると記述した通りに、不十分な部分がないわけではない。第1の問題は、話しことばと書きことばを区別していないことである。言語を全体的に見下ろすということは重要であろうが、ここで問題にしている現象自体、頻度の点から見ても振る舞いから見ても、話しことばでの現象であり話しことばの中で分析されるべき問題なのである。書き言葉と話し言葉の概念的区別の不在は、統語・意味論レベルと談話・語用論レベルの概念的区別の不在にもつながる。이기동（1981）では実際、書きことばの例を挙げた後、そこに現れている助詞の振る舞いにおける解釈に戸惑っていることが分かる。第2の問題は、第1の問題とも関係があるが、三つの助詞（及び無助詞）の体系化を目指しながらも挙げられている例は書きことばのみである。無助詞現象は話し言葉で一般的であり、この現象を他の助詞と比べるためには当然話し言葉の例をも見る必要があるだろう。

② 柳東碩（1984）の「通報機能量」

柳東碩（1984）は助詞i（ガ）、eul（ヲ）、eun（ハ）、ϕを「通報機能量*32」という概念をもって把握しようとしたものである。これによると、i、eul、eunは様態辞（modalité）の一種で*33、通報・語用部で［i/eul］、［eun］、［ϕ］を交替項目とする一つの体系をなし、これら助詞の前の項目の内容が後の項目のそれより通報機能量が大きいときは［i/eul］が選択され、小さいときは［eun］が選択され、さらに前後の通報機能量が同じであるとき［ϕ］が選択されるという。ϕについては中立的（neutral）という意味を与えている（日本語逐語訳は筆者）。

(19) 영수 α_1 위인전 α_2 읽는다.

Yeongsu wiinjeon ilgneunda.

ヨンス α_1 偉人伝 α_2 読む-［現在］-［普通（平叙）］.

（ヨンス α_1 偉人伝 α_2 読んでいる。）　　（柳東碩 1984: 39）

（19）のような文は次のような条件によって助詞が選択されると言う（α_1 が ϕ であるためには α_2 も ϕ であることが要求される）（日本語訳は筆者）。

（20）Zが叙述の核である統合体'X α_1 Y α_2Z'の直接構成要素が［X α_1［Y α_2 Z］］に分析されるとき、

Ka. $X_{cd} > Y_{cd} \cap X_{cd} > Z_{cd}$ であれば、α_1 は［ileul］

Na. $X_{cd} < Y_{cd} \cup X_{cd} < Z_{cd}$ であれば、α_1 は［eun］

Da. $X_{cd} = Y_{cd} = Z_{cd}$ であれば、α_1 は［ϕ］　　（柳東碩 1984: 41）

通報機能量の決定には、「旧・新情報」や「予測可能・不可能」などの概念が適用される。柳東碩（1984）はこの通報機能量を決定する要因として、文の意味構造と様々な通報状況の条件を挙げている。文の意味構造は叙述語の意味特性により決まり、通報状況の条件としては聞き手、話し手、通報内容などがあるとしている。そして「通報機能量の基本分布」というのを提示しているが、これは大体叙述語に近い体言ほど通報機能量が大きく、叙述語と体言を比べると、叙述語よりは体言の方が大きい通報機能量を持つというものである。通報機能量が基本分布によって与えられたものより高くなったり（排他的対立あるいは選択指定）低くなったり（対照）した場合に、i、eul、eunの様態的意味が生まれると説明している。例を引いてみると次のようである。

（21）물이 차다.

mul-i chada.

水-ガ 冷たい-［現在］-［普通（平叙）］.

（水ガ冷たい。）

（22）말이 유용한 동물이다.

mal-i yuyongha-n dongmul-ida.

馬-ガ 有用だ-［連体］動物-［copl］-［普通（平叙）］.

（馬ガ有用な動物である。）　　（柳東碩 1984: 55）

二つの文の名詞句はどれもiを持つが（21）のiは「指定叙述」、（22）のiは「選択指定」という異なる様態的意味を持っている。

同じiが異なる様態的意味を持つようになったのは通報機能量の変化によるものであるという。即ち、(21)の「물 mul(水)」は受動者で状態叙述語の「차다 chada(冷たい)」より高い通報機能量を持つ要素であり、従って(21)のiは「意味構造」によって与えられたものである。一方、(22)の場合、「말 mal(馬)」は主題語で低い通報機能量を持っていたのが何らかの要因で通報機能量が高くなったため、(21)とは異なる「選択指定」という様態的な意味を持つようになったと見るのである。この「通報機能量の基本分布」というのは、ごく大まかではあるが李南淳(1988)の統語レベルでの分析と相通じるものがある。

柳東碩(1984)は、発話の際話し手の判断によって助詞類(φを含む)が選択されるという点において이기동(1981)と同様の見地に立つ。また、通報機能量という概念をもって助詞類の現れ方を体系的に説明しようとしたところは評価できると思われる。さらに、閔賢植(1982)と同じく無助詞を含んだ助詞の体系化を試みた点は本書の趣旨と一脈相通しており、特に語用レベル(「通報・語用部」)でこの現象を捉えようとしたのは理に適っていると言えるだろう。しかし、柳東碩(1984)では談話例の綿密な分析を欠いており、通報機能量がどのように決定されるかが明確ではない。基本分布を立てるなど様々な概念を用いて説明をしているが、理論的な記述に終わっており談話の綿密な分析にはなっていない。さらに、名詞句の情報構造として挙げられている「予測可能・不可能」、「旧・新情報」などの概念も何の反省や規定なしで使われており、「通報機能量」という概念も明確ではないという原論的な問題を抱えている。後述するが、このような助詞の意味・用法を排除した名詞句の情報構造だけでは助詞類の使い分けを説明し切れない。

これまで見てきた談話・語用論レベルの研究は、非常に示唆に富むものがあり、単なる統語的な文レベルを超え実際の言語使用のレベル、即ち、語用論レベルにおける無助詞の様々な様相を明らかにしようとした点で評価できる。しかし、自然談話の流れを視野に入れた考察が欠けており文レベルの研究と同じような問題を抱えていると言わざるを得ない。文(統語)レベルかつ語用論レベルにおける総合的な視点からでないと言語現象——少なくとも助詞の出現と非出現という現象に関して——はうまく説明できないのである。

韓国語における先行研究が残した問題点を課題としてまとめてみると、(1) 自然談話の分析的な観察が必要である、(2) その中での助詞類の積極的な追究、(3) 統語・意味論レベルと談話・語用論レベルの両面における助詞類の文法的な位置確立、などが挙げられる。言うまでもなく、これらの研究は、これからの無助詞を含む助詞類研究の土台となる沢山の素材を提供してくれている。本書は、これらの先行研究を踏まえた上で、まず分析対象を自然会話にしぼり、ただ文内のどこにどの助詞類が現れるかという問題の追究に止まらず、談話という大きな組織体における助詞類の働きに注目し、談話における各助詞類の意味・特徴の追究に迫りたいと思う。

4. 日本語におけるハとガと無助詞

日本語の無助詞研究では、無助詞を主題と関連付ける研究が多かったと言える。松下 (1928) は助詞が付かない題目態を「単説題目態」としてハの「分節題目態」と区別しており、三上 (1960) も「はだしの名詞」を一つの提題の手法と見ている。尾上 (1987) は全体の無助詞文を種類分けしており、大谷 (1995a) は無助詞文の使える文脈を文のタイプと情報の流れから分析している。加藤 (1997、2003) は、格を網羅的に取り上げ観察した上、無助詞 (ゼロ助詞) 化を脱焦点化と見なしている。丹羽 (1989)、長谷川 (1993)、丸山 (1995、1996)、黒木 (1998)、野田 (1996) などは主題の無助詞と単なる格助詞の省略を区別しており、久野 (1973)、筒井 (1984) は無助詞をハの省略と見た。甲斐 (1991、1992) は、無助詞になる条件 (階層性) や文脈を調べており、楠本 (2002) は、無助詞文が話し手の情意と関係があると見ている。吉田 (1999)、Masunaga (1988) は、格助詞の省略問題として無助詞を扱っており、意味焦点などの問題を取り上げている。矢田部 (1996) と Yatabe (1999) は、主格助詞の省略としての無助詞を見ており、Watanabe（1986）、Mori & Givon（1987）、Shibamoto（1990）、Matsuda（1992）、Fujii & Ono（1994）、Takano（1998）などは計量的な調査を通して主語や目的語における無助詞の特徴を調べている。ここでは、主語に無助詞が現れた文を意味・形式的に分類した先行研究と、主題など独自の機能を持つ無助詞と単なる格助詞の省略を区別するもの、そして、無助詞の条件を詳しく分析したものを順に取り上げる。

無助詞文の分類

① 尾上圭介（1987）

尾上（1987）は、主語にハもガも使えない文として次のような場合を挙げている。①存在の質問文およびそれに類似のもの。これは述語の側で「ある」と存在が承認されるのと同時に主語として措定されるため、無助詞となる（例：はさみある？／お湯熱い？)。②ディスコースの中で初出の主語に対し、述語で積極的に新しく説明あるいは評価を与えるもので、題目―解説関係を帯びた文の主語（例：この店安いんだ)。③主語と後続内容との関係が助詞ガで示されるような積極的な論理関係ではなく、ハで表現されるような積極的な「題目―解説」関係でもないもの。主語が明示されなくても、内容として話し手自身のことや発話相手に対する語りかけに決まっているもの（例：ぼく、さびしいな。／あんた、先に行って。)。この研究は、助詞が付かない名詞句の考察対象を主語に限定しているものの、無助詞名詞句の現象的な面を具体的に分類・整理した最初の研究ではないかと思われる。しかし、このような分類は、例えば、①は文の形を、②では談話の情報構造を、③では単なる主語の性質を問題にしているなど、その基準が一定されているわけではなく、現象に対する説明を直観的に与えている印象がある。この議論をもう少しシステマチックに発展させたのが大谷（1995a）である。

② 大谷博美（1995a）

大谷（1995a）では、尾上（1987）の分類を参考に、無助詞となるのは、①現象を認知し判断の加工を加えずにそのまま発話している現象文だが、情報の流れはその主語の名詞が文脈上主題になっていて判断文的であるとき、及び、②判断文であるが、情報の流れとしては主語、述語いずれも現場の文脈に登場していないため全体が新情報の文である時の二つをハもガも使えない文脈としている。また聞き手の頭の中で既に活性化されている情報にはガがつけられず、ガがつけられる場合は、共有知識かどうかは問題にせず、主語述語全体を新情報として導入しているものであるとしている。大谷（1995a）は、情報構造の問題と絡んで本書にも示唆するところが多い。しかし、後述するが、ハとガのような性質の全く異なる助詞を、単に文の情報構造だけで分けてしまうと、助詞本来の意味・用法が等閑視される危険性がある。文や名詞句の情報構造は助詞の性質を判断するには役に立つが、助詞の使用に絶対的な基準になるものではない。情報構造と助詞類との関係を述べるためには、もう少し細かい論立てが必要であろう。

「主題」など独自の機能を持つ無助詞と、単なる格助詞の省略である無助詞

① 丹羽哲也（1989）

丹羽（1989）は、無助詞には主題を表す場合と、単なる格助詞の省略と考えてよい場合があるとした。「「名詞 ϕ 」は、それが焦点の位置にある場合でなければ、名詞の既知性が高いほど、また、文頭に近い位置にあるほど主題性が高い。逆に、名詞の既知性が低いほど、また、文中深い位置にあるほど主題性が低く、格助詞の省略と考えて差し支えない」（丹羽 1989: 54）としている。この議論は、主題性は名詞の既知性や名詞の文内の位置によって生じ、無助詞そのものが主題性に直接関与するというものではないことを表している。このことは、助詞と主題の関係に示唆するところが多い。

さて、丹羽（1989）の文内の要素の主題性に関する議論は、韓国語の研究で紹介した李南淳（1988）の不定格や格助詞の省略、及び、柳東碩（1984）の文内要素が持つ通報機能量の議論と相通ずる。各研究で用いられている用語は異なるものの、文内の場所によって文への貢献度が異なるということは日本語でも韓国語でも言

えるものと考えられる。それが助詞の現れ方と関わってくる点は日韓共通のようであり、対照研究をさらに興味深くするものであろう。

② 長谷川ユリ（1993）

無助詞そのものの機能などについては特に述べていない丹羽（1989）に対し、長谷川（1993）は無助詞を、単なる格助詞の省略（格関係がはっきりしていて無助詞の代わりに格助詞を入れても自然な場合）と「取り出し」機能を持つものに大きく分類している。さらに「取り出し」を「信号性」の機能と「やわらげ」の機能に分けている。「信号性」は「伝えたいことの基盤にあることをまず先に取り出し聞き手の注意を喚起する、という聞き手に対する働きかけ」（長谷川 1993: 163）機能を指し、「オレのことφ、許してくれないかな。」のような例がある。「やわらげ」は「聞き手に合図を送るという働きは薄れて、取り立て助詞のハの持つ対比性やガ、ヲなどの持つ排他性の意味あいを避けて中立的にするために取り出す場合」（長谷川 1993: 165）で、「（コーヒーを勧める時）コーヒーφ、飲みます？」のような例がある。「取り出し」は一見丹羽（1989）で言う「主題」の無助詞と重なっているように見える。もっとも、長谷川（1993）は「「取り出し」は、「主題性」や「取り立て」とは異なる概念である」（長谷川 1993: 167）としている。これは、主題性は「機能」とは別の概念である上に名詞句の情報性や語順などによって消極的に承認されることから、無助詞のより積極的な「機能」を主張するためと思われる。名詞句の情報性や語順など外部の要因によるものではない、このような無助詞そのものの積極的な機能への言及は、他の助詞類との関係定立の上でも大変有効な議論であろう。しかし、「信号性」と「やわらげ」の区別に明確な基準はなく、さらに三上の指摘通り、「取り出し」（または「主題」）と「単なる格助詞の省略」の区別も簡単なものではない。これらの区別が有効であるためには、さらに明瞭な理論的枠組みと形式的・意味的基準が必要である。

③ **丸山直子（1995、1996）**

丸山（1995、1996）も、無助詞名詞句を単なる格助詞の省略と、主題性を帯びた成分として認識できるとし、主題性を帯びる場合の機能を「取り出し」と呼んでいる。丸山（1995、1996）では、係助詞ハ（題目提示・対比）・格助詞ガ（ヲ・ニ）（格表示・総記）・無形（単なる格助詞の省略・取り出し）のそれぞれの役割を強調し、無助詞が単なる格助詞の省略ではない「取り出し」（主題性を帯びる用法）になる要因として（1）文の中における位置（構造上の位置）、（2）名詞の性質（既知性や人称・指示代名詞など）、（3）述語の性質（非対格自動詞か非能格自動詞かなど）、（4）文の性質（質問・教え・勧めなど）、（5）運用論的要因（焦点、前提、丁寧さなど）や、（6）音声的特徴（ポーズ・スピード・アクセント）など（丸山1995: 378）を挙げている。この議論は、丹羽（1989）のそれと通じるもので、名詞句の主題性判定要因とも言えるものである。即ち、無助詞の機能とはいえ、実際には助詞を伴わない名詞句が主題性を帯びる要因を述べているのである。長谷川（1993）と同じ「取り出し」という用語を使っているが、その中身は異なると言える。

これまで見た、無助詞を単なる格助詞の省略と固有の意味・用法があるものに二分するという見解は、日本語では広く認められており、その固有の意味・用法が何かという問題においては少し意見が異なるものの、概ね「主題」と何らかの関係があるということで共通しているように思われる。これは、無助詞を「ハの省略」と見る見解と相通じるものがある。ハの省略を扱った筒井（1984）は、（1）「Xハ」が焦点であるとき、（2）「Xハ」の対応部分が省略されたとき、（3）「Xハ」の対応部分が強調されるときのいずれかを「Xハ」が満たす場合にハの省略は不自然となり、「Xハ」がこのいずれも満たさない場合は、発話時において話者が「Xハ」を含む命題を前提にする程度が高いとき、ハの省略が自然となる（筒井1984: 113）としている。「Xハ」を含む命題を前提にする程度が高い時とは、「話者がXについて、それが発話時において話者及び聴者に心理的に近いと感じる時」（筒井 1984: 117）であるという。「心理的に近いX」としては、Xが1人称や2人称の場合、話者と聴者に身近な3人称、発話時点で話者と聴者の身辺に具体的に存在するもの、発話時点で話者と聴者の頭の中に生々しく記憶されているものなどを挙げている。この「前提とする程度が高い＝心理的に近い」という概念は、丹羽（1989）や丸山（1995、1996）が挙げた主題性の要因のうち、意味的・運用論的なもの（既知性、人称、前提など）と重なる部分が多い。ハを提題助詞と見る場合、無助詞をハの省略と考えれば、主題性そのものが問題になることはある意味では当然である。結局、主題の無助詞を認めるためには、主題とは何かという問題をまず追究しなければならず、助詞ハとの関係や情報性の問題などが関わってくるのである。

無助詞になる条件に言及した先行研究

① 筒井通雄（1984）と甲斐ますみ（1991）

前述のように考えると、筒井（1984）は「Xハ」を含む命題の前提性とXの心理的な近さを無助詞になる条件として挙げたことになる。似たような観点から甲斐（1991）は、ハの省略条件について述べている。ハの省略にはX（ハでマークされる名詞句）に関わる条件と文の表現形式に関わる条件があり、前者については、Xが「1人称＞2人称＞3人称の順にハを省略し易くなる」（甲斐 1991: 121）とした。これも先行研究と同じく主題性が高くなるとハを省略しやすくなるということを述べているものである。さらに、同氏は「これは（中略）文の表現形式に関わる条件の中の「確定」と「聞き手への配慮」の二つの原則に支配される」（甲斐 1991: 114）とし、話者が当該事態を真だと確信し、それを強く主張する場合ハは省略しにくく（「確定」の原則）、聞き手への配慮があるほどハは省略しやすくなる（「聞き手への配慮」）としている。文の表現形式に関わる二つの条件は、モダリティや文のタイプなどが関わっており、同氏のまとめによると「当該事態の内容が、現場（今・ここ）性があるもの＞今・ここに限られない時間の限定、時間の範囲の区切りがある一時的状態・動作＞論理的・普遍的判断、の順に省略しやすくなる」という。文のモダリティ形式の面から言うと、「だろう」、「ようだ」のような話者の経験・観察によるものよりは、「そうだ」のような第三者からの情報によるものを表すものの方がハを省略しやすくなり、聞き手への配慮という面からすると、「よ」、「じゃないか」、「ね」、「のだ」、「です」、「ます」、「わ」などの形式が使われた文はハを省略しやすくなる。

ところで、文のモダリティが無助詞に関係するということは、現場・現在との関わりと無関係ではない。高見・久野（2006）にも、事柄を知識として客観的に表す文に終助詞などが付き、話し手の「生の」感情表現になると無助詞になりやすいということが指摘されている。このように、「生の」、「現場・現在」などの性質を仮に「現場性」と呼ぶことにしてみる。甲斐（1991）は、「ハの中心的機能は「雪は白い」などの論理的判断を表すことだと考えると、現場・現在との関わりが深くなれば、それだけ論理的判断のプロトタイプからずれてくる。従ってハを省略してもさほど不自然に感じられなくなるのではなかろうか」（甲斐 1991: 119）と述べ、無助詞の現場性を、ハが落ちることによってハの持つ論理性も落ちるという方向から接近している。しかし、高見・久野（2006）の指摘通り、ガを持つ文との比較でも同じことが言えることから、特定の助詞が持つ論理性や客観性などが、その助詞の省略によってなくなり現場性が生じるのではなく、無助詞そのものが現場性を持っていると見る方が合理的である。本書の本論では、この「現場性」を詳しく追究する作業を行うことになる。

② 野田尚史（1996）

野田（1996）も、無助詞は話し言葉の文体に関する問題だとし、無助詞を主題性の無助詞と非主題性の無助詞に分けている。野田（1996: 269）は、主題性の無助詞について、「書きことばでは、主題を表すときも対比を表すときもハが使われる。典型的な話しことばでは、なんらかの対比的な意味があるときは、書きことばと同じで、（中略）ハが使われる。（中略）しかし、単なる主題を表すときは、（中略）ハが使われず、主題性の無助詞になりやすい」と述べ、主題性の無助詞に特になりやすい名詞の条件として、「(ア) 話の現場に存在するものを指す名詞、(イ) 質問文の主題を表す名詞」を挙げている。また、非主題性の無助詞については、「書きことばでは、主格を表すときも排他を表すときもガが使われる。典型的な話しことばでは、なんらかの排他的な意味があるときは、書きことばと同じで、(中略) ガが使われる。(中略) しかし、単なる主格を表すときは、(中略) ガが使われず、非主題性の無助詞になることがある」(野田 1996: 270–271) と述べ、単なる主格の中でも比較的無助詞になりやすい主格の条件として「(ウ) 述語の直前にあり、述語との結びつきが強い主格」を挙げている。このような考え方は、全体的に本書の考え方と非常に似ている。同氏が主張のまとめとして提示した次のような表は、本書の基本的な考え方と脈を一緒にする。

(23)	典型的な主題	典型的な対比
典型的な書きことば	〜は	〜は
典型的な話しことば	〜ϕ	〜は

(24)	述語の直前の主格	典型的な排他
典型的な書きことば	〜が	〜が
典型的な話しことば	〜ϕ	〜が

無助詞を主題性のものと非主題性のものに分けることは、本書の趣旨とは観点が異なるが、(23) のような考え方は、談話・意味論レベルでは無助詞がハの役割を多く代わり、ハは専ら「対照 (対比)」の意味を表すという本書の考え方と重なる部分がある。さらに、野田 (1996) は、「典型的」という言葉からも伺えるように、書き言葉と話し言葉の間の段階性を認め、統語・意味論レベルと談話・語用論レベルの間に連続性があると見る本書の観点と一致する。しかし、野田 (1996) は、ハとガを主題と主格、または、対比と排他という線的な概念で処理しようとしているため、二つの助詞の間に存在する性質の違いが重要視されず、無助詞もどちらかの助詞

の入れ替えと見なしているのような印象を与える。しかし、主題（題目）と主格そして主語はそれぞれ異なる文法範疇で（柴谷 1978: 198）、ハで代表される取り立て助詞の特徴と、ガで代表される格助詞の特徴は本質的に異なり（寺村 1991: 44）、その違いと特徴を助詞使用の全体図の中で把握した上で無助詞との関係を記述するべきである。

さて、無助詞をハの省略と見てその省略の条件について述べている研究は、最初から無助詞を主題と見て（または、主題の無助詞に限定して）、その条件を探るという共通の作業が行われている。その条件の中身を観察してみると、「主題」と絡んで、「情報性の条件」や「形式的な条件」、「意味的な条件」などが条件のレベルの違いなども考慮されずに入り混じっていることが分かる。例えば、無助詞の条件と掲げて名詞句の主題（化）の条件を述べるということがしばしばある。また、無助詞を特定の助詞の省略と見なしているため無助詞本来の意味・用法についてはあまり言及されず、有形の助詞の意味・用法がそのまま無助詞の意味・用法として記述されるという問題がある。これらの「条件」は、無助詞を理解するために非常に重要なものである。しかし、話し手が談話において正確な情報伝達のために助詞類を「選択」するとしたら、なぜ話し手が無助詞を選択するのかという観点から接近するのが妥当であるように思われる。それは、無助詞そのものに何らかの独立した役割があるためであり、それがもし主題などの概念と関係があるなら、その概念をまず明らかにし、実際の談話からその働きを徹底的に調べることから始めるべきだろう。

日本語における無助詞の先行研究は、韓国語の場合とは異なる接近の仕方をしており、自然談話の計量的・質的分析を試みたり、無助詞そのものの意味を追求したりで、韓国語の方で指摘した課題の一部を進めているようである。しかし、無助詞と関連した様々な概念の定立や上で指摘した課題は残っており、もう少し体系的な枠組みの中で無助詞を文法的に位置づける必要がある。なお、これらの課題は韓国語との対照を通してさらに明確にされるものと思われる。これまで見てきた韓国語と日本語の無助詞の性質に関してはかなり共通している点があることが分かる。現場性及び指示性（柳東碩1984、甲斐1991）、共有情報（Lee & Thompson 1989、甲斐1992）、主題（李南淳1988、丹羽1989）などの概念がそれである。本書では、これらの要素に注目しながら、それぞれの言語における助詞類の文レベルにおける計量的分析と文法的位置付けを行った後、談話・語用論レベルにおける日韓共通点と相違点を探っていく。

第1章では、ハとガと無助詞の3者対立の妥当性とその議論を理解するための理論的背景や基本的な考え方を述べ、韓国語と日本語における先行研究を見た。最も重要なのは、助詞類を分析するに当たって統語・意味論レベルと談話・語用論レベルを概念的に区別することで、このベースは本書を通して適用される。先行研究では、本書の議論の土台となる様々な概念や示唆を見ることができた。これらは排斥されるのではなく、本書の枠組みに適切に吸収され新しい議論として生まれ変わるものである。

---

*1 詳しい数値については、第3、4、8章を参照のこと。

*2 韓国語と日本語の例を順に示す。本書における「韓国語のローマ字化」は、基本的に「文化観光部告示 第2000–8号（2000.7.7）」に従い作られた「ローマ字変換機」（学術応用）を用いて行われたものである。なお、例示において固有名詞は○○、××など記号で示し、聞き取れなかった部分は##で表している。

*3 「K」の付くものは韓国語談話で、「J」の付くものは日本語談話である。数字は資料一連番号で、「M」、「F」は会話参加者の性別を表す。資料に関する詳しい紹介と説明は第2章の5節を参照のこと。

*4 韓国語の主格（あるいは、主語）助詞。大体日本語のガに当たる。iは前に来る名詞句の発音が子音で終わるとき、gaは母音で終わるときに付く。

*5 韓国語の特殊助詞（補助詞、限定助詞）。大体日本語のハに当たる。eunは前に来る名詞句の発音が子音で終わるとき、neunは母音で終わるときに付く。

*6 以降では、韓国語の例のグロス及び日本語訳における助詞は、本書の観察対象であるi/gaはガと、eun/neunはハとカタカナで示す。その他の助詞においては、日本語に対応する助詞がある場合は日本語の助詞をひらがなで示す（do→も、eul/leul→を、e・ege→に、eseo・(eu) lo→で、など）。

*7 何を主語と見るかという問題については、第2章で述べる。

*8　朴炳善（2006）より。この研究は、比較的大規模の言語資料である21世紀世宗計画の「構文分析マルムンチ（コーパス）」を使って、韓国語の主語における助詞の出現様相を調査したものである。もっとも、主語そのものが現れないのがデータ全体の66.1%で、上記の数値は主語が表れた33.9%のデータに基づいて計算したものである。本書の資料においても、主語そのものが現れていない発話文が全体の63.6%（日本語は63.5%）で、この数値とそれほど変わらない。このような、文構成成分としての名詞句そのものが現れない現象を本書の観点からどのように考えられるかという問題については、第2章で述べる。
*9　畠（1993）の定義より。
*10「統語・意味論レベル」と言う際の「意味」とは、文の構成要素が持つ各々の情報を分析し、文が表す情報を求める伝統的意味論における真理条件的な意味のことである。
*11　統語・意味論レベルにおける「助詞の省略」は、談話・語用論レベルでは「無助詞」となる。即ち、二つの用語は、同じ現象を異なるレベル（視点）から見ているのである。具体的な無助詞の判定については、第2章で述べる。なお、本書で言う助詞の「省略」は、次節以降で紹介する先行研究で言う助詞の「省略」とは使い方が異なる。
*12　従って、厳密に言うと「文レベル」を「統語・意味論レベル」と同じ意味で使用するのは正しくない。
*13　もちろん、統語・意味論レベルと談話・語用論レベルにおいては、それぞれ、概念としての「ハサミ」と形状のある実物としてのハサミを指す「ハサミ」という違いはあるだろう。
*14　もちろん、当該分野における研究対象がそのレベルに限るとは言えない。
*15　このような考え方は「関連性理論（Relevance Theory）」で提案している「論理形式」のレベルと「表意」レベルの概念的区別と共通する部分が多い。関連性理論は、意図的な情報伝達とは、それが最適な関連性を持つということを伝達するものであるとする理論で、聞き手による発話解釈のレベルを、第1レベルの「論理形式」、第2レベルの「表意」、第3レベルの「推意」の三つに設けている。「表意」は「論理形式」が様々な語用論的プロセスを受けて発展したもので、実際に発話された発話文によって聞き手に伝わる発話文そのものの明示的な意味のことである。「推意」は文脈含意など語用論的推論によって派生される意味であるが、本書ではこの意味については特に考慮していない。
*16「これがいい。」のガのように、統語・意味論レベル寄りの助詞も何らかの談話・語用論レベルの意味・機能を有すると考えられる。逆に、談話・語用論レベル寄りの助詞は統語・意味論レベルにおける意味・機能を有しない。
*17　このような説明は、一般的に格助詞と呼ばれる助詞類に広く適用されると思われる。
*18　関連性理論では、本書における談話・語用論レベルの意味に当る「表意」をさらに「基本表意」と「高次表意」などに分けている。
*19　한정한（1999）では、「格」を意味格（Semantic case）と話用格（Pragmatic case）に分けるという、本書で言うレベルの区別と似たような考え方を展開している。同氏は、主体性（Actorhood）、客体性（Undergoerhood）

など特定の意味内容に動機付けられる助詞 i/ga、eul/leul などの使い方を「意味格」と呼び、話題（Topic）や焦点（Focus）など語用論的な環境によって動機付けられる助詞 eun/neun、i/ga、eul/leul などの使い方を「話用格」と呼ぶことを提案している。また、このような区別は全く排他的なものではなく、連続線上にあるという考え方は、本書の立場と相通ずる。しかし、このような二つの格層（Two case layers）が、RRG（Role & Reference Grammar）理論で格の連結演算を通して最終的に同一の統語標識（表面形）に「連結（linking）」され実現されるという彼の主張は、本書の立場とは異なる。本書では、例えば、統語・意味論レベルの助詞の意味が、何らかの操作を経て談話・語用論レベルに実現されるという考え方はとらない。二つのレベルは言語の総体の中で概念として存在し、実際の発話からそれを概念的に区別すること自体が一つの理論を成すと考える。また、한정한（1999）では、無助詞については言及していない。

*20　韓国語の目的格（あるいは、目的語）助詞。大体日本語のヲに当たる。eul は前に来る名詞句の発音が子音で終わるとき、leul は母音で終わるときに付く。

*21　韓国語における助詞の非実現に関する議論は、周時經（1910）の「속뜻 sogtteus（内の意味）」に関する議論から既に現れている。「속뜻 sogtteus」は殆どが文構成成分の省略に関わるものであるが、属格助詞が現れない形に関する処理は格標識の非実現への認識であると言える。

*22　「格標識」は格を表す何らかの標識という意味で、助詞の中で格を表すものという意味の「格助詞」とは命名の仕方は異なるものの結局同一対象を指すので、本書においては同じ意味に捉えて差し支えない。用語はなるべく研究者の用いているものをそのまま使うが、「助詞」の名称においては「후사 husa（後詞）」、「후치사 huchisa（後置詞）」、「겻 gyeos」、「토씨 tossi」、「빛 bich」、「格語尾」、「助辞」、「限定詞」、「關聯詞」など研究者によって様々であるので、ここでは「助詞」と呼ぶことにする。

*23　시정곤（1999）より。

*24　表におけるハングル表記、及び、太字は筆者。なお、単語などは現在の表記に変えている。

*25　元の論文での「統辞」、「統詞」、「統語」などの用語はすべて「統語」と統一して示す。

*26　無標格標識。「ϕ」は省略説で使われるものとされ避けられている。

*27　李南淳（1988）では文の中で情報伝達の寄与度（communicative dynamism: CD）が一番低い成分を話題と見なし、話題は gapping を適用されていない限り、必ず文に現れる成分でなければならないとした。

*28　綿密に言うと、「話題」や「情報伝達の寄与度（CD）」への言及は既に統語的範囲を超えている。このことからも、「無助詞」とは統語的な分析だけでは説明し切れないということが分かる。

*29　ここでの ϕ（無標識）は、助詞がないことを表すのではなく、名詞句全体が現れていないことを示す。

*30　このような場合を「対照」としている。

*31　このことは閔賢植（1982）、柳東碩（1984）、최재희（2000）などでも指

摘されている。

＊32 ここでの通報機能量というのはプラグ学派のCD（communicative dynamism）と同じ意味であるとされている。

＊33 格助詞とされているi（ガ）とeul（ヲ）の格を表すという機能はこれら助詞ではなく文の中での位置によるものであると見る。

第2章
周辺現象における基本的な考え方

1. 名詞句の省略について

無助詞の問題と関わっている非常に敏感なテーマの一つは、名詞句の省略問題である。ここでは、助詞だけではなく名詞句全体が現れない現象などを含めた言語全般における「省略」の問題について、本書の観点を述べておく。話し言葉の談話では名詞句そのものが現れない現象が頻繁に起こる。主語名詞句を取り上げてみると、本書の資料において主語が現れていない文は、韓国語が全体の文の63.6%（8402文中5344文）、日本語が63.5%（7696文中4890文）で、主語を示さないのは両言語において一般的な現象であることが分かる。このように、文において名詞句全体が現れない現象をどう考えるかというのは、助詞の現れない現象を考える本書にとって大きな課題の一つであると言える。主語をはじめ文の必須成分と考えられる成分名詞句が実際の発話で現れない現象について、本書では次のように考える。

まず、無助詞を見る本書の立場を述べる。無助詞は、談話・語用論レベルにおいて、助詞の省略などではなく、他の助詞類と並ぶ意味・用法を持ち、伝達内容に応じて話し手によって選択されるものである。即ち、助詞の出現と助詞の非出現という二分法で見るのではなく、固有の意味・用法を持つ有形の助詞類と同等の文法的位置で、無助詞固有の役割を果たすものと考えるのである。助詞そのものは統語・意味論レベルでは非常に重要な役割を担い、例えば、「太郎__花子__好きだ」のような文がまとまった意味を持つ完全な文になるためには格助詞は不可欠な要素である。「太郎ガ花子ヲ好きだ」と「太郎ヲ花子ガ好きだ」の違いは助詞によるものであり、これらの助詞がないということは完全な文にするための必須要素を欠いていることとなるのである。このような観点では、この文においては「補うべきもの」があることになる。しかし、談話・語用論レベルでは「太郎φ花子φ好きなんだって」のような発話文が発せられても、そのままで発話は完全なものと見るのが妥当である。というのは、これを聞いている人は、当該の談話状況では発話された言葉だけで伝達内容を理解しているはずであり、何よりも話し手は、意識的であれ無意識的であれ、発話の時点で最も適切だと判断しその文を発話しているからである。発話されたもの以外の要素、例えば、有形の助詞を用いた場合は伝達しようとする以外の意味やニュアンスが生じることを話し手は認知しているのである。このように考えると、談話・語用論レベルにおいて、無助詞は有形の助詞の省略ではなく、一つの表現方法として最初から無助詞の形で存在するものと見るのが合理的である。そもそも省略という認識の裏では、省略される前にそこにあるべきものが存在し、省略されたものは補うことができることを前提とされると言える。しかし、無助詞は上述のように、省略される前の元の助詞は存在せず、無助詞の場所に他の助詞を補うことなどできないと考えられるのである。

名詞句全体の非出現についても、基本的には同じように考えられる。「さっき食べた」という文は、「食べる」という動詞が要求する意味項、即ち、誰が何を食べたかということが現れていないため完全な文ではないとされる。しかし、談話・語用論レベルにおいて、もし同じ文が、ある日の午後に出会った友人同士の会話でAの「昼食食べた？」という問いに対するBの答えだとしたら、「さっき食べた」で完全な発話文と見るのが妥当であろう。このような状況だと、Bは「私はさっき昼食を食べた」とわざわざ「統語的に完全な文」を意識して発話することなどはしないのである。ところが、このような発話に対して本書で主張する考え方は、「食べた」では「聞き手には主語と目的語が分かっているから」それを言わないというものとは少し異なる。単に分かっているから言わないとすれば、「昼食食べた？」に対する答えは「うん」、あるいは、うなずく行為だけでも良いはずである。なぜなら、主語と目的語だけではなく動詞も分かっているからである。にもかかわらず、Bが「さっき食べた」と答えたのは、単なる「うん」とは異なる何らかの情報をAに伝えるためだったと考えられるのである。Bは、「私はさっき昼食を食べた」という文から主語と目的語を省略して答えたのではなく、「うん」「食べた」「さっき食べた」「食べたばっかり」「私は食べたけど」「ごめん、さき食べちゃった」「お腹いっぱい」……、あるいは、うなずくなどの言語外行為などなど、実に多岐にわたる（ある意味では無限に近い）選択肢の中から「さっき食べた」という言い方を選択していると言える。談話・語用論レベルでは最初から話し手が「これは聞き手も知っているだろうから」と何かを省略することを意識しているわけではなく、頭（あるいは心）の中で言語化する必要のある情報を組み立てていくのだと考えられるのである。

談話における言葉の省略を、談話の結束性を与える手段の一つと見る考え方もある。畠（1993: 242）では、「手紙が来た。太郎からだった。」のように、第一文で提示された語を第二文で省略することが談話の結束性を作る手段になることを指摘している。第二文に語が省略されていると見る観点も本書の立場と異なり、このような形の文の繋がりが談話の結束性に貢献すると見る考え方についても、本書の考え方は少し異なる。本書の観点からすると、例えば、上記の例における第二文は、「その手紙は」などの表現が省略されているのではなく、「手紙が来た」と言われ、頭の中がその手紙のことでいっぱいになっている聞き手に対し、「太郎からだった」という情報を続けて提供することによって、聞き手の中で「その手紙は太郎からだった」という情報を組み合わせるようにしているのである。要するに、話し手は、必要であると思える言語要素だけを発話しているのであり、そのような言い方こそ自分の伝えたい情報やニュアンスを聞き手に正確に伝える方法であると考えているのである。談話の結束性とは、情報を受け取る側（聞き手）の理解を基準とするものと考えるなら、上記の例では、それが結果的に談話の結束性に繋がっているだけであって、語の省略がそれを生み出しているとは思われない。言い換えれば、このような形の繋がりが常に談話の結束性に貢献するとは言い難いのである。例えば、次の例では、このような文の繋がりがむしろ不自然である*1。

(1) 有名大学を出て、難関の公務員試験に合格したエリート官僚は、自尊心を打ち砕かれると弱い。とくに乳母日傘の外務官僚は、鈴木議員におとなしく服従した。だれにでも土下座をさせるわけではない。

この例における下線の第三文は、上述の「手紙が来た。太郎からだった。」のような文の繋がりと同様、先行文脈と重なる要素を言語化していないが、文の内容が誰のことを言っているのか不明なことからそのままでは不自然であり、談話の結束性を保っているとは言い難い。さらに、「手紙が来た。その手紙は太郎からだった。」のように指示表現を使っても、「手紙が来た。手紙は太郎からだった。」のような繋がりでも、談話の結束性は保たれている。結局、談話において結束性を作るのは、聞き手の理解を支える当該談話の状況であって、特定の言語表現が結束性に貢献すると言うためにはさらに強力な根拠が必要であると思われる。

以上のような本書の考え方は、次のような先行研究の指摘と繋がる。尾上(1973)は、「言語における省略とは、伝達内容の一部分を言葉に出しては言わず、聞き手の状況理解にゆだねることである。その意味ですべての言語表現は、(中略)本質的に省略を含んでいると言わねばならず、逆に言えば、聞き手に状況が理解され、したがって文の意味内容が正当に理解される限り、形の上でいかに不備であろうとも、十分な表現なのである」とし、あるべきものがないという意味での省略という概念に対する不合理性を表している。また、奥村(1998)は、「省略」をことばの合理性のために起こるものと考える立場に対し「ことばの合理性は、ただことばのなかからのみ探し出されるべきである」としており、言語表現そのものが「完全な形」であって、その言語化されたものから言葉の研究に踏み出すことを力説している。本書は、このような考え方に基づき、無助詞現象に関しても、有形の助詞の省略などではなく、無助詞そのものが独立した助詞類の一つとして固有の意味・用法を有すると考える。

このような考え方は、助詞だけではなく名詞句や動詞句、副詞句など文の他の構成要素についても同じである。ただし、一つの言語共同体が想定・認識する完全な形の言語体系というのがあるとすれば、「さっき食べた」と書かれている文に対して「あるべき要素を欠いていて非文法的である」という判断ができると考えられる。本書は、このような規範的な言語の総体は統語・意味論レベルとして存在すると考える。「省略」という用語を使うとしたら、統語・意味論レベルに限るのである。統語・意味論レベルである「規範的な言語の総体」は、当該言語の話者の心に中に存在するものであろうが、それに最も近い形で現れるのが社説や新聞記事など格式的な書き言葉で、談話・語用論レベルに近いのがおしゃべりなどの話し言葉であると言える*2。以上、本書における、文の名詞句全体が現れない現象及び「省略」に対する考え方を述べた。談話・語用論レベルでは、省略は存在せず、話し手によって必要とされる要素のみ発話されるのであり、それ自体が当該談話における最も「完全な」言い方であると考えられるのである。

2. どこまでを無助詞と見るか

上述のような基本的考え方の上で、ここでは本書で言う「無助詞」の定義を改めてまとめることにする。第1章で、無助詞とは「文構成要素の中で名詞句に助詞が現れない現象を、談話・語用論レベルにおいて指すもの」と示したが、ここでもう少し具体的に無助詞の規定を行う。無助詞という用語は、話し言葉において、助詞が現れ得る場所に助詞が現れないという現象的な面を指す。ここで、助詞が現れ得る場所とは、統語・意味論レベルにおいて助詞が入り得る場所のことで、基本的には発話文を構成している要素の中の名詞句の後に当る。

無助詞の規定におけるもう一つの重要な指標は、無助詞を話し手が意図的に選択して使っていることである。話し手は、特定の意味あるいは態度などを表すために、様々な表現の中から有形の助詞がない形を選ぶ、ということが無助詞の前提となる。特定の意味あるいは態度などを表すために当該の助詞を選択することは、他の助詞類の使用においても同様であり、無助詞の認定は有形の助詞が現れ得る場所を基準にせざるを得ない。これは、目に見える形態がないという無助詞の特殊な性質から来るものである。ところで、話し手が特定の意味や態度の表現のために助詞類を選択することができるということは、少なくとも、構造的に助詞類の使用が自由でなければならないということである。構造的に助詞類の使用が自由であることは、談話・語用論レベルに関わる助詞類（主に、韓国語では「特殊助詞」、日本語では「取り立て助詞」と言われるもの）が、選択肢に含まれるかどうかで判定することができる。例えば、「ハサミ（ガ／φ／ハ／モ／サエ／マデ……）ある」のような文における主語名詞句の「ハサミ」は、「ガ／φ／ハ／モ／サエ／マデ……」のような助詞類の中の一つを、話し手が選択して発話することができる点で「構造的に助詞類の使用が自由な場所」である。このように考えると、助詞が現れないのが「無助詞」と認められる場所とは、基本的に統語・意味論レベルで言う「格」の場所と一致すると言える*3。従って、「格」を持たない名詞句が有形の助詞を取っていないからといって無助詞にはならないのである。ここで、まとめとして無助詞と判定できる例と、無助詞と判定できない例を示す。

〈無助詞の例（φが無助詞)〉

(2) 가위φ 있어?／ハサミφある？

(3) 이 컴퓨터φ 가져 가고 싶어. ／このパソコンφ持ち帰りたいな。

(4) 어제 학교φ 안 갔어요. ／昨日学校φ行きませんでした。

〈無助詞ではない例〉

(5) (「ハサミある？」と聞かれ、周りを探しながら独り言のように) 가위…／ハサミ…。

(6) (「ハサミある？」と聞かれたが、よく聞こえなかったので) 뭐? 가위?／何？ ハサミ？

(7) 「해리 포터와 죽음의 성물」은 어린이용 환타지 소설『해리 포터』의 완결편이다. ／「ハリー・ポッターと死の秘宝」は、子供向けファンタジー小説『ハリー・ポッター』の完結編である。

(8) 해리 포터에는 해리, 헤르미온느, 그리고 론이 매번 등장한다. ／

ハリーポッターにはハリー、ハーマイオニー、そしてロンが毎回登場する。

上記のように、発話が途中で止まってしまったような場合や単に相手の言葉の中に登場した名詞句を繰り返す場合、呼びかけなどは無助詞と見なさない*4。さらに、(7) のように、名詞が後の名詞を修飾する構造になっている場合や、(8) のように、名詞句が並列的に列挙される場合などは、連なっている複数の名詞全体を「名詞句」と見なし、間に助詞が現れない場合も無助詞とは見なさない。(7) や (8) のように、複数の名詞句が助詞なしで連なっている場合、先行名詞が無助詞とならない理由は次のようである。上で、助詞が現れないのが「無助詞」と認められるのは、格助詞や無助詞、その他取り立て助詞などの使用が構造的に自由な場所であると述べた。(7) の場合、「인 in・ノ」が現れ得るが*5、その他の取り立て助詞は現れようがない。(8) の場合も、「와/과 wa/gwa・ト」が現れ得るが、その他の取り立て助詞は現れない。これらの場合は、当該の場所が、様々な助詞類の使用が構造的に自由ではない場所なのである。従って、複数の名詞が列挙される場合や先行名詞が後の名詞を修飾する場合は、先行名詞が有形の助詞を取っていなくても無助詞にはならないのである。

ただし、次のように、一見構造としては「名詞の名詞」のように見えても、先行名詞が発話文の主格と解釈され得る場合は、有形の助詞を取らない先行名詞句を無助詞の名詞句と見なす*6。(9a) はそれぞれ「도쿄의 나무・東京の緑」のような構造と見られないこともないが、先行名詞の「도쿄・東京」が文の主格名詞と解釈され得るので、これらは主格の無助詞名詞句とされる。

(9) a.　도쿄 나무 많네.　／東京緑多いね。

　　b.　도쿄 ϕ 나무 많네.　／東京 ϕ 緑多いね。

この場合先行名詞「도쿄・東京」は、格助詞「i/ga・ガ」と無助詞、そしてその他の取り立て助詞との選択的使用が可能な場所であり、上述の無助詞の規定にも符合する。

さて、無助詞が統語・意味論レベルにおける格の場所に用いられるとすれば、無助詞には様々な格があり得る。これは、「eun/

neun・ハ」「do・モ」などの助詞類が、それが用いられる名詞句の格としては様々なものであり得ることと同様である。本書では、その様々な格の中でも、(2) や (9b) のような「主格」の場所に目を向ける。無助詞の全体像を把握するためには、全ての格における無助詞を一つ一つ確認していく作業が当然必要であろうが、これを一遍に行うことは現実的に無理がある。本書は、あらゆる格の中でも、現象的に最も頻度の高い主格に焦点を当て徹底的に分析することで、他の格にも適用できる無助詞の根本的な性質を探ることができると考える。ところで、ここで言う「主格」について少し明確にしておく。本書では、統語・意味論レベルにおいて主格を有する名詞句を「主語」と呼び、主語における無助詞及び他の助詞類の働きを見ていく。主語の判定については、次々節で詳しく述べる。

3. 助詞類の統語・意味論レベルにおける特徴

本論に先立ち、韓国語と日本語の助詞類の統語・意味論レベルにおける特徴を明らかにしたいと思う。第1章でも述べたが、本書は統語・意味論レベルと談話・語用論レベルで助詞類の働きが異なり、片方に用法が傾いている助詞類があることを認めている。本書全体では、主に談話・語用論レベルを中心に論を進めることになる。ここでは助詞類の統語・意味論レベルにおける特徴をまとめておく。先行研究の多くは本書のようなレベルの区別を行わずに助詞類を記述しているが、ここでは、そのような先行研究の記述を本書の観点から再記述し、本書で言う統語・意味論レベルにおける助詞類の特徴を明らかにする。

韓国語の場合

韓国語の助詞 i/ga (ガ) と eun/neun (ハ) は、数え切れないほど沢山の研究が行われており、その多くは本書で言うレベルの区別をせずに議論がなされている。ここでは、まず文の統語的な特徴を総合的に見ている서정수 (2006) を参考に、本書で扱う助詞類の特徴を考えてみることにする。서정수 (2006: 137–138) は、文構成

要素の範疇を、文法的機能を中心に区分しているが、このような範疇区分は概ね本書で言う統語・意味論レベルにおけるものであると言える。同氏は、文構成要素の範疇を語彙範疇と文法範疇に分け、(1) 体言、(2) 用言、(3) 修飾語、(4) 独立語を前者に、(5) 機能標識、(6) 機能変換素、(7) 意味限定素、(8) 接続素、(9) 叙述補助素を後者に属させている。本書で扱っているi/gaは「主語標識／主格標識」の (5) 機能標識で、eun / neunは「限定詞（補助詞／特殊助詞)」の (7) 意味限定素である。

まず、「主語標識／主格標識」とは、先行する名詞句が主語または主格であることを示す文法標識のことで*7、一般的に主格助詞とされる機能を言う*8。i/gaの格助詞としての機能は一般的に認められている。その機能の上にi/gaの補助詞的な意味を認める立場も多く（류구상1985、신창순1975、성기철1994など)、i/gaの限定詞（様態詞）的な意味のみを認め、その統語機能を否定する立場もある（오충연1997、목정수2003、고석주2004など)*9。本書の立場からすると、i/gaの格助詞としての機能はその統語・意味論レベルにおけるもので、補助詞的な意味は談話・語用論レベルにおけるものとなる。i/gaのような機能標識が省略されやすい事実は、それが実質的な意味（例えば、「do（モ)」の「類似」・「同一」・「協隋」のような意味*10）を持たない形式要素であることによるとされる。統語・意味論レベルにおいて無助詞は、このような形式要素（格標識または主語標識）の省略とされるのである。このような、i/gaの統語・意味論レベルにおける機能は、談話・語用論レベルにおいてもそのままである場合もあるが、その機能に別の意味が加わっている場合もあり、格助詞としての機能は全くなくなり別の意味だけが残る場合もある*11。このようなi/gaの格標識としての機能以外の意味や補助詞的な意味は、本書で言う統語・意味論レベルには現れないことから談話・語用論レベルにおける意味特質に当る。i/gaが談話・語用論レベル特有の意味を表すようになることは、談話・語用論レベルではじめて現れる無助詞の存在とも関係がある。即ち、談話・語用論レベルでは、格標識がなくても格がすぐに分かることから格助詞としてのi/gaが必ずしも必要とされない場合が多

く、i/gaは格表示以外の意味を持ちやすくなる。同時に、有形の助詞を持たない無助詞も単なる格助詞の消失ではなく、談話・語用論レベル特有の意味を表すようになりやすいと考えられるのである*12。言い換えると、談話・語用論レベルでは無助詞の存在によって助詞の意味構造が統語・意味論レベルとは異なるものとなるのである。本書では、i/gaのこのような談話・語用論レベルにおける意味について無助詞及びeun/neunとの比較という観点から詳細に分析することになる。

限定詞のeun/neunの意味（素）については、これまで「対照」（신창순 1975、成耆徹 1983、이익섭・채완 1999、이익섭 2005、서정수 2006など）、「対照」と「主題」（Yang 1975、Bak 1981、蔡琬1986）、「only concerned」（Yang 1973）、「含意（含蓄）」（Yang 1973、이익섭 2005）、「theme」（Sohn 1980）、「主題添辞」（임홍빈 1972）、「領域設定」（이춘숙 2000）などが指摘されている。서정수（2006: 893–896）では、eun/neunを用いることによってそれが付く言葉が他のものや人と比べられる点、従来eun/neunの意味として議論されてきた「限定的指示機能*13」（旧情報との関連性）や「only concerned」なども対照性に由来する点などに言及し、eun/neunの基本意味を「対照」と規定している。

さて、このように考えると、eun/neunの「対照性」とは、eun/neunを用いることによってその先行要素と比べられる（対比される）別の何か、即ち、その文に現れていない他の要素を想定するということから、既に文レベルを超え、語用論的な要素を持っていることが分かる。含意や限定性、旧情報（話題・主題）などの概念も談話・語用論レベルにおける話である*14。要するに、eun/neunは談話・語用論レベルにおける働きが本務の助詞なのである。先行研究の内、eun/neunが「領域設定」の機能を持つと見る이춘숙（2000）は、この助詞を統語・意味論レベルから見ようとしているものであると言えるが、서정수（2006: 894）が述べているように、eun/neunの使用によって必ず対照性が出てくるということが事実ならば、eun/neunの純粋な統語・意味論レベルにおける機能というのは認めにくいことになる。

助詞の省略あるいは無助詞における統語・意味論レベルの分析は1980年代後半の先行研究に主に見られるが、正確に言うと格助詞の非実現形の研究という形を取っていた。代表的な研究は第1章で概観した李南淳（1988）で、格標識の非実現形の条件として格成分の出現順序（自分の格が不明になる可能性があるときには格標識が実現される）、叙述動詞との近接程度（近接度が高いほど格標識の非実現の可能性が高い）などを挙げ、二つ以上の異なる構造に解釈される可能性が高いほど格標識の実現形は活発になるとしている。これらの主張は、省略されやすいのが主格標識のi/ga、対格標識のeul/leulであることから非常に説得力のあるものではある。しかし、談話・語用論レベルでは、二つ以上の異なる構造に解釈される可能性のある場合をあえて想定する必要がない。実現される殆どの発話は談話文脈などから曖昧性が解除されてしまうからである。さらに、このような議論は、格標識の非実現形になった（省略された）際に、文の意味がどのように変わってくるのか、または、話し手は実現形と非実現形をどのように使い分けているのかといった問いには答えられていない。これらは統語・意味論レベルでは観察することができないのである。

第1章では本書における言葉のレベル分けについて論じ、統語・意味論レベルにおいて無助詞は「格標識（または格助詞）の省略（または非実現）」であると述べた。李南淳（1988）など、統語的な観点から無助詞を見る先行研究でとっている所謂「不定格」は、統語的な機能を有する格助詞の非実現（それに加え、その他の如何なる助詞もつかない）ということから、現象的には本書で言う「無助詞」と同じであるが、概念的には本書で言う「格助詞の省略」に近い。厳密に言うと、先行研究で行われた統語的な研究とは、本書で言う統語・意味論レベルにおける研究と必ずしも一致しない。「不定格」は、格標識が現れない名詞句がどうやって格を表せるかというメカニズムを説明するための概念であり、ときには主題など本書で言う談話・語用論レベルの概念とも絡む。レベル分けの概念が反映されていない「不定格」に対し、「無助詞」は談話・語用論レベルにおける固有の働きを示す積極的な用語なのである。「不定格」が「格標識の現れない格」に焦点を当てた言い方であるとすれば、「無助詞」は「助詞の現れない現象が、談話・語用論レベルにおいて、一つの助詞類として果たす役割」に焦点を当てた言い方であると言える。「不定格」という概念では、例えば助詞 i/ga は主格をマークする格助詞であり、それがあると格標識による主格の明示となり、現れなくなると主格の不定格になるとされるが、「無助詞」という概念では、助詞 i/ga が談話・語用論レベルで有する意味と無助詞の固有の意味は同レベルのもので、i/ga と無助詞は、話し手によって選択され得る同等な立場の助詞類ということになるのである。以上のようなことから、本書では「不定格」を取らず、談話・語用論レベルで固有の役割を担う「無助詞」の働きを中心に考えていくことにする。

日本語の場合

日本語のハとガにおいても、沢山の議論がある。寺村（1982）は、文の構成要素を「構文機能的要素」と「品詞」に分けているが、前者の構文機能的要素は「文法機能的」「関係的」概念で、上述した서정수（2006）「文構成要素」と同じ概念である。寺村（1982）は、構文機能的要素をさらに、「話し手が客観的に世界の事象、心象を描こうとする部分と、それを「素材」として話し手が自分の態度を相手に示そうとする部分」（寺村 1982: 51）に分け、前者を「コト」、後者を「ムード」と呼んだ。コトとムードの区別は、第1章で述べた命題とモダリティの区別と重なる概念で、本書の観点からすると、コトは統語・意味論レベルの概念でムードは談話・語用論レベルの概念に近い。コトは述語と補語からなり、補語はさらに「補語基」と「格表示語」からなるとし、格表示という機能を担う語は「助詞」の中でも「格助詞」であると述べた。ガは主格助詞であるとした。格助詞のガは、一般的に仕手、主体、感情主などを表し*15、韓国語の i/ga の機能と変わらない。このような格助詞としてのガの機能は本書で言う統語・意味論レベルにおける機能であると言える。日本語のガには、「이 모자의 빛깔이 까맣지<u>가</u> 않다 i mojaui bichkkal-i kkamahji-<u>ga</u> anhda（この帽子の色が黒くない）」

における「까맣지가 kkamahji-ga（黒く -ga）」の ga のような所謂補助詞的な（取り立て助詞のような）用法はなく、談話・語用論レベルにおいても格助詞としての機能を保持する場合が多い。ただし、談話・語用論レベルにおいては、韓国語の場合と同様、ガの格助詞としての機能の上に、「こっちが好き」の「排他」的意味など、話し手の態度や感情を表す特殊な意味を表すようになると考えられる。

寺村（1991）では、取り立てのハの統語的特徴を文内の位置と共起する成分の特徴で述べている。同氏によるとハは、格助詞の後、副詞の後、述語語幹と活用語尾の間（「社長でハある」）など、名詞と格助詞の間以外の殆どの場所で現れ、「ハによって取り立てられる名詞は、特定の対象を指示する名詞でなければならない」（寺村 1991: 40）という。これは、韓国語の eun/neun の特性における「限定性」に近いものである。また、寺村（1991: 41）はハの基本的意味について、「「X ハ P」におけるハの基本的な機能は、「X について P である」ことを言うと同時に、「〜X について〜P である」ということ（影）を暗示し、その影との対比的な意味を生じさせるところにある」としている。ここで言う「影」とは、「X ハ P」という文の外側に存在する何かを指すことから、ハは文レベルを超える概念を持つ助詞であることが分かる。このことは、「対照」を基本意味とする韓国語の eun/neun の場合と変わらない。即ち、eun/neun と同様、ハもその基本的な意味からして本来談話・語用論レベル寄りの助詞であると言えるのである*16。

無助詞は、日本語においても統語・意味論レベルからすると格助詞の省略（非実現）であると言えよう。統語的観点から無助詞を見ている研究は、韓国語の場合と同じく、格助詞がどのような統語的環境で省略されやすいかを主な論点としている*17。矢田部（1996）は、主格助詞ガの省略には、統語部門においてガを随意的に削除する統語的省略、特別な指定を受けている語彙項目の直後で義務的にガを削除する語彙的省略、主文の 1 人称または 2 人称の主語に伴うガを随意的に削除する対話省略の 3 種類があるとし、これら主格助詞省略は意味役割制約と反焦点制約を受けるとしている*18。省略の種類分けと意味役割制約は、本書で言う統語・意味論レベルに関わると言える。しかし、反焦点制約は談話・語用論レベルに関わるものである。焦点は談話における情報の流れと関係があり、文を越えない統語・意味論レベルとは無縁の概念である。第1章で紹介した日本語の無助詞に関する最近の研究は、無助詞を何らかの機能を持つものと単なる格助詞の省略に分けているが、矢田部（1996）は、単なる格助詞の省略をさらに詳しく検証したものであると言える*19。ところで、様々な角度から無助詞を見ている先行研究からも分かるように、統語・意味論レベルにおいて格助詞の省略要因を探ることは無助詞を解明する重要な作業の一つではあるが、それだけでは実際の言語使用で助詞が現れない現象を完全に解明できない。同じ格助詞の省略可能な環境でも、助詞がある場合とない場合とがあり、その違いは何か、どのような話し手の伝達意図があり情報構造はどうなっているかという問題は談話・語用論レベルの話となり、その解明のためには実際の談話の幅広い観察と分析が欠かせないのである。

さて、本節では助詞類の統語・意味論レベルにおける特徴を簡単に見た。レベル分けをしていない先行研究の議論の中で、本書で言う統語・意味論レベルにおける特徴と言える部分を格助詞類ごとにまとめた。格助詞は統語・意味論レベルにおける機能が本来のものであり、eun/neunやハ及び無助詞は談話・語用論レベル寄りの助詞であると述べた。特に無助詞は、統語・意味論レベルでは「格助詞の省略」とされ、多くの先行研究では格助詞が脱落する文法的なメカニズムの解明に力を注いできた。ところが、本書では、無助詞の本務は談話・語用論レベルにおいて他の助詞類と同等な立場で積極的な意味を表すことにあると考える。さらに本書は、統語・意味論レベルと談話・語用論レベルを区別し、それぞれのレベルにおける助詞類の役割を明確にすることによって、それぞれの助詞類の特徴が明らかになると主張する。

ところで、各助詞類が本務を持つのがどのレベルかという問題とは関係なく、文単位の調査・分析は必要である。本書は二つのレベルの中でも主に談話・語用論レベルにおける助詞類の働きに関心があり、上述のように、文レベルにも談話・語用論レベルの要素が関わっているのである。さらに、レベル分けが行われていなかった先行研究で言われてきていることを実際の談話資料をもって確認する作業も必要なのである。第3章、第4章では、文単位で考えられる様々な条件、即ち、助詞類の付く名詞句の性質、文のタイプ、述語である動詞句の性質、文成分の共起関係などが助詞類の使用とどのように関わっているかを計量的に調査・分析する。

4. 主語について

本書は、構造格名詞句における格助詞の非実現（さらに、その他の助詞も実現されない現象）を無助詞とし、「主語」におけるハ・eun/neunとガ・i/gaと無助詞を研究対象とする。本書で言う「主語」とは、簡単に言うと統語・意味論レベルにおける主格名詞句のことである。主格名詞句とは、統語・意味論レベルで主格助詞を取る名詞句のことで、韓国語では大体i/gaが、日本語ではガが付く名詞句に当る*20。即ち、当該の文の「統語・意味論レベルの意味」を想定したときに、名詞句がガ・i/gaを取ればその名詞句を主語と見るのである*21。ところが、このような規定にも関わらず、実際に発話された自然談話の中から主格名詞句を正確に判定することは簡単なことではない。要するに、統語・意味論レベルの意味の想定において名詞句が何の助詞を取るかは揺れがあるのである。自然談話における生の文を文法的に分析する際には、明確な基準がないと分析自体が無益になってしまう可能性がある。ここでは、韓国語と日本語における主語の規定を検討した後、本書でどのようなものを主語と見て談話資料を分析したかについて少し詳しく述べる。

まず、韓国語における主語の規定を見る。최현배（1929: 748–749）によると、「主語は文の主体になるもの（翻訳：筆者）」と述べ、主語と述語の関係は「何がどうする、何がどうだ、何が何だ」の三つで、この「何が」に当るものが主語であるとしている。남기심・고영근（1985: 237–243）も同じく述語に対する主体を表す言葉が主語であるとし、主語の統語的な特徴として尊敬表現の対象になる、繰り返される場合「자기 jagi（自分）」となる、大概文頭に

来る、などを挙げている。

日本語における主語の定義も同様である。仁田（1993a: 26）では、「主語とは、述語の表す働き・状態・関係を実現・完成させるために要求される成分の一つ、（中略）述語の表す広義の属性を担い・体現する主体を表し、通達の機能を果たしている文が何をめぐって通達をしているのかを表す部分」とされている。柴谷（1978）は、主語という文法範疇を規定することの難しさに言及し、「(a) 尊敬語化現象を誘発する、(b) 再帰代名詞化現象を誘発する、(c) 特定の述語を持つ文以外で、題目化されない文では主格助詞ガを伴う、そして (d) 存在文ではない文では基本語順に於いて文頭に来る」という文法的特徴を持つものであるとしている。このような韓国語と日本語における主語の定義によると概ね次のようなものが主語に当ると言える。

(10) 교직 이수 과정 φ 있지 않나요？ 〈K10-MF〉
gyojig isu gwajeong iss-ji anhna-yo?
教職 履修 課程 ある-［否定］-［丁寧］？
（教職履修課程 φ ありませんか。）

(11) ロールキャベツねぇ、あれ φ 一口で良い感じだったよ。 〈J01-FF〉

(12) 아，요새 진짜 몸이 너무 안 좋아. 〈K02-FF〉
a, yosae jinjja mom-i neomu an joh-a.
［感嘆］，最近 本当 体-ガ あまりに［否定］良い-［普通（平叙)］.
（ああ、最近本当調子ガよくないの。）

(13) なんか多分あそこに爆発物があるからとか言って。 〈J04-MF〉

(14) 집은 이 근처세요？ 〈K06-MM〉
jib-eun i geuncheo-se-yo?
家-ハ この 近所（-［copl］）-［尊敬］-［丁寧（疑問)］？
（家ハこの近くですか。）

(15) ま、俺は苦しかったわけだけど。 〈J10-MM〉

(10) は疑問形の単文で、述語が存在表現の存在文である。この

文の名詞句は「교직 이수 과정이 있는 것 gyojig isu gwajeong-i issneun geos（教職履修課程ガあるコト）」のように統語・意味論レベルにおける命題形式でi/gaを取り、存在文において存在するものを表す名詞句ということから主語である。(11）は名詞述語文であるが、「あれが良い感じだったコト」のように統語・意味論レベルでガを取り、「良い感じ」の主体を表す名詞句である「あれ」が主語である。(12）の形容詞述語文では、「안 좋은 an joheun（良くない)」ものとしての「(話し手の）몸 mom（体)」が主語である。これは「요즘 몸이 안 좋은 것 yojeum mom-i an joheun geos（最近調子ガよくないコト)」という統語・意味論レベルにおける命題形式でもi/gaを取る。(13）は従属節のみが現れているもので、存在するものである「爆発物」が従属節の主語となる。(14）は存在の意味を含む名詞述語文である。「집이 이 근처인 것 jib-i i geuncheoin geos（家ガこの近くであるコト)」のように統語・意味論レベルにおける命題形式でi/gaを取る「집 jib（家)」が主語となる。この場合は名詞述語文ではあるが、意味上存在するものが主語になる。(15）は形容詞述語文である。「俺が苦しいコト」という命題形式でガを取り、「苦しい」という感情の主体である「俺」が主語になる*22。以降では、これらのような名詞句を、統語・意味論レベルで主格助詞を取るものと見なし、主語と判定する。ところで、それでも残る問題がある。主語判定で最も引っかかるのは、主語のようなものが二つ以上ある多重主格の場合である。

韓国語でも日本語でも所謂「二重主語文（二重主格文)」が存在する*23。本書では、冒頭で説明した「ガ・i/ga格を取る名詞句を主語と見る」といった規定に従い、統語・意味論レベルにおいて主格（ガ・i/ga格）を取る名詞句が二つ以上存在する場合、どちらも主語と見なし調査対象としている。これは、主語あるいは主格名詞句が一つの文に複数存在すると見る立場である。韓国語と日本語では、どちらにおいてもこのような二重主語文を認める立場がある。ここではそれぞれにおける二重主語文の種類を概観し、本書の調査対象を明確にすることにする。

서정수（2006）では、二重主語文を3種類に分けている。第1類

型は「体言1-의（ノ）体言2-이（ガ）用言」の基底構造を成す類型（「그이가 마음이 곱다 geui-ga maeum-i gobda（彼ガ心ガやさしい）」）、第2類型は「体言1-에（게）（ニ）体言2-이（ガ）用言」の基底構造を成す類型（「그 애가 사랑이 필요하다 geu ae-ga salang-i pilyohada（あの子ガ愛ガ必要である）」）、第3類型は「体言1-에（게）서（カラ）体言2-이（ガ）用言」の基底構造を成す類型（「이 꽃이 향기가 풍긴다 i kkoch-i hyanggi-ga pungginda（この花ガ香りガする）」）である。서정수（2006）は、真の主語は一つしかないとし、これらの主語はすべて「体言2」であるとしている*24。本書は、上述のように、このような考え方は取らずにどちらの体言も主語と見てその助詞類を調査・分析することにする。このように複数の主語を認める大きな理由の一つは、どちらの名詞句も談話・語用論レベルにおいてi/ga、eun/neun、無助詞及びその他の助詞類が選択的に現れる場所であるということである。本書は主語とは何かを規定するといった問題よりは、同じような種類の助詞類を取り得る場所（名詞句）において異なる助詞類が現れるメカニズムとその意味の違いの解明に焦点がある。例えば、ハ・eun/neunとガ・i/gaと無助詞の意味を追究するためには、二つの主語のどちらに現れるハ・eun/neunとガ・i/gaと無助詞についても目を向ける必要があるのである。

日本語の二重主語文については尾上（2004）の内容で概観する。尾上（2004）は、二重主語文を大きく次のように2種類に分けている*25。

（16）

A. 第1種二重主語文

（a）情意文：私は故郷がなつかしい。ぼくは水がほしい。太郎は遠足がうれしいらしい。

（b）出来文：太郎は納豆が食べられる。私は中学生時代のことがなつかしく思い出される。

（c）存在文：この部屋は大きい窓がある。この仕事はもっと時間が要る。

B. 第2種二重主語文

象は鼻が長い。私はもの覚えが悪い。あいつは父親が医者だ。

神戸は特に緑が美しい。この壺は色が青い。相撲は立会いがおもしろい。辞書は表紙の柔らかいのがよい。

このような種類分けは、出来文を除けば*26、韓国語にもほぼ適用される。本書では、これらの分類を参考し、二重主語を次の四つの場合に限定する。それは、「N1」と「N2」という二つの名詞句と述語「V」を有する文において、(1)「N1のN2がV」と言い換えることができる「象は鼻が長い」類の文［第1二重主語文］、(2)「N1にN2がV」と言い換えることができる存在文及びそれに準ずる文［第2二重主語文］、(3)「N1がN2をV'（Vの他動詞形)」と言い換えることができる、N2がVの深層的対格である文(「あたしもマンゴー好きなんだけど〈J01-FF〉」)［第3二重主語文］、(4) VがN3を有する名詞述語文で、「N1のN3がN2である」と言い換えることができる文（「○○君って何が専門なんだっけ〈J03-FF〉」)［第4二重主語文］である。これらを仮に、それぞれ第1、第2、第3、第4二重主語文と呼んでみよう。ここで一つ注意しなければならないのでは、実際の談話で「象の鼻が長い」と発話されたからといってそれが二重主語文とされるわけではないということである。「言い換えることができる」という表現は、統語・意味論レベルの命題形式上でそのように言い換えても真理条件的意味が変わらないということを意味するものであり、発話文の意味するところや実際に談話の相手に伝達される意味が同じであると言っているのではない。二重主語文の最も大きな特徴は、先行の主語名詞句が文全体の意味の中心になる主体で、後の主語名詞句は述語の動きに直接関わる対象や主体となるということである。二重主語文は、大きな行為の主体と小さな行為の主体の両方を認識する話し手の表現心理あるいは意図を表す言語手段となるものであり、それと統語・意味論レベルの意味が同じである文の全てが二重主語文になるわけではないのである。

本書ではこのような規定をもとに談話資料を観察していくが、資料では次のような文が二重主語文になる。(17)～(18)は第1二重主語文、(19) ～ (20) は第2二重主語文、(21) ～ (22) は第3二重主語文、(23) ～ (24) は第4二重主語文である(各主語に用いられた助詞類は太字表記している)。

(17) 제**가** 키**가** 백육십팔인데, (후략) 〈K07-FF〉
je-ga ki-ga baegyugsibpal-i-nde,
私-ガ 背丈-ガ 168-[copl]-[婉曲],
(私ガ背ガ168なんですけど、(後略))

(18) 中国**は**結構食べ物**が**美味しくて、なんか (中略) みんな太って帰って来るとか。 〈J04-MF〉

(19) 그리고 토요일에 걔**가** 과외**가** 있어. 〈K03-MM〉
geuligo toyoil-e gyae-ga gwaoe-ga iss-eo.
そして 土曜日-に 彼女-ガ 課外-ガ ある-[普通(平叙)].
(それから、土曜日に彼女ガ家庭教師の仕事ガあるの。)

(20) だって、大学**φ**お金**φ**ないもん。 〈J07-MF〉

(21) 저**는** 이렇게 거친 남자**가** 좋더라고요. 〈K08-MF〉
jeo-neun ileohge geochi-n namja-ga joh-deola-go-yo.
私-ハ こう タフだ-[連体] 男-ガ 良い-[回想]-[引用]-[丁寧(平叙)].
(私ハこう、タフな男ガ好きなんですよ。)

(22) で、彼女**は**自分のチケット**が**取れたんです。 〈J04-MF〉

(23) ○○이**가** 십오 일**이** 생일이잖아? 〈K01-MM〉
○○ i-ga sibo il-i saengil-i-janh-a?
○○-ガ 15日-ガ 誕生日-[copl]-[否定]-[普通(疑問)]?
(○○[人名]ガ15日ガ誕生日じゃない。)

(24) え、○○君**て**、なんですっけ、何**が**専門なんだっけ。 〈J03-FF〉

ところで、名詞句が二つ現れていても、そのどちらかが主語ではない場合もある。次の例は、実線の下線部分が主語で、点線の名詞句は主語と見なせない例である。

(25) 요즘 게임은 그, 대학생들**이** 뭘 젤 많이 하나요? 〈K04-MM〉
yojeum geim-eun geu, daehagsaeng-deul-i mwo-l jel manhi

ha-na-yo?
最近 ゲーム-ハ その、大学生-［複数］-ガ　何-を 最も 沢山 する-［疑問］-［丁寧（疑問）］？
（最近、ゲームハ、その、大学生たちガ何を一番多くやってるんですか。）

(26) え、○○［地名］とさ××［地名］ってどっちがキャンパスφ大きいの？ 〈J06-MF〉

これらの文は、第1名詞句を除外しても文構成要素をすべて揃えた完全な文で、「게임은 geimeun（ゲームは）」や「○○［地名］と××［地名］って」は統語・意味論レベルで談話における話題と見ることができる*27。これらの例は、第1名詞句を除外した「대학생들이 뭘（=무슨 게임을）젤 많이 하나요？（大学生たちガ何を（=どんなゲームを）一番多くやってるんですか）」(25)、「どっちが（=どちらの地域が）キャンパス大きいの？」(26）といった文が統語・意味論レベルにおいて文構成要素を揃えた完全な文である点で、これまでの例とは異なる。即ち、これらの例における第1名詞句は、その後に続く文の構成要素の一つと重なるのである（「게임 geim（ゲーム）」=「뭐 mwo（何）」、「○○と××」=「どっち（か）」）。これは、例えば、(23）の「○○이○○ i（名前）」と「십오 일 sibo il（15日）」の関係や、(24）の「○○君」と「何」との関係とは全く異なる。本書では、このように文頭などに名詞句が二つ続いていて、一方を削除しても文構成要素を揃えた文で、その削除した名詞句が文構成要素の一部と意味的に一致する場合、当該名詞句を「話題」と見て主語とは見なさないことにする。

さらに、主語名詞句に主語名詞句の数量を表す名詞句が続く場合、数量を表す名詞句は主語と見なさず、先行名詞句のみを主語と見なす。

(27) ○○［지명］에도 병원이 하나가 있어요. 〈K01-MM〉
○○ -e-do byeongwon-i hana-ga iss-eoyo.
○○-に-も 病院-ガ 一つ-ガ ある-［丁寧（平叙）］.
（○○［地名］にも病院ガ一つガあります。）

(28) 音楽室も一応二つφあったけど。 〈J07-MF〉

さて、談話には一見上述の二重主語文の第1名詞句が抜けているような文がある。このような例における名詞句も主語と見なす。次のような文がある。

(29) 막 첫수업 φ 아홉 시에 있고, 맨 마지막 수업 φ 야간수업이고.

〈K01-MM〉

mag cheossueob- φ ahob si-e iss-go, maen majimag sueob- φ yagansueob-i-go.

まさに 初授業- φ 9時-に ある-[連接], 最も 最後 授業- φ 夜間授業-[copl]-[連接].

(もう、最初の授業 φ 9時にあって、最後の授業 φ 夜間授業で。)

(30) レベル φ 高いじゃん。 〈J01-FF〉

(29) の二つの文は、先行文脈に登場した「걔네 gyaene(あいつら)」について話しており、(30) の主節は前に登場した「幼稚園のピアノ」について話している。もしこれらの名詞句がこれらの文内に現れていたら二重主語文になるような文であるが、その二重主語文の第2名詞句に当る名詞句だけが現れている。本書では、このような名詞句も主語と見て調査・分析の対象とする。

次は、主語と「呼びかけ」との区別について少し述べる。主語と呼びかけは時々区別が難しい場合があるが、特に、命令文の場合これらの区別は簡単ではない。ここでは、命令文における主語と呼びかけの判定について述べておく。韓国語は「呼格助詞」が存在し、普通体の場合、名前に呼格助詞の「아 a」(子音終わりの名前に)や「야 ya」(母音終わりの名前に)が付くので、一般的な主語とは明確に区別される。次のような例が資料に現れている。

(31) 야, ××아, 그러지 마. 〈K03-MM〉

ya, ×× -a, geuleo-ji ma

[感嘆], ××[人名]-[助詞:呼格], そうする-[連用] やめる(-[普通(命令)]).

(おい、×× -a、そんなことするなよ)

この例における「××아 a」はもちろん主語ではなく、続く「그러지 마 geuleoji ma(そんなことするなよ)」という文は主語が現れ

ない文となる。問題は、普通体で名前ではない代名詞などで人を称する場合や丁寧体の場合である。「아버지 abeoji（父、お父さん）」「언니 eonni（姉、お姉さん）」「김 과장 gim gwajang（キム課長）」など家族関係や職名を表す名詞句で人を呼ぶ場合は呼格助詞が付かず、主語として用いられた場合との区別が難しい。さらに、人名に「씨 ssi（さん）」などをつけるような関係でも、呼格助詞は使われない。次のような例では、「呼びかけ」なのか「主語」なのか判断が難しい。

(32) ○○○ 씨 ϕ 뭐라고 한 마디 해요.　〈KT02〉
○○○ ssi- ϕ mwo-rago han madi ha-eyo.
○○○ さん- ϕ 何-［引用］一節 する-［丁寧（命令)］.
（○○○［人名］さん ϕ 何か一言言ってください。）

このような場合、主語か呼びかけかを決める基準が必要となる。本書では、呼格助詞が現れておらず主語と呼びかけのどちらとも解釈できるような例において、次の条件を満たす場合を「呼びかけ」と判断する*28。(1) 発話のない時間（ポーズ）が長く続いた後再び会話が始まるとき、話題が変わったとき、3人以上が会話をしていて会話の相手が変わったときのいずれかの場合に、会話の現場に存在する人の名前などが呼ばれた場合、(2) 名詞句が2回以上繰り返されたり、後続文に既に明らかな主語が現れていたりして、当名詞句の部分を後続文の統語的主語と解釈すると文全体が不自然になる場合*29。

命令文の主語は常に聞き手なので*30、命令文の場合は（2）が適用されないことが多いが、例えば、「×× 씨, 동경의 날씨는 어때요？ ×× ssi, donggyeongui nalssineun eottaeyo?（××さん、東京の天気はどうですか。）」のような疑問文の場合は、(2) を適用しなければならない。「×× 씨 ×× ssi（××さん）」は後に続く文の統語的主語ではないので呼びかけになる。(32) は命令文で、(1)（会話の相手が変わった場合）に当てはまるので、「○○○ 씨 ssi（○○○さん）」は呼びかけと判断できる。ただし、命令文で「너 neo（あなた、お前）」「너희들 neohuideul（あなた達、お前ら）」「당신 dangsin（あなた）」などの代名詞が文頭に来る場合は、特別

な状況を除けば主語と判断してよいと思われる*31。なぜなら、名前などを用いずに2人称代名詞を用いた時点で話し手はその人を聞き手として認識しており、何かを伝える前にこちらに注意を向けさせる呼びかけでは既にないと考えられるからである。従って、次のような例における2人称代名詞は主語と判定できる。

(33) 너φ 가 〈K02-FF〉

neo-φ ga.

お前-φ 行く（-［普通（命令)]).

(お前φ行けよ。)

最後に、主語の判定と関わる問題として「慣用表現」の問題がある。統語的に「主語+述語」の形をしている文の中には、全体が一つのまとまった意味として語彙的に扱われるものがある。次のようなものである。

(34) 별로 재미없는 거 같아. 〈K03-MM〉

byeollo jaemieobs-neun geo gat-a.

あまり 面白い-［連体］こと 同じだ-［普通（平叙)].

(あまり面白くないと思う。)

(34) の述部は「재미 jaemi +없다 eobsda（面白さ+ない)」のような構成になっているが、辞書的には「재미없다 jaemieobsda（つまらない)」という形容詞として扱われている、既に語彙化しているものである。同じ構造で「없다 eobsda（ない)」の代わりに「있다 issda（ある)」が付くと、「재미있다 jaemiissda（面白い)」という反対の意味の語彙になる。ところが、次の例のように、これは「主語+述語」構造に分離することがしばしばある。

(35) 재미가 없어? 〈K04-MM〉

jaemi-ga eobs-eo?

面白さ-ガ ない-［普通（疑問)]?

(面白くないの?)

(36) 근데 하면서 재미는 있었어요. 〈K07-FF〉

geunde ha-myeonseo jaemi-neun iss-eoss-eoyo.

ところで する-［同時］面白さ-ハ ある-［過去］-［丁寧（平叙)].

（でも、やってて面白くはありました。）

これらの例における「主語＋述語」構造の表現は、現象的に無助詞、i/ga、eun/neunの対立を見せており、本書の関心を寄せる現象ではあるが、(34) のように形容詞として辞書に載っている単語を「主語＋無助詞＋述語」と見なすことには問題があると言わざるを得ない。韓国語の形容詞には、このように「主語＋述語」の構造からなるものが多々存在し、また助詞類が主語と述語の間に入ることもしばしば起こる。これらを全て普通の「主語＋述語」の発話文と見なすわけにはいかないのである。これらに用いられるi/gaやeun/neunは一般的に形容詞の連用形にも付くことから、(35) や (36) は意味的に次のような表現に近いと言える。

(35)' 재미있지가 않다

jaemiiss-ji-ga anh-da

面白い-［連用］-ガ［否定］-［基本］

（面白くない）

(36)' 재미있기는 했다

jaemiiss-gi-neun ha-ess-da

面白い-［名詞化］-ハ する-［過去］-［基本］

（面白くはあった）

このような考察から、「재미있다 jaemiissda（面白い）」のような表現は、統語的に「主語＋述語」の構造ではあるが、意味的に固まり語彙化しているものであり、間に入る有形の助詞類と無助詞との対立関係を見ることはできないことが分かる。本書では、このような語彙化している表現における名詞を無助詞の名詞句とは見なさない。本書の談話資料においては＊32、「어이-없다 eoi-eobsda（敢え無い、あっけない）」「상관-없다 sanggwan-eobsda（関係ない）」「기억-나다 gieog-nada（思い浮かぶ）」「생각-나다 saenggag-nada（思い出される）」「배-고프다 bae-gopeuda（お腹空く）」「소용-없다 soyong-eobsda（しょうがない、無駄である）」「화-나다 hwa-nada（腹立つ）」「쓸모-없다 sseulmo-eobsda（くだらない）」などが見つかっている。

このように、直感的にも辞書的にも「主語＋述語」で一つのまとまった語彙的な意味を表す表現を「慣用表現」と称してみよう*33。日本語にも同じような「慣用表現」の問題がある。日本語は、韓国語に比べ数は少なく「仕方ない」「幅広い」などが見つかっている。日本語には、語彙化はしていないが、慣用表現として辞書の見出しになっている「もとがとれる」のような表現があり、やはり慣用表現の問題を抱えていると言える。この表現も「主語＋述語」の構造をしており、次のように、無助詞とガとハの対立を成しつつも「もとがとれる」という表現全体で一つの固まった意味を表している。

(37) でもさぁ、焼肉だとさぁ、もとφとれなくねぇ?　〈J01-FF〉

(38) 全然もと**が**取れないっていうことで。　〈J05-FF〉

(39) 100円で1個取ったからもと**は**取れた。

〈インターネット検索例〉

実際の問題としては、「主語＋述語」の形をしている表現をどこまで慣用表現と見るかという問題がある。本書では、基本的には「辞書の見出しになっていること」を慣用表現の基準とし、どちらかの言語で語彙化している表現は、他方の言語でも慣用表現として処理している。例えば、「お腹が空く」「関係ない」などの表現は辞書の見出しになっていないが、韓国語の方で語彙化しているので、日本語でも慣用表現として処理している。以上、「慣用表現」について述べた。本書では、慣用表現における主語は、研究対象としない。従って、第3、4章の統計調査においても慣用表現の主語は反映されていない。

これまで、二重主語文や呼びかけ、そして慣用表現における主語の判定について述べた。本書は、主語とは何かという問題について追究するものではない。本書で注目する名詞句は、従来eun/neunとi/ga、ハとガが問題視されている領域を含む一般的な主語である。これまで提示した主語の規定は、そのような目的に合ったものと思われる。

5. 本書で用いる資料

本書では実際の自然談話資料を使用して研究を進めるが、扱うデータは大きく二種類ある。一つ目は、第3章と第4章で計量的な分析の材料となるもので、筆者が直接収録した韓国語と日本語の会話資料である。韓国語資料は、ソウル・京畿地域に居住する韓国語ソウル方言話者10代後半〜30代の二人で行われた対話10組分で、各対話とも30分間行われた*34。概観すると次のようである。日本語資料は、東京都に居住する日本語母語話者10代後半〜20代の二人で行われた対話10組分で、韓国語と同じく、各対話とも30分間行われた*35。これらの20本の会話データを仮に「資料I」とする。資料Iを概観すると次のようである。

表2–1 資料I(韓国語談話)概観

資料名	会話参加者身上	参加者の関係	発話の量(文)
K01	大学生(男)、大学生(男)	大学の先・後輩	972
K02	大学生(女)、大学生(女)	大学の友人	1055
K03	大学生(男)、大学生(男)	大学の友人	917
K04	社会人(男)、大学生(男)	初対面	681
K05	大学生(男)、大学生(女)	大学の先・後輩	895
K06	社会人(男)、大学生(男)	初対面	779
K07	社会人(女)、大学生(女)	初対面	801
K08	大学生(男)、大学生(女)	初対面	728
K09	社会人(女)、大学生(女)	初対面	891
K10	社会人(男)、大学生(女)	初対面	683

発話の量を示すのは文の数である。本書において、「文」は「述語」を持つものに限定し、文の数は述語の数に相当する。文の数は、韓国語は全体で8402文、日本語は7696文で韓国語の方が多い。同じ時間の発話でこのようなかなりの差異が出ているのは、文の判定を、述語を持つものに限定していることと関係があると思われる。日本語は述語を言わずに文を終えてしまうという場合が韓国語に比

表2–2　資料Ｉ（日本語談話）概観

資料名	会話参加者身上	参加者の関係	発話の量（文）
J01	大学生（女）、大学生（女）	大学の友人	866
J02	大学生（男）、大学生（男）	大学院の先・後輩	680
J03	大学生（女）、大学生（女）	大学院の先・後輩	644
J04	大学院生（男）、大学院生（女）	大学院の先・後輩	846
J05	大学院生（女）、大学院生（女）	大学院の先・後輩	970
J06	大学院生（男）、大学院生（女）	友人	879
J07	大学院生（男）、大学院生（女）	大学の先・後輩	748
J08	大学院生（男）、大学生（女）	初対面	743
J09	大学生（男）、大学生（男）	大学の友人	687
J10	大学生（男）、大学生（男）	大学の友人	633

べ多く、「発話文」という観点から見るとこの数値の差異は逆転する可能性もある。さらに、ここには「ああ」、「あ、そうだ」のような感嘆詞や、「そうそうそうそうそう」、「あるあるある」のような相槌は含まれていないため、これらを全て「発話」というカテゴリーで括ると、どちらの方が多いかということは今回の調査結果だけでは分からない＊36。参加者の職業においては、韓国語の方は大学生が中心で社会人が少人数含まれており、日本語の方は大学院生と大学生が中心と多少異なるが、性別を見ると、韓国語の方は男11・女9（男／男4組、女／女3組、男／女3組）、日本語の方は男10・女10（男／男3組、女／女3組、男／女4組）で大きく変わらない。年齢は韓国語の方が平均23.9歳、日本語の方が平均22.8歳で韓国語の方が1歳ほど高く、全体的に20代前半ということになる。資料Ｉを例示する際は、参加者の性別が分かるように「〈K05-MF〉」（Mは男性、Fは女性）のように示すことにする。

これ以降紹介する資料は、計量的な調査の対象とはならないが、資料Ｉとともに第5章以降で例示しながら分析を行うものである。ここには、まず、韓国のテレビ番組から採集した、様々な話題を扱ったトーク、インタビューなどの会話データがある。トークデータは話し言葉の中でも、日常会話のような砕けた会話と、演説のような一方的で書き言葉に近いものは除き、適度に改まった場での対話という枠に収めた。これを仮に「資料Ⅱ」と呼ぶことにする。例示する際は「〈KT01〉」のように示す。資料Ⅱは、4種類のテレビのトーク番組14回分（1回当り約1時間）、トータル約14時間分）が含まれており、会話に参加する人数（出演者数）は3人〜10人程度で決まっていない。資料Ⅱの概要を示す＊37。

表2–3　資料Ⅱ（Kトーク）の概観

資料名	番組名	参加者数	回数	時間
KT01	토크쇼 임성훈과 함께 （トークショー・イムソンフンと一緒に）	3–5人	8回	約8時間
KT02	서세원 쇼（ソセウォン・ショー）	9–10人	2回	約2時間
KT03	해피 투게더（Happy together）	7–8人	2回	約2時間
KT04	토요 스타클럽（土曜スタークラブ）	4–5人	2回	約2時間

さらに、筆者が直接収集した資料ではないが、本書で対象とする自然会話ということで既に構築されている言語資料を用いたいと思う。これらを仮に「資料Ⅲ」と呼ぶことにする。次のようなものである。

(40)資料Ⅲ（談話例分析用追加資料）

a.　奥山洋子（2004）『こんなに違う！韓国人と日本人の初対面の会話』奥山洋子著、報告社、ソウル「奥山洋子・泉千春資料」→〈OI〉

b.　伊集院郁子（2004）「母語話者による場面に応じたスピーチスタイルの使い分け―母語場面と接触場面の相違―」『社会言語科学』第6巻第2号 pp. 12–26 →〈IJ〉

(40a）は同性の大学生による初対面の会話データで、40分間行われた対話42組分が含まれている。そのうち韓国語は26組（男性14組、女性12組）、日本語が16組（男性9組、女性7組）である。この資料における例を示す際は「〈OI〉」と表示し、韓国語の男性同士の会話例の場合「〈OI: K-MM〉」と、日本語の女性同士の会話例の場合「〈OI: J-FF〉」と表示することにする＊38。(40b）は日本人同士の会話で、15分程度の対話が四つある。この資料を例示する際は「〈IJ-FF〉」のように示すことにする。本書における例示は全て実際の談話で用いられた発話文で、議論のために必要な例が実際の談話で見つからない場合は、擬似談話としてドラマのシナリオの会話部分を使う場合がある。その場合も例の最後に出典を示す。

第2章では、ハとガと無助詞を論じる際に浮上するいくつかの周辺現象について論じた。無助詞とは切り離せない省略現象及び無助詞の判定基準、助詞類の統語・意味論レベルの特徴づけ、最後に、主語に関する議論まで、どれも助詞類を分析する際に見逃してはいけない論点である。今回は、これらの論点を今まで以上に明確にした上での議論が可能になることと思われる。なお、本書で用いられる資料及び例文は、一部の例外的ケースを除き全て自然談話で、何より具体的で現実的な分析を目指している。

---

*1 この例は、惠谷（2004: 49）で、「主題の省略が不自然な例」として挙げられているものである。例の出典は、「毎日新聞社説2002年08月01日付」となっている。元の論文に引いてあった下線などの記号は削除し、必要によって下線を引いている。なお、この例は書き言葉の例であるが、「結束性」の概念自体は書き言葉と話し言葉の区別がないので、ここの議論においては書き言葉の例で問題ないと思われる。

*2 書き言葉や話し言葉の中でも類型があり、典型性の度合が存在すると考えられる。畠（1993: 248）では、話し言葉を、第1類「おしゃべり」、第2類「相談、報告、謝罪、伝達などの小さなコミュニケーション目的を持った二、三人の間の発話のやり取り」、第3類「講演、講義、大会議での発言」、第4類「スピーチコンテスト、国会の代表質問、答辞、送辞、結婚式のスピーチ、ニュースなど」に分け、第4類は書き言葉に近いとしている。書き言葉でも、携帯電話のメールなどは話し言葉に近いと言えるだろう。このような意味で、統語・意味論レベルと談話・語用論レベルは、必ずしも、それぞれ書き言葉と話し言葉と同義ではない。

*3 ただし、「格」そのものも明確な定義が難しいため、無助詞の判定に混同の余地が全くないわけではない。本書では、概ね格を「文中の名詞句と述語との関係」と認め、無助詞の判定を行う。なお、名詞句と名詞句の関係を示す「属格（連体格）」については、名詞句の間に助詞が現れなくても無助詞とは認めない。これを「格」と認めるかどうかの議論は本書の範囲を超えるので避け

るが、それとは別に、名詞句の間に助詞が現れない現象を無助詞と認めない理由については本文で後述する。

＊4 呼びかけと無助詞の区別については後述する。

＊5 韓国語の「인 in」は助詞ではなく、「コピュラ＋連体語尾」の表現で、日本語では連体の「〜である」に当る。多くの例において日本語の「の」に対応する「의 ui」は、この例では使えない。

＊6 （9）の日本語文「東京緑多いね。」という文は、加藤（1997）から引いている。

＊7 i/gaを主格助詞ではなく主語助詞であるとする立場もある（김영희1974など）。

＊8 「물이 술이 되었다 mul-i sul-i doeeossda（水が酒になった）」における「술이 sul-i（酒-i）」のiや「이 모자의 빛깔이 까맣지가 않다 i mojaui bichkkal-i kkamahji-ga anhda（この帽子の色が黒くない）」における「까맣지가 kkamahji-ga（黒く-ga）」のgaように、i/gaが主格助詞として使われないことがあることも指摘されている（서정수2006: 866–867）。

＊9 しかし、現代における言語意識や言語使用の現状から、i/gaの統語機能を全く否定することはできないように思われる。「학생이 학교에 가는 것 hagsaeng-i haggyo-e ganeun geos（学生が学校に行くこと）」のように、文を抽象的かつ客観的な事態として表す場合に、主語を示す純粋な機能標識としてi/gaを想定することは、言語使用者（言衆）の認識や韓国語の言語事実及び文法に最も適していると思われるからである。

＊10 「協隨」は、朴勝彬（1935）で「協隨的な意味」とされたことによる。

＊11 注8の「이 모자의 빛깔이 까맣지가 않다 i mojaui bichkkal-i kkamahji-ga anhda（この帽子の色が黒くない）」の例における用法がそれである。この場合におけるi/gaは、「先行内容を指定して強調する意を表す補助詞」（標準国語大辞典より）とされる。本書では、「主語」及び「文頭名詞句」（第8章）における助詞類が研究対象となるので、このようなi/gaは観察対象から除外される。

＊12 これは、統語・意味論レベルから談話・語用論レベルに転換する過程でこのようなことが起こると述べているのではなく、それぞれのレベルの特徴を述べているものである。既に述べたように、本書では、統語・意味論レベルの要素が何らかの操作を受け談話・語用論レベルに実現するという考え方は取らない。

＊13 話題になっているか、文脈から分かる事態を指す機能（서정수2006: 895）。

＊14 eun/neunは話し手の態度を表す「様態詞」であるという主張（柳東碩1984など）も、この助詞の談話・語用論レベルにおける働きと関わるということは言うまでもない。

＊15 存在文の場合、出来事や存在するものなども表す。

＊16 このような特徴は、モ、ダケ、コソなど日本語の取り立て助詞やdo、man、majeoなど韓国語の特殊助詞（補助詞）の一般的な特徴である。従って、これらの助詞は本来談話・語用論レベルに適している助詞であると言うことができる。

＊17 ここで言う「統語的観点」と本書における「統語・意味論レベル」は異

なる概念であることに注意されたい。第1章の2節を参照のこと。
＊18 意味役割制約とは、「ある名詞句に伴う主格助詞を統語的省略または語彙的省略によって省略する場合、その名詞句より低い意味役割を担う語句が同一節内にあってはならない」という制約である。意味役割の階層「[Agent [Recipient [Instrument [Location [Theme (PRED)]]]]]」の左端に近いほど意味役割が高いという。反焦点制約とは「焦点として解釈される名詞句に伴う主格助詞は、省略することができない」というものである（矢田部1996）。
＊19 矢田部（1996）は、「あの人日本人だね」のような文における、何らかの機能（はだしの題目など）を持つ無助詞を、主格助詞の省略ではないとし研究対象から外している。「あの人が日本人だね」という文は元の文とは異なる総記の意味しか表さないためであるという。しかし、この文は「あの人が日本人であること」という命題を有していることから、本書の立場からするとやはり統語・意味論レベルにおける主格助詞の省略となる。
＊20 前節で述べた通り、韓国語の「물이 술이 되었다 mul-i sul-i doeeossda（水が酒になった）」のような文において、補格助詞のi/gaが付く「술이 sul-i（酒に）」は主語と認めない。
＊21 ここでは便宜の上「主語」という用語をとるが、正確に言うと、本書で言う「主語」とは「統語・意味論レベルでガ・i/gaをとる、ガ・i/ga格名詞句」のことである。ここでは、便宜のため「ガ・i/ga格名詞句」の意味で「主語」を使うことにする。
＊22 この文の場合「わけだ」という表現が現れているが、これは談話・語用論レベルではじめて現れる話し手の態度・感情を表すモダリティ表現として処理し、単文と見なす。
＊23 用語については、「二重主語文」や「二重主格文」のどちらも使われるが、ここでは、統語・意味論レベルで主格助詞を有する名詞句を「主語」と見るので、どちらも同じ意味になる。以降は、「二重主語文」で統一することにする。
＊24 서정수（2006）では、「나는 호랑이가 무섭다 na-neun holangi-ga museobda（私ハ虎ガ怖い）」のような文は、主題化文の一種で二重主語文ではないと主張しているが、本書ではこのような文における二つの名詞句を主語と見てその助詞類を調査する。主語というのは統語・意味論レベルの概念ではあるが、韓国語と日本語では、統語構造の全く異なる欧米の言語における概念を当てはめようとする過程で混乱が生じているように思われる。本書で分析対象としている主語は、生成文法など西洋の言語に基づく理論の立場からするとかなり意味的な面に傾いているが、韓国語と日本語の性質からすると、このように考えるのが合理的だと考えるためである。本書は、主語をめぐる問題を取り上げ詳しく突き詰める研究ではなく、文内で同じような場所に用いられた異なる助詞類の違いを調べることが目的である。そのため、ここでは両言語で一般的に主語と言われる名詞句がどのようなものかということを概観する作業に焦点を当て、なぜそれを主語と言えるのか、発話された個々の文はどのような性質を持っているか（例えば、措定文か指定文か）、さらに、真の主語とは何か、主語は必要なのかなどの原論的な問題についての議論は避ける。
＊25 「太郎は納豆が食べられる」のような文の第2主語は、韓国語では「철수는 낫토를 먹을 수 있다 cheolsu-neun nasto-leul meogeul su issda（チョルスは納豆

ヲ食べることができる)」のように、i/ga格にならずeul/leul(ヲ)格となるので、本書の対象とはならない。なお、韓国語では「물을 마시고 싶다 mul-eul masigo sipda(水ヲ飲みたい)」と「물이 마시고 싶다 mul-i masigo sipda(水ガ飲みたい)」が共に現れるが、後者の「물이 mul-i(水ガ)」はi/gaの特殊な使い方と見て、i/gaが現れた場合のみ主語と認め、無助詞の場合はeul/leul(ヲ)格と見なす。なお、「틀리다 teullida(間違う、間違える)」のような、i/gaとeul/leulの交替が起こる動詞が無助詞を取っている場合に対しては、談話文脈を参照し、例えば、無助詞の名詞句と共に「私が」などの主語が表れている場合は当該無助詞をeul/leul格と認めるなど、適切だと判断される格を認める。

***26** 韓国語には「太郎は納豆が食べられる」のような出来文は存在しないが、その代わりに「지다 jida」を伴う動詞表現で似たような現象が起こる。例えば、「글자를 쓰다 geuljaleul sseuda(字ヲ書く)」という文では名詞はeul/leul(ヲ)格を取るが、動詞「쓰다 sseuda」が「지다 jida」形になり「글자가 써지다 geuljaga sseojida(字ガ書かれる)」になると名詞はi/ga格を取るようになる。この場合も二重主語文が生じる可能性はあると言えよう。

***27** (25)の主語は「대학생들이(大学生たちガ)」であり、(26)は二重主語文で、「どっちが」と「キャンパス」という二つの主語を持つものと考える。

***28** 上述のように、主語と呼びかけの区別が曖昧な場合は主に命令文に多いが、この基準は疑問文など他のタイプの文においても適用される。

***29** 日本語における呼びかけの要件及び特徴について議論したものに前原(2000)などがある。

***30** 命令文の主語を認めるかどうかについては異論があり得る。本書は、構造的に主語を認めない英語などとは異なり、韓国語と日本語は構造的に主語を全く否定する言語ではないと考える。さらに、本書で命令文の主語を取り上げる理由の一つは、「니가 좀 시켜 봐 niga jom sikyeo bwa(ちょっとお前ガさせてみろよ)〈K03-MM〉」、「너도 해라 neodo haela(お前モやってよ)〈K04-MM〉」、「演出さんは、まずキャプテンハーロックを見てください」、「トップレベルの人だけやってください〈J08-MF〉」のように、話者による助詞類の選択ができるということにある。このような助詞類の違いは、意味の違いに繋がっているはずであり、助詞類によるその違いを明らかにすることが本書の目的の一つであると言えよう。

***31** 特別な状況とは、例えば、離れているところの他人にいきなり声をかけるような場合(「そこの君たち!静かにしろ。」など)を指す。

***32** 主語と述語の間を「-」で表示する。なお、談話に現れていた助詞は示さず、語彙化した形のみを提示する。

***33** 「慣用表現」と表しているが、韓国語文法では全て形容詞や動詞など単独の語彙として扱われているものである。「慣用表現」と示したのは、助詞が入った場合を考慮した言い方である。

***34** 韓国語談話資料の収集は2006年4月に行っている。K01~K03は部屋で二人きりで、K04~K10は周りに人が数人いる状況で話してもらった(録音の際周りの人は話さないようにしてもらった)。場所は、前者が大学の学生自習室で、後者はマンションの一室である。録音はMP3とカセット録音機を同時に使って行った。話のテーマは特に決められておらず(日常会話ということで

了解してもらう)、終了後のインタビューでは全員が普段と変わらずに話すことができたと答えている。

＊35 日本語談話資料の収集は2007年7月〜8月に渡って行っている。全ての対話は閉じられた部屋に二人きりで行われ、場所は大学の講義室（J01–J08）や録音室（J09–J10）であった。殆どの参加者は東京方言を話しているが、部分的に他の方言を使ったりする参加者もいる。

＊36 資料における発話文の分析（Coding）に関する詳しいことは、付録Ⅱを参考のこと。

＊37 各番組の放送局、放送年月、放送時間に関する情報を示すと次のようで、本書で用いる分の収録時期は2002年3月〜5月である。

KT01: MBC、1996年1月1日〜2004年9月30日、毎週月〜金曜日09:45–10:50

KT02: KBS2TV、2001年2月6日 〜2002年8月7日、毎週火曜日22:50–23:50

KT03: KBS2TV、2001年11月8日〜現在、毎週木曜日23:05–00:05

KT04: SBS、1999年12月18日〜2003年5月3日、毎週土曜日09:00–10:30

＊38「奥山・泉資料」は1998年〜2000年に収録され、会話参加者の平均年齢は21歳前後である。この資料における韓国人参加者はソウル市内およびソウル近郊出身で、日本人は東京近郊および福岡市内在住者である（資料文献奥山2004: 24–25)。(40b）の参加者も大学生で平均年齢20歳程度である。

第3章
文における eun/neun と i/ga と無助詞【韓国語】

ここでは韓国語の談話資料における統計調査の結果を示し、その結果を分析する。韓国語資料における助詞類は、談話別に見ると次のようである。

表3–1 韓国語資料Iにおける助詞類の分布

韓国語	K01	K02	K03	*K04*	K05	*K06*	*K07*	*K08*	*K09*	*K10*	計	(%)
i/ga	154	206	157	157	154	135	150	122	150	98	1483	(45.0)
無助詞	141	88	150	54	133	60	55	66	59	48	854	(25.9)
eun/neun	50	56	55	57	38	45	62	58	56	64	541	(16.4)
その他	60	56	33	37	26	43	36	24	65	40	420	(12.7)
計	405	406	395	305	351	283	303	270	330	250	3298	(100.0)

第2章で見たように、資料における文の数は8402文であり、主語を持たない文は5342文で全体の63.6%もあった*1。助詞類は全体的にi/ga >無助詞> eun/neun >その他の順に多く現れている。各談話においては、i/gaが最も使用率が高いことは一致しているが、無助詞とeun/neunの順が入れ替わっているものがある。無助詞よりeun/neunが多いのは、談話K04、K07、K10であるが、これらは全て初対面の会話という共通点がある*2。第1章で、書き言葉を対象とした調査では助詞類の使用率がi/ga > eun/neun >無助詞の順であることを見た。もし、この現象が初対面という社会言語学的な要素と関わっているとしたら、知り合い同士の会話との間でこのような違いがあることは興味深い。従来、無助詞が話し手の間の距離やフォーマリティと関係があることが指摘されているが、この結果はその裏づけになるようなものである。しかし、6個の初対面の会話の内3個だけがそのような結果になっており、この3個の談

話における無助詞とeun/neunの頻度差もそれほど大きくない。本書では、とりあえず、年齢など社会言語学的な要素をある程度統制した上で、助詞類の使い分けに関する文法的なメカニズムの検討を中心に論を進める*3。以降、基本的統計調査の結果を分析し、さらに発話文の構造を考慮した分析に調査項目を拡大していく。基本的統計調査として、主語名詞句の種類と助詞類の使用、述部動詞句と主語名詞句における助詞類の使用、文のタイプと助詞類の使用の順に分析結果を提示する。最後に、文の構造を考慮した調査として、目的語など他成分名詞句における助詞類の使用との関係を調査・分析する。

1. 主語名詞句の種類と助詞類の使用

助詞類が付く名詞句の性質は一般名詞句*4、固有名詞句*5、代名詞句*6、形式名詞句*7 に分けて調べた。表3–2と図3–1にその結果を示す*8。

まず、資料全体における主語名詞句は、一般名詞句（53.2%）> 代名詞句（28.3%）> 形式名詞句（12.4%）> 固有名詞句（6.1%）の順に多い。助詞類全体ではi/ga > 無助詞 > eun/neun > その他の順に多いことは既に見た。表3–2と図3–1は、主語名詞句の種類によってどのような助詞類が使われたかを示している。それぞれの名詞句がどのような助詞類と結合しているかを見ると、形式名詞句を除くと助詞類全体の比率と同様に、i/ga > 無助詞 > eun/neun > その他の順に使われている。形式名詞句は、eun/neunより

表3–2　助詞類の分布：各主語名詞句に対する助詞類の割合【韓国語】

名詞句の種類	一般名詞句	代名詞句	形式名詞句	固有名詞句	計（%）
i/ga	887（50.5）	351（37.7）	163（39.8）	82（40.8）	1483（45.0）
無助詞	434（24.7）	245（26.3）	114（27.8）	61（30.3）	854（25.9）
eun/neun	223（12.7）	227（24.4）	60（14.6）	31（15.4）	541（16.4）
その他	211（12.0）	109（11.7）	73（17.8）	27（13.4）	420（12.7）
計（%）	1755（100.0）	932（100.0）	410（100.0）	201（100.0）	3298（100.0）

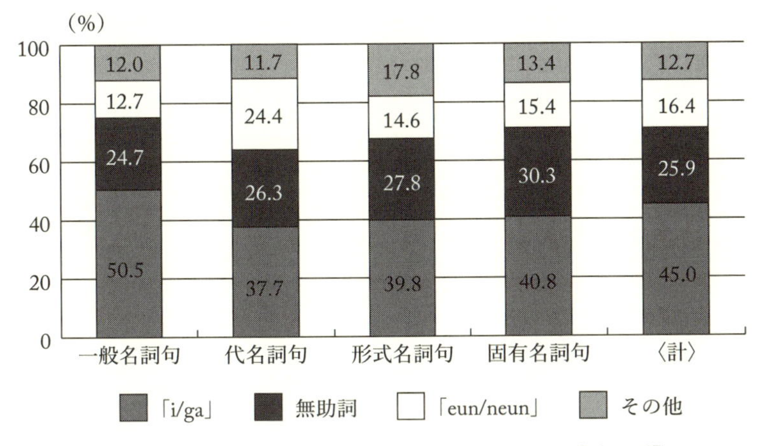

図 3–1　助詞類の分布：各主語名詞句に対する助詞類の割合【韓国語】

その他の助詞類が若干多くなっている。また、一般名詞句は i/ga の割合が他の名詞句に比べかなり高く、固有名詞句は相対的に無助詞の割合が高い。代名詞句は他の助詞類に比べ、比較的に i/ga が少なく、eun/neun の比率が高い。

この結果を助詞類別に考えると、（i）i/ga は一般名詞句に用いられやすく、（ii）無助詞は一般名詞句を除いた他の名詞句に満遍なく用いられやすいが、特に固有名詞句に頻度が高く、（iii）eun/neun は相対的に代名詞句に用いられやすいと言える。

さて、このような数値的な結果は助詞類の使用における全体的な傾向を見せてくれるが、さらに詳しい助詞類の分布を調べるためには実際に助詞類が名詞句とどのように結合しているのかを分析する必要があると思われる。ここでは、各名詞句別に実例を挙げながら、名詞句と助詞類の結びつきをさらに詳しく見てみる。

一般名詞句

表 3–2 の結果を見ると、主語名詞句が一般名詞句の場合、比較的に i/ga の比率が高い。一般名詞句は非常に意味の幅が広く種類も多い。例を見てみる。

（1）（再掲）아, 요새 진짜 몸이 너무 안 좋아.　〈K02-FF〉

a, yosae jinjja mom-i neomu an joh-a.

［感嘆］，最近 本当 体-ガ あまりに［否定］良い-［普通（平叙）］．
（ああ、最近本当体の調子ガよくないの。）

（2） 그리고 소주가 좀 더 잘 취하잖아요，막걸리보다？ 〈K01-MM〉
geuligo soju-ga jom deo jal chwiha-janh-ayo, maggeolli-boda?
そして 焼酎-ガ ちょっと もっと よく 酔う-［否定］-［丁寧（疑問）］，マッコリ-より？
（それから、焼酎ガもう少し酔いやすいんじゃないですか、マッコリより。）

（3） 형 ϕ 이 분야에서 전국적으로 소문나 있어요. 〈K05-MF〉
hyeong i bunya-eseo jeongugjeog-eulo somunna iss-eoyo.
兄-ϕ この 分野-で 全国的-に 噂が出る（-［連用］）ある-［丁寧（平叙）］．
（先輩 ϕ、この分野で全国的に有名なんですよ。）

（4） ○○ 형님，명함집 ϕ 없어요？*9 〈K06-MM〉
○○ hyeongnim, myeonghamjib-ϕ eobs-eoyo?
○○［人名］兄貴、名刺入れ-ϕ ない-［丁寧（疑問）］？
（○○兄貴、名刺入れ ϕ 持ってませんか。）

（5） 그 전에 그 여자는 연예인 매니저를 하고 있었어요. 〈K10-MF〉
geu jeon-e geu yeoja-neun yeonyein maenijeo-leul ha-go iss-eoss-eoyo.
その 前-に あの 女-ハ 芸能人 マネージャー-を する-［進行］-［過去］-［丁寧（平叙）］．
（その前に、あの女性ハ芸能人のマネジャーをしてました。）

（6） 근데 가격은 저희 동네가 훨씬 쌌죠. 〈K01-MM〉
geunde gagyeog-eun jeohui dongne-ga hwolssin ssa-ss-j-yo.
ところで 価格-ハ うちの 村-が ずっと 安い-［過去］-［確認］-［丁寧（平叙）］．
（でも、値段ハうちの街がずっと安かったんですよ。）

一般名詞句の主語には、（1）のような人の体の一部を表す名詞や（2）、（4）のようなものを表す名詞、（3）のように人間関係を

表す名詞、(5) のように人を指す名詞、(6) のような概念を表す名詞など、様々な名詞句があり、助詞類も多様に用いられている。そのため、上述の、助詞 i/ga が「一般名詞句」に用いられやすいという表現は、最も頻度の高い助詞類と最も種類と数の多い名詞句と結びつきやすいという記述となり、ある意味では当然な結果である。しかし、この記述はいくつか注意すべき点がある。その一つは、(3) のような人間関係を表す名詞は、名詞の種類としては一般名詞句であるが、その名詞句が何を指すかという観点からすると人称代名詞句や固有名詞句と同じような機能をするという点である。ここで用いられている「형 hyeong (兄貴 [男性から])」・「형님 hyeongnim (お兄さん [男性から])」や「언니 eonni (お姉さん [女性から])」、「누나 nuna (お姉さん [男性から])」、「오빠 oppa (お兄さん [女性から])」のような人間関係を表す名詞は、現在会話をしている聞き手のことを指したり、(3) のように会話の現場にいる第三者を指したり、会話の現場にいない別の人物を指す場合もある。ということは、このような名詞が聞き手を指す場合に用いられれば 2 人称代名詞と同じ性質を持つことになり、人名が先行すれば全体は固有名詞句とも捉えられるという、可変性を持っている名詞なのである。特に、韓国語のように 2 人称代名詞に制約が多い言語ではこれらの名詞が 2 人称代名詞の代わりになる場合が多い*10。実際に、本書の談話資料でも 2 人称代名詞そのものよりは、このような人間関係を表す名詞で相手を指す場合が多い。この場合、単なる一般名詞句ではなく、代名詞句に近いものとして扱うのが合理的であると思われる。もう一つ注意するべき点は、(5) のような「指示表現 + 一般名詞」となっている名詞句の存在である。(5) の「그 여자 geu yeoja (その女性)」は、「그녀 geunyeo (彼女)」という代名詞と全く同じ意味として用いられており、実質的に指示代名詞の役割をしている。しかし、「그녀 geunyeo (彼女)」という名詞の特殊性のため使用が避けられ、「指示表現 + 一般名詞」の表現になっているものである。「그녀 geunyeo (彼女)」は非常に文学的な表現で、一般会話では殆ど使われない名詞である。「그 geu (彼)」、「그이 geui (彼、彼氏)」なども同じである。これらの代わ

りに、「그 여자 geu yeoja（その女性）」や「그 남자 geu namja（その男性）」、「그 선생님 geu seonsaengnim（その先生、その方）」、「그 아저씨 geu ajeossi（そのおじさん）」など多様な表現が用いられることになるが、このような名詞句もまた、単なる一般名詞句とは異なる性質のものとして扱うべきであろう。一般名詞句というものの中身は、このような可変性のある名詞も多く含まれていることに注意しながら統計結果を判断する必要がある。

代名詞句

このような注意点を念頭において、次に、主語名詞句が代名詞句の場合を見てみる。助詞類の分布からは、主語名詞句が代名詞句の場合、比較的に無助詞と eun/neun の比率が高かった。代名詞句で真先に目立つのは、話し手や聞き手を表すものである。これらの代名詞句には次のように各助詞類が現れる＊11。

(7) 내**가** 노가다도 나가 봤거든. 〈K01-MM〉
nae-ga nogada-do naga bw-ass-geodeun.
俺-ガ 力仕事-も 出る（-［連用］）見る-［過去］-［報知（平叙）］.
（俺ガ力仕事もやってみたんだよ。）

(8) 저 ϕ 공군입니다. 〈K04-MM〉
jeo-ϕ gonggun-i-bnida.
私-ϕ 空軍-［copl］-［丁寧（平叙）］.
（僕 ϕ 空軍です。）

(9) **난** 그냥 말만 축하한다고 했는데. 〈K01-MM〉
na-n geunyang mal-man chughaha-nda-go ha-ess-neunde.
私-ハ そのまま ことば-だけ 祝賀する-［現在］-［引用］言う-［過去］-［婉曲］.
（僕ハただ口でおめでとうって言ったけど。）

(10) 네**가** 좀 시켜 봐. 〈K03-MM〉
ne-ga jom siky-eo bw-a.
お前-ガ ちょっと させる-［連用］みる-［普通（命令）］.
（お前ガちょっとさせてみろ。）

(11) 너 ϕ 그때까지 안 잤나?　〈K02-FF〉

neo- ϕ geuttae-kkaji an ja-ss-na?

お前 - ϕ そのとき - まで［否定］寝る - ［過去］-［疑問（疑問）］?

（あなた ϕ そのときまで寝てなかったっけ。）

(12) 넌 무슨 칠십 년대 태생이냐?　〈K06-MM〉

neo-n museun chilsib nyeondae taesaeng-i-nya?

お前 - ハ 何の 70 年代 胎生 - ［copl］-［疑問（疑問）］?

（お前ハ、何、70 年代生まれなのか。）

ところで、上述の通り、話し手と聞き手を表す名詞句は、このような人称代名詞だけではない。「형 ϕ 대학교 이 년 다녔잖아요（先輩大学 2 年間通ってるじゃないですか）〈K01-MM〉」、「○○［聞き手の名前］씨는 어른스러운 거예요（○○さんは大人っぽいんですよ）〈K09-FF〉」など、上述した人間関係を表す一般名詞句や人の名前を表す固有名詞句も用いられる。主語名詞句が何を指すかを知るという意味では、このようなものを含めた名詞句は代名詞句のようなものとしての性質を持つものと考えられる。そもそも、「代名詞」という文法範疇は「(一般) 名詞に代わる名詞」を括る品詞の一つで、会話における話し手や聞き手などの概念と結びつけるためには、さらに詳しい設定が必要である。ここでは、代名詞を「指示語」と捉え、談話に登場する名詞句が発話現場に存在するものを指すのか (直示 deixis)、あるいは、談話に登場したある内容を指すのか（文脈指示)、あるいは、他の何かを指すのかという問題として考えたいと思う。主語名詞句が何を指すかという問題と、主語名詞句が文法範疇としてどこに属するかという問題は別なのである。この節では、主語名詞句を文法範疇の種類で分けているが、異なる文法範疇に属する形式が全く同じ機能をするのであれば、それを同じ範疇として扱うべきであろう。

そこで、ここでは主語名詞句が何を指すかという観点から、指示表現を含む主語名詞句を（1）話し手を表すもの、(2）聞き手を表すもの、(3）指示表現が現れ、話し手と聞き手以外の事物（3 人称）を指すもの、(4）指示対象が不特定なもの、(5）その他に分

表 3–3　主語名詞句の指示対象と助詞類 I 【韓国語】

主語の指示対象	話し手	聞き手	3 人称	不特定	その他	計（%）
i/ga	149（32.3）	11（20.4）	157（41.3）	25（56.8）	1141（48.4）	1483（45.0）
無助詞	98（21.3）	30（55.6）	123（32.4）	12（27.3）	591（25.1）	854（25.9）
eun/neun	144（31.2）	10（18.5）	69（18.2）	2（ 4.5）	316（13.4）	541（16.4）
その他	70（15.2）	3（ 5.6）	31（ 8.2）	5（11.4）	311（13.2）	420（12.7）
計（%）	461（100.0）	54（100.0）	380（100.0）	44（100.0）	2359（100.0）	3298（100.0）

け*12、その結果を示す。さらに、(3) を近称、中称、遠称に分けて調べる。まず、前者を調べた結果を表と図で示す*13。

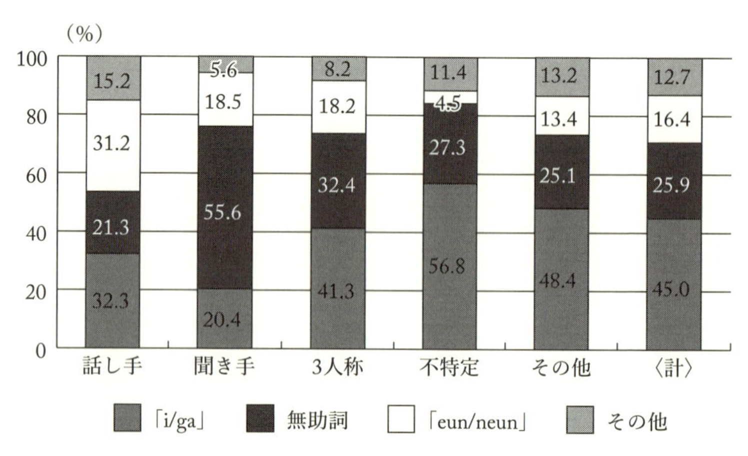

図 3–2　主語名詞句の指示対象と助詞類 I 【韓国語】

これらの表と図の結果を見ると、「話し手」に用いられる eun/neun と「聞き手」に用いられる無助詞が目立つ。代名詞句全体で eun/neun の頻度が高いのも、話し手を表す名詞に用いられる eun/neun が多いことが一つの原因になっていると言える。さらに、聞き手を表す名詞句に用いられた無助詞は、聞き手を表す名詞句に付く助詞類の半数以上を占めており、特徴的である。「3 人称」と「その他」は、平均（計）とほぼ変わらない比率であるが、3 人称の場合無助詞と eun/neun が若干多くなっている。聞き手が主語となる文は、聞き手に何かを確認するか何かを尋ねる疑問文が多く

(30例の内22例)*14、(15)のように命令文や(16)のような平叙文も見られる。

(13) 아, 형 ϕ 부점장이에요? 〈K01-MM〉

a, hyeong-ϕ bujeomjang-i-eyo?

[感嘆], 兄-ϕ 副店長-[copl]-[丁寧(疑問)]?

(ああ、先輩ϕ副店長なんですか。)

(14) 아, 언니 ϕ 스무 살 때 어떠셨나요? 〈K09-FF〉

a, eonni-ϕ seumu sal ttae eotteo-sy-eoss-na-yo?

[感嘆], 姉-ϕ 20歳 時 どうだ-[尊敬]-[過去]-[疑問]-[丁寧(疑問)]?

(あ、姉さん[聞き手のこと]ϕ20歳のときどうだったんですか。)

(15) 너 ϕ 한국어부터 해. 〈K09-FF〉

neo-ϕ hangug-eobuteo ha-e.

お前-ϕ 韓国語-から する-[普通(命令)].

(あんたϕ韓国語からやりなさいよ。)

(16) 너 ϕ 잘살았구나, 집이. 〈K05-MF〉

neo-ϕ jalsal-ass-guna, jib-i.

お前-ϕ 裕福だ-[過去]-[発見], 家-が.

(お前ϕ裕福だったんだな、家が。)

これらの例で見られる、聞き手を指す名詞句が主語の無助詞文は*15、目の前の聞き手を「指差す」行為と関係があるように見える。聞き手をまるで指差すように取り上げた後、聞き手に関する情報を求める(確認する)のである。

それでは、聞き手以外にも、話し手の目の前の何かを指差すという場合は、無助詞になりやすいのではないだろうか。この疑問を解くためには、「3人称名詞句」、即ち、話し手や聞き手以外の物を指す名詞句が何を指しているのかを調べる必要があるだろう。ここでは、話し手や聞き手を表す名詞句以外に、指示表現を伴った名詞句を近称、中称、遠称に分け調査した結果を表3-4に示す*16。

表3–4　主語名詞句の指示対象と助詞類Ⅱ【韓国語】

距離別	近称	中称	遠称	計（%）
i/ga	39（32.2）	159（44.3）	6（23.1）	204（40.3）
無助詞	57（47.1）	92（25.6）	12（46.2）	161（31.8）
eun/neun	13（10.7）	62（17.3）	5（19.2）	80（15.8）
その他	12（ 9.9）	46（12.8）	3（11.5）	61（12.1）
計（%）	121（100.0）	369（100.0）	26（100.0）	506（100.0）

この表を見ると、近称と遠称名詞句には無助詞が非常に多く、中称はi/gaが最も多いが他の助詞類も満遍なく用いられていることが分かる。さて、これらは、指示表現の特性上、発話の現場にあるものか談話に登場している内容の一部を指しているはずである。ここでは、「発話の現場」という概念を考慮して、これらの指示表現が何を指しているのかを詳しく分析するために、これら指示表現の指示対象が会話の現場に存在している人や物を指すかどうかを調べた*17。その結果は次のようである。

表3–5　現場に存在するものを指す名詞句における助詞類【韓国語】

現場存在・距離別	近称	中称	遠称	計
i/ga	17/39	0/159	4/6	21/204
無助詞	36/57	2/92	11/12	49/161
eun/neun	9/13	0/62	5/5	14/80
その他	3/12	0/46	2/3	5/61
計	65/121	2/359	22/26	89/506

この表からは、会話の現場に存在するものを指示する表現としては近称と遠称が多いということがまず分かる。そして、その多くが無助詞で表現されていることが分かる。特に、無助詞が用いられている遠称名詞句は大半が会話の現場に存在するものを指している。遠称は発話の現場に存在するものを指しやすいとされる通り*18、資料における遠称名詞句も26個の内22個（84.6%）が発話の現場に存在するものである。このような遠称に無助詞が非常に多く使

われていることは、「発話の現場」と無助詞の密接な関係を表しているのではなかろうか。さらに、近称や中称においても、発話の現場に存在するものを指す場合無助詞が非常に多く用いられていることが分かる。ところで、「냉장고φ 돌아가고 있나? naengjanggo φ dolagago issnya?（冷蔵庫φ回ってる?）〈K03-MM〉」のように、一般名詞句でも会話の現場に存在するものを指すことがある*19。この場合の主語名詞句は、「그 냉장고 geu naengjanggo（その冷蔵庫）」と言い換えても全く同じ意味を表すものと考えられる。このような一般名詞句をもって会話の現場にあるものを表す場合も、i/gaが4件、無助詞7件、eun/neunとその他各1件と、無助詞が最も多い。このように、聞き手を表す名詞句と会話の現場に存在するものを指す名詞句に用いられやすいという無助詞の特徴は、上述した「目の前のものを指差す」という行為と絡んで、無助詞が「発話の現場」と関係があるという先行研究の指摘に符合する*20。また、このことは、発話の現場を離れた統語・意味論レベルでは既に無助詞を追究しきれないということを示唆する。談話・語用論レベルにおける実例のさらに詳しい分析は、第5章以降で行うことにして、次に主語が形式名詞句の場合を見てみる。

形式名詞句

主語名詞句が形式名詞句の場合、その他の助詞類の比率が高かったが、純粋な頻度からするとi/gaが最も多い。形式名詞句も種類は多様である。例は次のようなものがある。

(17) 손 씻는 데**가** 있어. 〈K03-MM〉
son ssis-neun de-ga iss-eo.
手 洗う-［連体］ところ-ガ ある-［普通（平叙）］.
（手を洗えるところガあるよ。）

(18) 콧물 자국 같은 거 **φ** 있잖아? 〈K02-FF〉
kosmul jagug gat-eun geo iss-janh-a?
鼻水 跡 同じだ-［連体］もの-φ ある-［否定］-［普通（疑問）］?
（鼻水の跡みたいなの**φ**あるじゃん。）

(19) 학교 주변에서 알아보는 **건** 어때？　〈K02-FF〉

haggyo jubyeon-eseo alabo-neun geo-n eott-ae?

学校 周辺-で 探す-［連体］こと-ハ どうだ-［普通（疑問）］？

（学校の周辺で探してみるのハどう？）

(20) 아니，이런 것**도** 특허청에 있었나？　〈K06-MM〉

ani, ileon geos-do teugheocheong-e iss-eoss-na?

［感嘆］，このような もの-モ 特許庁-に ある-［過去］-［疑問（疑問）］？

（あれ、こんなものモ特許庁にあったのか。）

形式名詞句には、（17）や（19）のような「動詞＋形式名詞」形と、（18）のような「名詞＋形式名詞」形、（20）のような「形容詞＋形式名詞」形などがある。特に、（19）のように「動詞＋形式名詞句「것 geos（もの）」」の形の場合、名詞句全体が文になっている＊21。このような発話文は、「形式名詞句」の多くを占め、一つの特徴を作る。また、形式名詞句は、特に無助詞を多く取るといった結果ではなかったが、述語が「있다 issda（ある）」などの存在表現の場合に主語名詞句が無助詞になっていることが多かった。このような場合の主語名詞句は、（18）のように「名詞＋같은 것 gateun geos（のようなもの、みたいなもの）」のような形をとることが多い。このような発話文自体は、例えば、これから話そうとする話題と関係がある対象を、まず聞き手に認識・確認させるような機能をすると思われるが、もちろん、この機能は主語名詞句が形式名詞句の場合に限るものではない。尾上（1987）は、「ハサミある？」のような単なる存在の質問文の特殊性に言及したが、上述の「○○○있잖아○○○ issjanha（○○○あるじゃない）」のような形をとる文も述語の特殊性から接近することができると思われる。これと関連して、無助詞の存在文に対するもう少し詳しい議論は、第６章で行うことにする。次は、固有名詞句である。

固有名詞句

主語名詞句が固有名詞句の場合、i/ga 以外に無助詞が比較的に多く用いられていた。固有名詞は人名が最も多く、地名や国名など様々な種類がある。各助詞類が用いられた例を示す。

(21) ○○이가 십오 일이 생일이잖아? 〈K01-MM〉

○○ i-ga sibo il-i saengil-i-janh-a?

○○-ガ 15 日-ガ 誕生日-[copl]-[否定]-[普通(疑問)]?

(○○[人名]ガ15日ガ誕生日じゃない。)

(22) 야, 스윙걸즈φ 들어왔냐? 〈K03-MM〉

ya, seuwinggeoljeu deuleowa-ss-nya?

[感嘆], スウィングガールズ-φ 入る-[過去]-[疑問(疑問)]?

(おい、スウィングガールズ[映画名]φ入ったか。)

(23) ○○○은 뭐 볼 거 없어. 〈K01-MM〉

○○○ -eun mwo bo-l geo eobs-eo.

○○○-ハ 何 見る-[連体] もの ない-[普通(平叙)].

(○○○[街名]ハもうつまらないよ。)

ところで、固有名詞句は「固体の属性・資質の集合で事物を指示する指示表現」(장경희 2002: 152)で、当該名詞句が何を指すかという観点からすると、指示対象が世界に存在するという点で代名詞句(「指示語」と言ったほうが正確かもしれない)と似たような性質を持つ。無助詞が固有名詞句に用いられやすいということは、このような「指示」という概念と関係があることを意味する。言うまでもなく、これは上述の「指差す」行為とつながる概念である。本書の資料において、固有名詞句の多くは必ずしも発話の現場に存在するものを指しておらず、数が少ないため無助詞との関連性についても明確ではなかった。

これまで、主語名詞句が一般名詞句、代名詞句、形式名詞句、固有名詞句の場合を順に見てきた。本節で行った名詞句の文法カテゴリーによる分類における調査・分析で、無助詞句は比較的に固有名詞句に現れやすいことが分かった。固有名詞句に用いられやすいということは、世界に存在する指示対象との関連性と関係があると述べた。しかし、これまでの分析で最も注目すべきは、代名詞句と名付けた、「指示表現」における無助詞の振る舞いである。無助詞は聞き手を指示する表現に現れやすく、3人称指示表現の中でも近称や遠称の、発話の現場に存在するものを表す名詞句に用いられやすいことが分かった。「発話の現場」と「指示」という概念は、統語・意味論レベルを超える談話・語用論レベルにおける概念である。第5章以降では、これらの点に重点を置き、さらに詳しく議論する。

2. 述語と主語名詞句における助詞類の使用

前節では、主語名詞句の種類によって助詞類がどのように現れるかを見た。その中で、存在表現と無助詞の関係について言及した。ここでは、発話文の述部動詞句の種類によって主語名詞句の助詞類がどのように現れるかについて調査・分析する。述部動詞句は意味と構造の面を同時に考慮し、まず他動詞を動作他動詞句と状態他動詞句に分け*22、自動詞を非能格動詞句と非対格動詞句に分け

表3–6　述部動詞句と主語名詞句の助詞類（全体の述語動詞句に対して）【韓国語】

述語の種類	動作他動詞	状態他動詞	非能格動詞	非対格動詞
i/ga	272（ 9.8）	69（ 9.3）	95（ 8.0）	236（23.1）
無助詞	88（ 3.2）	21（ 2.8）	85（ 7.2）	193（18.9）
eun/neun	75（ 2.7）	49（ 6.6）	43（ 3.6）	68（ 6.6）
その他	56（ 2.0）	23（ 3.1）	24（ 2.0）	63（ 6.2）
主語無し	2286（82.3）	579（78.1）	936（79.1）	463（45.3）
計（%）	2778（100.0）	741（100.0）	1183（100.0）	1023（100.0）

述語の種類	存在表現	形容詞	名詞文	計（%）
i/ga	244（35.8）	245（22.7）	192（20.9）	1353（16.1）
無助詞	173（25.4）	135（12.5）	93（10.1）	789（ 9.4）
eun/neun	56（ 8.2）	101（ 9.4）	132（14.4）	524（ 6.2）
その他	111（16.3）	87（ 8.1）	30（ 3.3）	394（ 4.7）
主語無し	98（14.4）	510（47.3）	470（51.3）	5342（63.6）
計（%）	682（100.0）	1078（100.0）	917（100.0）	8402（100.0）

た[23]。そして、存在表現[24]、形容詞[25]、名詞文[26]を別途に立てて調査した。影山（1993）は、非能格動詞の主語をマークするガは省略することができないとし、格助詞ガの省略が非対格性に基づく現象であると考えたが、高見・久野（2006）は、様々な例外を挙げこのような考えに問題があると主張した。ここでは、述部動詞句の性格が主語名詞句の助詞類の現れにどのように影響しているかを見るために、これらの問題も念頭に入れ、なるべく細かい分類を試みた。その調査結果を示す。まず、全体の述部動詞句における助詞類の分布を見てみる[27]。

表3–6を見ると、韓国語資料における述語を持つ文全体の中から、主語を持たない文が5342個（63.6%）存在することが分かる。また、動作他動詞、状態他動詞、非能格動詞述部を有する文は主語を持たないものが圧倒的に多く、その他の述部は相対的に主語を持つものが多い。これは、他動詞や意図的な行為を表す動詞が述語だと主語なし文になりやすいということを意味し、助詞類の分布とは直接関係ないが、言語現象としては非常に興味深い結果である[28]。他動詞や意図的な行為を表す動詞を述語として持つ文が主語なし文

表3–7　述部動詞句と主語名詞句の助詞類（主語名詞句に対して）【韓国語】

述語の種類	動作他動詞	状態他動詞	非能格動詞	非対格動詞
i/ga	272（55.3）	69（42.6）	97（38.2）	256（42.2）
無助詞	89（18.1）	20（12.3）	89（35.0）	212（35.0）
eun/neun	75（15.2）	50（30.9）	43（16.9）	71（11.7）
その他	56（11.4）	23（14.2）	25（9.8）	67（11.1）
計（%）	492（100.0）	162（100.0）	254（100.0）	606（100.0）

述語の種類	存在表現	形容詞	名詞文	計（%）
i/ga	276（41.8）	303（46.4）	210（44.7）	1483（45.0）
無助詞	200（30.3）	149（22.8）	95（20.2）	854（25.9）
eun/neun	59（8.9）	108（16.5）	135（28.7）	541（16.4）
その他	126（19.1）	93（14.2）	30（6.4）	420（12.7）
計（%）	661（100.0）	653（100.0）	470（100.0）	3298（100.0）

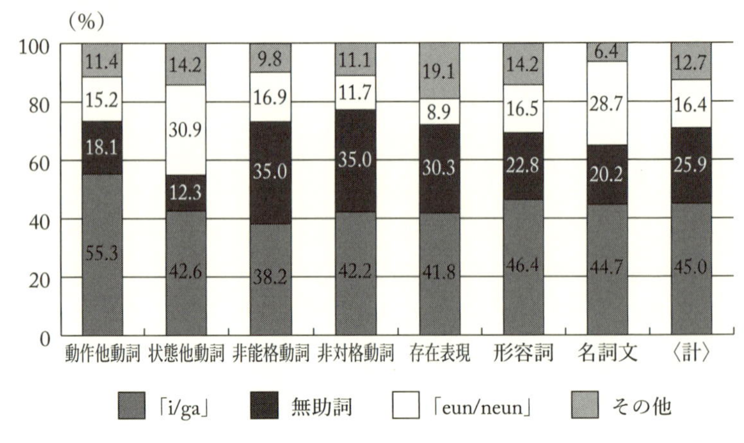

図3–3　述部動詞句と主語名詞句の助詞類（主語名詞句に対して）【韓国語】

になりやすく、対格を持たず状態を表す文が主語を取りやすいということは、意図性を持つ行為の主体（行為者）は文に現れにくく、状態の主体（対象）は文に現れやすいということになる。このことは、名詞句全体の省略（あるいは非実現）という観点からすると示唆するところが大きいが、本書の趣旨とは外れるので、ここではこれ以上は踏み込まないことにする。次に、各助詞類を有する主語名詞句に対して、どのような述語が用いられたかを示す結果を見てみる。

同じように動詞句と助詞類の相関関係を計量的に調査した金智賢（2002）では、動詞句の種類は助詞類と密接な関係にはないと述べたが、さらに細かく動詞句を分類して行った今回の結果は非常に興味深いことを示している。まず、主語名詞句の助詞類を中心に見ると、助詞 i/ga は大半の述部と結合するが、特に、動作他動詞、形容詞述語と結びつきやすいことが分かる。第2章で、i/ga は格助詞という統語・意味論レベル寄りの助詞類であると述べたが、他の助詞類に比べて偏りが少ない点はそれを裏付ける現象と言えるのかもしれない。無助詞主語は、他動詞句とはあまり共起せず、非能格動詞、非対格動詞、存在表現の述部と比較的に結びつきやすいことが分かる。eun/neun は、状態他動詞、名詞文と共起しやすい。

さて、この結果は、前節における、無助詞主語と存在述語が結び

つきやすいという予想と一致するものである。一般名詞句主語の(4)、形式名詞句主語の（18）などの無助詞文は存在述語を取っている例である。また、聞き手を表す代名詞が主語になっている無助詞文の例の（11）は非能格動詞が述部になっており、第三者を表す一般名詞句が主語の（3）や、固有名詞句が主語の（22）などにおける無助詞文は非対格動詞を取っている。無助詞主語と共起しやすい非能格動詞、非対格動詞、存在表現は、どれも対格を取らない1項述語という共通点がある。無助詞が用いられた文全体を見ても、他の述語より他動詞句はかなり割合が低い。このことから、無助詞主語は対格を取る述語よりそうでない述語と共起しやすいということが言えそうである。これは、前節で論じた、無助詞を取りやすい主語名詞句の種類から説明のヒントが得られる。前節では、無助詞が代名詞句、固有名詞句主語と共起しやすく、特に発話の現場に存在するものを指す名詞句の主語に用いられやすいことを見た。発話の現場に存在するものを指す名詞句が発話文の主語になった場合、それが意図的に動いているものの場合よりは、存在そのものを含む「状態」を表すかその状態に対する話し手の感情などを表すために用いられる場合が多いため、動詞句もそのようなものが現れやすいと言える。例えば、発話の現場に存在するものを指す名詞句が主語の文の場合、「진짜 여기ϕ 좋다，그죠？jinjja yeogiϕ johda, geujyo?（本当ここϕ良いですよね）〈K01-MM〉」「저ϕ 공군입니다 jeoϕ gonggun-ibnida（僕ϕ空軍です）〈K04-MM〉」のようにその対象の一時的・普遍的状態を表す述語がつきやすく、そうでない主語の場合「개가 막 쫓아오는 거야 gaega mag jjoch-a-oneun geo-ya（犬ガ追っかけてくるのよ）〈K05-MF〉」のように一時的な出来事を表すことが多いといった具合である。

ところが、このようなことは、本節における数量的結果の一部の要因として考えられるものの、一般的・本質的な要因とは言い難い。実際のデータは、発話の現場に存在するものを指す名詞句の割合がそれほど高くなく、動作他動詞でも文全体的には状態を表したり、従属度の高い節の中では助詞類の現れ方が主文と異なってきたり、慣用的に特定の助詞類ばかり用いられる表現があるなど大変多様性に富んでおり、発話の現場という要素を述語の種類と助詞類の関係に直接結び付けることは無理があるのである。さらに、述語の種類による主語助詞類の相対頻度（割合）だけでは、述語の種類が主語の助詞類に直接的な影響を与えるとは断定できない*29。ただ、無助詞に関して、上記の結果は動作他動詞述語よりは対格を持たない状態性述語を持つ文の主語に現れやすいという傾向性を示すものとして位置づけられると思われる。これは、前節で見たような、発話の現場に存在するものを指す名詞句主語に無助詞が用いられやすいという傾向よりは薄いものと言えよう。

これまで、発話文の述語の種類が主語の助詞類の使用と関係があるかどうかを調べるために、計量的な調査を行ないその結果を分析した。韓国語の無助詞は、非能格動詞、非対格動詞、存在述語を持つ文の主語に多く見られるといった調査結果を提示し、動作を表す述語よりは状態を表す述語の主語と結びつきやすいという傾向性を指摘した。なお、この傾向性の原因として発話の現場との関連性を考えられなくもないが断定できず、述語の種類と主語の助詞類の関係は、名詞句の場合ほど強くないことに言及した。

3. 文のタイプと主語名詞句における助詞類の使用

1節では、先行研究で指摘された存在の質問文と無助詞との関係について言及した。本節では、このような文のタイプが助詞類の使用と関係があるかどうかを計量的に調べる。文のタイプは、文の形式（語尾の形）を第1、文の意味を第2の基準にして分類を行った。まず主文のタイプを平叙文、疑問文、その他に分け*30、接続節を並列節、従属節、連体節に分けて調査を行った*31。結果は以下のようである。まず、資料における文全体のタイプを調査した結果である。

表3–8では、主文のタイプではその他、接続節のタイプとしては従属節と連体節において、主語が現れないものが相対的に多いことが分かる。特にその他（命令文と勧誘文）の場合主語がないものが殆どで、従属節と連体節も主語がないものが圧倒的に多い。平叙

表 3–8　文のタイプと主語名詞句における助詞類（全体の述語動詞句に対して）【韓国語】

文の類型	平叙文	疑問文	その他
i/ga	437（20.7）	167（15.9）	5（ 4.3）
無助詞	214（10.2）	202（19.3）	4（ 3.4）
eun/neun	228（10.8）	63（ 6.0）	2（ 1.7）
その他	100（ 4.7）	44（ 4.2）	2（ 1.7）
主語無し	1129（53.6）	572（54.6）	103（88.8）
計（%）	2108（100.0）	1048（100.0）	116（100.0）

文の類型	並列節	従属節	連体節	計（%）
i/ga	221（12.6）	418（16.0）	105（14.0）	1353（16.1）
無助詞	155（ 8.8）	159（ 6.1）	55（ 7.3）	789（ 9.4）
eun/neun	155（ 8.8）	71（ 2.7）	5（ 0.7）	524（ 6.2）
その他	170（ 9.7）	72（ 2.7）	6（ 0.8）	394（ 4.7）
主語無し	1058（60.1）	1900（ 72.5）	580（77.2）	5342（63.6）
計（%）	1759（100.0）	2620（100.0）	751（100.0）	8402（100.0）

文や疑問文、そして、並列節の場合主語が現れているものが相対的に多い。次に、主語名詞句の助詞類がどのような文のタイプと共起しているかを表 3–9 と図 3–4 から見てみる。

助詞類別に見ると、無助詞は疑問文と連体節に比較的多く用いられていることが分かる。i/ga は平叙文と従属節及び連体節に比較的多く用いられており、eun/neun は平叙文や並列節に多く現れている。このように、文のタイプにおける統計的結果を見ると、無助詞は他の助詞類に比べ疑問文に多く用いられていることが特徴的であると言える。

前節では、聞き手が主語となる場合、聞き手に何かを確認するか何かを尋ねる疑問文が多いと述べたが、聞き手主語以外の無助詞疑問文には次のような例がある。

(24) 회비 ϕ 있어요？　〈K01-MM〉

hoebi-ϕ iss-eoyo?

表3–9　文のタイプと主語名詞句における助詞類（主語名詞句に対して）【韓国語】

文の類型	平叙文	疑問文	その他
i/ga	494（46.0）	193（37.4）	5（38.5）
無助詞	241（22.4）	209（40.5）	4（30.8）
eun/neun	236（22.0）	65（12.6）	2（15.4）
その他	103（ 9.6）	49（ 9.5）	2（15.4）
計（%）	1074（100.0）	516（100.0）	13（100.0）

述語の種類	並列節	従属節	連体節	計（%）
i/ga	231（31.7）	443（58.4）	107（61.1）	1483（45.0）
無助詞	177（23.3）	167（22.0）	56（32.0）	854（25.9）
eun/neun	159（20.9）	74（ 9.7）	5（ 2.9）	541（16.4）
その他	184（24.2）	75（ 9.9）	7（ 4.0）	420（12.7）
計（%）	761（100.0）	759（100.0）	175（100.0）	3298（100.0）

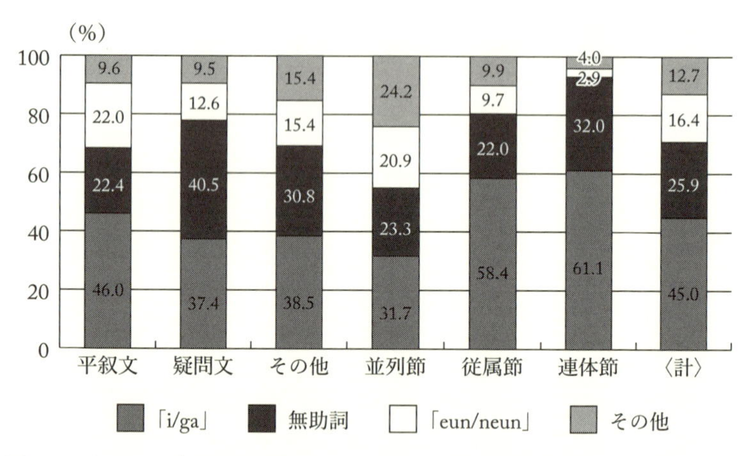

図3–4　文のタイプと主語名詞句における助詞類（主語名詞句に対して）【韓国語】

会費-φ ある-［丁寧（疑問）］？

（会費φありますか。）

（25）나φ 잡혀 가는 거 아냐？　〈K01-MM〉

na-φ jabhy-eo ga-neun geo anya?

私-φ 捕まる-［連用］行く-［連体］こと［否定］？

(俺φ捕まるんじゃないの？)

(26) ○ 교수님 φ 귀엽잖아요？ 〈K05-MF〉

○ gyosunim-φ gwiyeob-janh-ayo?

○ 教授-φ 可愛い-［否定］-［丁寧（疑問)］？

(○先生φ可愛くないですか。)

無助詞疑問文で最も多いのは、(24) のような存在の疑問文である (39.9%)。また、(25)、(26) のように話し手や第三者を表す名詞句を主語とする疑問文も見られる。特に、(26) のような例は疑問文の形を取っているが、談話機能的には聞き手も知っていると想定されることについて確認をするような働きを持つもので、資料においても頻繁に現れる。

さて、疑問文の主語が無助詞になりやすいということは、無助詞の談話の中での特徴が伺える重要な結果と思われる。例えば、発話の現場に存在しない人物に質問をすることは普通の状況では考えにくいだろう*32。このように考えると、疑問文というのは「発話の現場」と深い関係があるものと思われ、これは、無助詞が発話の現場に存在する主語名詞句と共起しやすいという前節の観察と相通ずるものがある。文のタイプと関連して、談話・語用論レベルにおけるもう少し詳しい分析は次章で行うことにする。

これまで韓国語の談話資料における主語名詞句を持つ発話文に対し、基本的な統計調査を行った。本書で研究対象としている助詞類と直接繋がっているとも言える名詞句の種類をまず調査し、述語の種類、文のタイプなどによる助詞類の違いを、統計的に調べた。以降は、文の他成分における助詞類の使用が主語の助詞類と関係があるかどうかといった問題について統計調査を行い、結果を分析する。

4. 目的語など他成分名詞句における助詞類の使用との関係

主語を有する発話文では、目的語などその他の要素を有するものもあり、そうでないものもある。ここでは、主語を有する文が主語以外の要素を有するとき、それが取る助詞類の現れ方が主語の助詞類と関係があるかどうかを知るための統計的調査を行う。主語名詞句を中心として、二重主語文における第2主語の助詞類、目的語の助詞類、その他の文構成要素（名詞句）の助詞類を調査した結果は表3–10のようである*33。

一番上の「項無し」の段は、文構成要素として名詞句を持たない文の数を示したものである。「主語無し」は主語を含む名詞句を全く持たないもので、各助詞類の下の「項無し」は、文構成要素として他の名詞句を持たず主語のみを持つ文の数を示したものである*34。二番目の段は、二重主語文において各主語名詞句がどのような助詞類を取るかを示したものである。二重主語文の助詞類に関するこのような計量的調査はこれまで行われたことがなく、今回の結果は大変興味深いものである。

表3–10　他成分名詞句における助詞類の使用との関係【韓国語】

主語の助詞類		主語無し	i/ga	無助詞	eun/neun	その他
項無し		2582	831	539	299	262
第2主語	i/ga	–	43 (67.2)	17 (34.0)	45 (59.2)	21 (52.5)
	無助詞	–	6 (9.4)	26 (52.0)	17 (22.4)	12 (30.0)
	eun/neun	–	8 (12.5)	2 (4.0)	4 (5.3)	4 (10.0)
	その他	–	7 (10.9)	5 (10.0)	10 (13.2)	3 (7.5)
	小計(%)	–	64 (100.0)	50 (100.0)	76 (100.0)	40 (100.0)
目的語	eul/leul	455 (30.1)	102 (63.4)	7 (12.5)	33 (46.5)	5 (15.6)
	無助詞	794 (52.6)	46 (28.6)	40 (71.4)	30 (42.3)	25 (78.1)
	eun/neun	68 (4.5)	10 (6.2)	3 (5.4)	2 (2.8)	2 (6.3)
	その他	193 (12.8)	3 (1.9)	6 (10.7)	6 (8.5)	0 (0.0)
	小計(%)	1510 (100.0)	161 (100.0)	56 (100.0)	71 (100.0)	32 (100.0)
その他	格助詞	875 (50.7)	225 (52.2)	87 (46.5)	60 (45.1)	36 (43.4)
	無助詞	551 (31.9)	118 (27.4)	64 (34.2)	41 (30.8)	23 (27.7)
	eun/neun	84 (4.9)	20 (4.6)	9 (4.8)	4 (3.0)	4 (4.8)
	i/ga	38 (2.2)	32 (7.4)	3 (1.6)	10 (7.5)	4 (4.8)
	eul/leul	22 (1.3)	5 (1.2)	1 (0.5)	1 (0.8)	0 (0.0)
	その他	155 (9.0)	31 (7.2)	23 (12.3)	17 (12.8)	16 (19.3)
	小計(%)	1725 (100.0)	431 (100.0)	187 (100.0)	133 (100.0)	83 (100.0)

結果を詳しく見ると、韓国語の資料における二重主語文は230文あり、第1主語がi/gaを取る場合、第2主語もi/gaを取ることが圧倒的に多いことが分かる。また、第1主語が無助詞の場合、第2主語も無助詞の場合が半数以上である。さらに、第1主語がeun/neunやその他の助詞類を取る場合は、第2主語はi/gaを取ることが多い。要するに、第2主語はi/gaを取るのが一般的で、第1主語が無助詞の場合は第2主語も無助詞を取りやすいということが言える。このことは、二重主語文では次のような例が一般的であることを意味する。

(27) 확실히 일본 쇼프로그램**이** 좀 재밌는 **게** 많아. 〈K02-FF〉
hwagsilhi Japan syopeulogeulaem-i jom jaemiss-neun ge [geos-i] manh-a.
確かに 日本 ショープログラム-ガ ちょっと 面白い-［連体］もの-ガ 多い-［普通（平叙）］.
（確かに、日本のバラエティ番組ガちょっと面白いものガ多いよね。）

(28) 나*ϕ* 스터디*ϕ* 있어. 〈K03-MM〉
na-*ϕ* seuteodi-*ϕ* iss-eo.
私-*ϕ* スタディー-*ϕ* ある-［普通（平叙）］.
（俺*ϕ*勉強会*ϕ*あるよ。）

(29) 저**는** ○○○**이** 진짜 좋아요. 〈K08-MF〉
jeo-neun ○○○ -i jinjja joh-ayo.
私-ハ ○○○-ガ 本当に 良い-［丁寧（普通）］.
（私ハ○○○［サッカー選手の名前］ガ本当に好きなんですよ。）

(27) は第1主語と第2主語の助詞類が「i/ga-i/ga」の例で、(28) は「無助詞-無助詞」の例、(29) は「eun/neun-i/ga」の例である。第2主語がi/gaを取ることが一般的であるとすれば、無助詞の第2主語は特殊なものと言える。第1主語と第2主語が同時に無助詞を取りやすい理由については、二重主語文の特徴を考慮した議論が必要だろうし、本書の趣旨からも外れるので詳しく論じることはしない。ただし、本書の本論で主語名詞句における無助詞の性質が究明できれば、このことに対する疑問も解除される可能性がある。これについては、第10章で再び述べることにする。

3番目の「目的語」の段は、主語を持たない文、あるいは、各助詞類を取る主語名詞句を有する文に目的語が現れている場合、その目的語の助詞類を示したものである。結果を見ると、主語を持たない文に目的語が現れている場合、それは無助詞を取る場合が多いことが分かる。現れている主語がi/gaを取る場合、目的語は対格助詞のeul/leulを取る場合が多く、主語が無助詞の場合目的語も無助詞のケースが70%以上であることが分かる。主語がeun/neunを取る場合、目的語は対格助詞のeul/leulと無助詞がほぼ同率で表れており、主語がその他の助詞類を取る場合でも目的語は無助詞を取ることが多い。主語名詞句が格助詞を取る場合目的語も格助詞を取ることが多く、主語が無助詞の場合目的語も無助詞であることが多いということは、日韓の先行研究でしばしば指摘されているが、今回の計量的調査で確認できたと言える。特に、日本語の無助詞研究においてはヲの省略（非実現）に関する統計的な研究が多々あり、Takano（1998）がハもガもない名詞句がヲの実現・非実現と関係があることに言及しているほか、Matsuda（1992）も主格助詞と体格助詞の関係を統計的に調査している。Matsuda（1992）は、本書の結果と同じく、体格助詞と主格助詞は同時に省略されやすいとし、助詞の省略は発話の談話・語用論的（pragmatic）要因が作用すると指摘した。Fujii & Ono（1994）も、ヲの使用は随意的（optional）ではなく、談話・語用論レベルにおいてシステマチックに起こる現象と主張した上で数量的調査を行い、ヲでマークされない目的語がマークされる方より一般的であることを明らかにした。目的語における無助詞は助詞の省略などではなく、助詞の有無の選択は談話機能と関係するというこれらの主張は、本書の立場と一致する*35。

表3–10の「その他」の段は、目的語以外に名詞句が文の構成要素となっている場合、それらの助詞類を調査したものである。目的語以外の文構成要素とは補語（complement）と付加語（adjunct）を含むが、実際の談話において補語と付加語を区別するのは難しい

こともあり、今回の調査ではこれらを敢えて区別していない。その他の文成分としての名詞句における助詞類は、主語がない場合を含め主語の助詞類が何であれ、格助詞が最も多くその次に無助詞が多く用いられることから、目的語とは違い主語の助詞類とは関係がないと言えそうである。

第3章では、韓国語のi/gaとeun/neunと無助詞の三つの助詞類を対象にし、これらを含む文の名詞句の種類や述語の種類及びそれらが出現する文のタイプが助詞類の使用に影響を与えるかどうかという問題に焦点を当て、統計的な調査を行った。さらに、文の構造や文成分の共起関係などを考慮し、文の他成分の有無と助詞類の関係を調査した。その結果、主語名詞句の分析で、無助詞は指示表現を伴う名詞句に用いられやすいという特徴から、発話の現場に存在するものを表す名詞句に付きやすいということを突き止めた。さらに、述語の種類に関しては、無助詞主語は比較的に非能格動詞、非対格動詞、存在述語を取りやすが、述語の種類と主語助詞類の関係は名詞句のそれほど明確なものではないことが分かった。文のタイプとしては、無助詞は疑問文に多く、このような結果は、無助詞が発話の現場と関係があることを裏付けるものと見た。また、目的語など他成分と共起する場合の助詞類を調査した結果、主語が無助詞であれば、二重主語文の第2主語や目的語も無助詞を取ることが多いことを明らかにした。

無助詞が指示表現を伴う名詞句に用いられやすいということは、統語・意味論的な原因ではないと考えられる。特に、「発話の現場」を表す名詞句に無助詞が用いられやすいということは、助詞類の問題が既に文レベルを超えていることを意味し、無助詞が談話・語用論レベルに関わっていることを示すものである。第5章以降では、本章と第4章における統計的な結果をベースとしながら、談話・語用論レベルにおける本格的な質的分析を行う。その前に、第4章では、本章で行ったものと同じような統計調査を日本語の資料を対象に行う。

＊1　資料における主語を持つ文の数は3058文となる。助詞類の数と文の数にズレがあるのは、二重主語文の存在のためである。本書における日韓の談話資料では、このような二重主語文がかなりの数で検出されているが、第2章で述べたように、それぞれの名詞句において、その助詞類を調査している。なお、主語を持たない文を含め、文において必須成分とされる名詞句全体が現れない現象については、第2章の1節を参照のこと。
＊2　表3–1において、イタリックになっているのが初対面の会話である。
＊3　社会言語学的な側面については第10章で述べる。
＊4　一般名詞句には、以降の三つの種類に入らない名詞句が含まれる。韓国語では「普通名詞句」とも言う。
＊5　固有名詞句には、「철수 cheolsu（チョルス：人名）」、「서울 seoul（ソウル）」のような固有名詞のみならず、「○○이 형○○ i hyeong（○○先輩）」、「○○○이라는 애○○○ ilaneun ae（○○○という子）」、「정발산 역 jeongbalsan yeog（チョンバルサン駅）」のような「固有名詞＋一般名詞」場合も含まれている。
＊6　代名詞句には、「나 na（私、僕）」、「그것 geugeos（それ）」、「저분 jeobun（あの方）」、「누구 nugu（誰）」のような代名詞や「애네들 yaenedeul（こいつら）」のような複合形、そして「이 사람 i salam（この人）」のような「指示冠形詞（連体詞）＋一般名詞」を含む。韓国語の3人称代名詞は本来発達しておらず（서정수 2006）、「指示冠形詞＋一般名詞」の形をある程度3人称代名詞と見るのが一般的であるが、それをどこまで代名詞と見なすかという問題は依然として難しい。ここでは、形態・意味的に代名詞に近いと思われる「指示冠形詞＋사람 salam（人）」のみを3人称代名詞と見なし代名詞句に含める。
＊7　韓国語における名称は「依存名詞句」である。資料では、「것 geos（もの、こと）」が最も多く、「데 de（ところ）」、「점 jeom（点）」などが検出されている。
＊8　表はデータの実数と百分率を、グラフは百分率のみを表している。表の中の下線部分は、名詞句全体における各助詞類の名詞句の平均比率（計）より高い場合である。以下同様。
＊9　会話の途中、いきなり会話参加者ではない周りの人に声をかける場面で発話された文で、文頭の「○○형님○○ hyeongnim（○○兄貴）」は呼びかけと見なし、主語名詞句には含まれない。
＊10　이익섭・채완（1999: 147）参照。
＊11　例（12）は直接的な発話文の形で引用された文で、主語の「너 neo（お前）」は当該談話における聞き手ではないが、この文が発話される状況における聞き手ということで、2人称の例として挙げている。以降は、このような文も擬似発話文として例に出す。
＊12　指示表現が現れ、話し手と聞き手以外の事物を指す名詞句には、人物を表す名詞句以外も含まれる。また、（4）指示対象が不特定なものには、不定称代名詞（「아무 amu（誰か）」、「뭔가 mwonga（何か）」など）や疑問代名詞（「누구 nugu（誰）」、「뭐 mwo（何）」など）が含まれる。（5）その他には指示表現を伴わない名詞句が含まれる。なお、再帰代名詞と呼ばれる「자기 jagi（自分）」は「その他」に入れている。

*13 話し手を表すものには「나 na（私）」、「우리 uri（僕ら、われわれ、うち）」など1人称代名詞が殆どである。聞き手を表す名詞句は、「너 neo（お前、君）」、「니네 nine（君たち）」など2人称代名詞以外にも、「언니 eonni（お姉さん）」、「본인 bonin（本人）」などが含まれる。
*14 聞き手が主語で、主語名詞句がi/gaやeun/neunを取る疑問文はそれぞれ1例、4例と多くない。
*15 主語に無助詞が用いられた文を「無助詞文」と呼ぶことにする。なお、主語にi/gaを持つ文は「i/ga文」、主語にeun/neunを持つ文は「eun/neun文」と呼ぶ。
*16 近称名詞句には「이거 igeo（これ）」「여기 yeogi（ここ）」「이쪽 ijjog（こちら）」及び「이 i（この）」「이런 ileon（こんな、このような）」が付いた一般名詞や形式名詞などが含まれ、中称名詞句には「그거 geugeo（それ）」「거기 geogi（そこ）」及び「그 geu（その）」「그런 geuleon（そんな、そのような）」が付いた一般名詞や形式名詞などが含まれる。遠称名詞句には「저 분 jeo bun（あの方）」「저거 jeogeo（あれ）」及び「저 jeo（あの）」「저런 jeoleon（あんな、あのような）」が付いた一般名詞や形式名詞などが含まれる。従って、これら「指示表現が付いた名詞句」は表3–3の「3人称名詞句」とは異なる。
*17 ここで言う「存在」には、(1) 名詞句の指示対象が発話の現場に具体的・抽象的に実在する場合（抽象的に実在するものには、音楽や話者の行動などがある）、(2) 名詞句の指示対象が発話の現場そのものである場合（「여기 yeogi（ここ）」など）、(3) 会話の状況そのものを指す場合（現在やっている録音状況を「이거 igeo（これ）」と指す場合など）が含まれる。
*18 「現場指示（状況指示・言語外指示）」では近称、中称、遠称が全部使用可能だが、「文脈指示」では近称と中称のみが可能である（장경희 2002: 161）。即ち、遠称は「現場指示」のみ可能であるとされるのである。ただし、現場指示でも、必ずしも指示対象が発話の時点で現場に存在するわけではなく、直前まで存在していて現在は存在しない人・物を指す場合や、それがまるで目に見えているかのように発話する場合などに使用されることがある。本書の資料における遠称名詞句の内、その指示対象が会話の現場に存在しないものは、そのような場合だった。
*19 この場合、一般名詞句は「特定性」や「遠近の位置」概念などの意味素質によってではなく、この単語が特定のものを指しているという状況・文脈的な解釈によって指示の機能が果たされる（장경희 2002: 152）。
*20 三上（1960: 175）は、「はだしの名詞を間投する（interject）ことは、ちょうど実物に目くばせしたり、指で指差したりすることに相当する効果があります」とし、無助詞名詞句が「指差す」行為と関係が深いことを指摘している。
*21 このような特徴から、「어느 정도 도달하기까지가 힘들지（ある程度到達するまでガ大変なのであって）」のような文を受けるi/gaも「形式名詞句」を受けるものとして処理した。
*22 動作他動詞句は対格を持つ動作性他動詞、状態他動詞句は対格を持つ非動作性他動詞が述語の場合である。動作他動詞には、「する / 하다」「食べる / 먹다」「飲む / 마시다」「読む / 읽다（보다）」「言う / 말하다（그러다, 이러다）」「や

る / 하다」「話す / 이야기하다」「会う / 만나다」「乗る / 타다」などがあり、状態他動詞には「思う・考える / 생각하다」「覚える / 외우다」「忘れる / 잊어버리다」「見る / 보다」「知る・分かる / 알다」「判断する / 판단하다」「望む / 바라다」「許す / 용서하다」「後悔する / 후회하다」などがある。

＊23 非能格動詞句には、意図的ないし意志的な行為を表す動詞（発話様態動詞や動物が出す音を記述する動詞を含む）、生理的現象を表す動詞が含まれ、非対格動詞句には、大きさ、形状、重さ、色、匂い、精神的状態などを表す形容詞、ないしそれに相当する状態動詞、対象（Theme）（および動作主（Patient））を主語に取る動詞（起動動詞を含む）、存在や出現を表す動詞、五感に作用する非意図的現象を表す動詞、アスペクト動詞、継続動詞が含まれる（高見・久野2006）。もっとも、非対格動詞句の内、存在表現や形容詞は別の項目を立てている。資料における分類は、このような意味的素質に従い判定を行っている。分類において最も重視している要素は主語の「意志性」である。非能格動詞には、「行く / 가다」「来る / 오다」「入る / 들어가다」「出る / 나오다」「働く / 일하다」「遊ぶ / 놀다」「頑張る / 분발하다」「焦る / 초조해하다」「住む / 살다」「びっくりする・驚く / 놀라다」「喜ぶ / 기뻐하다」などがあり、非対格動詞には「出る / 나오다」「できる / 생기다」「困る / 곤란하다（韓国語は形容詞）」「違う / 틀리다」「終わる / 끝나다」「助かる / 도움되다」「慣れる / 익숙해지다」「効く / 듣다」などがある。言うまでもなく、同じ動詞（例えば「出る / 나오다」）でも主語の意志的な行為を表す場合は非能格動詞で、意志性がない場合は非対格動詞と扱っている。「10時位にホテル出たんですけど」（J04-MF）の場合の「出る」は非能格動詞で、「今年の教科書、あれ、いつ出たんだっけな」（J10-MM）の場合は非対格動詞になる。

＊24 存在表現には、韓国語学でしばしば「存在詞」という品詞に分類されることのある「있다 issda（ある、いる）」「없다 eobsda（ない、いない）」を中心とした存在を表す用言が含まれる。日本語では「ある」「いる」「ない」「いない」などの述語は動詞や形容詞に含まれるが、韓国語の「있다 issda（ある、いる）」「없다 eobsda（ない、いない）」は、動詞と形容詞の性質を同時に持っており、このことが存在詞という品詞カテゴリーを作る根拠となっている（ただ、全ての学者がこれを認めているわけではない）（이익섭・채완 1999: 124）。ここでは、日韓で分類上の統一性を保つために「存在表現」の項目を設定し上記の表現を入れている。存在表現を個別項目として設定しているのは、先行研究で、存在の質問文に無助詞が用いられやすいとの指摘があること（第1章参照）による。本節の目的は、動詞分類を行うことではなく、どのような分類が述語の種類と助詞類の使い方との関係をより明確に示すかを知ることなので、文法的特徴や意味など複合的な基準で動詞を分類しており、動詞の文法的な位置づけのための分類を厳密に行っているわけではないことを断っておく。なお、本書では、述部に関しては動詞の種類や文のタイプだけを見ているが、アスペクトやモダリティなども助詞類の使用に影響を与える可能性はある。これらについては今後の課題にしたい。

＊25 韓国語では、形容動詞と形容詞の区別はない。

＊26 名詞文は、「名詞句＋i（da）（だ・である）」の形を述語として持つ場合と、「어, 저거 $\underline{\phi}$ 우리집에 있는 사전 eo, jeogeo ulijib-e issneun sajeon（あ、あれ

φうちにある辞書）〈K03-MM〉」、「隼のできる子は人気者。〈J01-FF〉」のように、名詞句で終わる述語を含む。なお、「비타민!bitamin（ビタミン！）〈K03-MM〉」のように名詞句のみからなる発話はこれに含まれず、文成分としての名詞句を持つもののみ調査対象としている。

＊27　表3–6における助詞類の数は、主語名詞句全体の助詞類を調査した結果とは異なる。これは、二重主語を持つ文のためであるが、表3–6においては二重主語文における第1主格名詞句の助詞類のみを数え入れている。

＊28　さらに興味深いのは、日本語においても同じような結果が得られたことである。第4章参照のこと。

＊29　文レベルにおける無助詞の様々な要因を徹底的に解明するためには、本書で取り上げる主語名詞句の種類、述語の種類、文のタイプ、主語と他成分の助詞類の関係などに加え、時間表現、述語のボイス・アスペクト、モダリティなど文と関わる様々な様相を総合的に考察する必要があるのかもしれない。本書は、これまで行ってこなかった、助詞類と文の他の文法要素との関係を数量的調査から明らかにしようとする試みであり、そのための完全な装置を整えているとは言えない。今後の課題である。

＊30　その他には命令文、勧誘文、約束文がある。約束文とは、「-마ma」「-ㄹ게lge」など話し手の未来の行動に対する約束を表す語尾が付いた文である。例えば、「천원 낼게cheonwon naelge（(僕が）千ウォン出すよ)」〈K01-MM〉のような文がこれに当る。

＊31　韓国語文法では、感嘆文、許諾文を別途に設定する場合もあるが、ここでは、感嘆文は平叙文に、許諾文は命令文に含める。というのは、平叙文と感嘆文、命令文と許諾文の形式的・意味的区別が他のタイプとの区別ほど明確ではないためである。

＊32　もちろん、ある人物に質問をすることと、ある人物についての質問をすることは別である。ここでは、全ての疑問文が聞き手を主語としていると主張しているわけではなく、現場に居合わせる相手に向かって質問をするというのが疑問文の中心的・一般的な側面だとすれば、それは平叙文などの文タイプとは本質的に異なるということを強調しているのである（命令文についても同じようなことが言える）。

＊33　その他の文構成要素としての名詞句は、場所や時間、数字を表す名詞句に限った。「원래/元々」、「정말/本当」、「보통/普通」、「결국/結局」などそれ自体で副詞として用いられたものは名詞句と見なしていない。ただし、時間を表す名詞句の場合これらの名詞句と同様に副詞として用いられ、本来から助詞を必要としないものも存在する（「지금/今」、「어제/昨日」など）。今回は、これらもとりあえず文構成要素として数え入れており「その他」の「無助詞」にはこれらのようなものも含まれていることに注意されたい。なお、下線部は最も割合の高い数値である。

＊34　ここに二重主語文は含まれていない。

＊35　目的語における無助詞については、本書の研究対象外なので、主語と目的語の助詞類の使用は関係があること、特に、主語が無助詞の場合目的語も無助詞である場合が多いことのみ確認し、ここではこれ以上は触れないことにする。もう少し詳しいことは、残る課題として第10章2節で述べる。

第4章

文におけるハとガと無助詞【日本語】

第3章では、韓国語の資料を対象に文単位の調査を計量的に行った。本章では、同じ調査を日本語の資料を対象に行う。まず、日本語の資料における助詞類を談話別に示すと次のようである。

表4–1　日本語資料Iにおける助詞類の分布

日本語	J01	J02	J03	J04	J05	J06	J07	*J08*	J09	J10	計（%）
ガ	80	77	71	136	127	98	103	78	45	88	903（ 29.9）
無助詞	172	71	55	82	57	122	74	96	91	50	870（ 28.8）
ハ	40	57	33	55	65	53	100	34	58	121	616（ 20.4）
その他	52	76	53	63	77	55	94	44	42	78	634（ 21.0）
計	344	281	212	336	325	328	371	252	236	337	3023（100.0）

前で見たように、資料における文の数は7696文であり、主語を持たない文は4887文で全体の63.5%もあった*1。助詞類の分布に関しては、韓国語の場合とかなり異なる傾向があることが分かる。比較のために、ここに韓国語資料の助詞類の分布をもう一度示す。

表3–1　韓国語資料Iにおける助詞類の分布

韓国語	K01	K02	K03	*K04*	K05	*K06*	*K07*	*K08*	*K09*	*K10*	計（%）
i/ga	154	206	157	157	154	135	150	122	150	98	1483（ 45.0）
無助詞	141	88	150	54	133	60	55	66	59	48	854（ 25.9）
eun/neun	50	56	55	57	38	45	62	58	56	64	541（ 16.4）
その他	60	56	33	37	26	43	36	24	65	40	420（ 12.7）
計	405	406	395	305	351	283	303	270	330	250	3298（100.0）

全体的にガ・i/ga ＞無助詞＞ハ・eun/neun ＞その他の順に分布

していることはどちらの言語においても同じだが、その頻度は相当異なっている。日本語は韓国語に比べて、格助詞の比率が非常に低く、ハやその他の助詞類の頻度が相対的に高いことが分かる。さらに、本書の分析対象である上位三つの助詞類を見ても、各談話別出現率に大きな違いがない韓国語に比べ、日本語は各談話別出現率に大きなバラつきがある。これは、日本語に多く存在する所謂「取り立て助詞」(表4–1においては「その他」に含まれる)の影響であると思われる。このことは、日本語の特徴として、他の助詞類における現象、例えば、ガの使用が相対的に少ない現象と何らかの関係があるのかもしれない。また、日本語の資料において初対面の会話はJ08しかないが、表4–1を見る限り、そのような要素が無助詞の使用に影響を与えているとは言い難いようである。フォーマリティや親近感などの要素と無助詞の関係については先行研究にも指摘があるが、第3章でも述べたとおり、社会言語学的な要素については詳しく論じずに論を進める。

以降、韓国語の場合と同様、基本的統計調査の結果を分析し、さらに発話文の構造を考慮した分析に調査項目を拡大していく。基本的統計調査として、主語名詞句の種類と助詞類の使用、述部動詞句と主語名詞句における助詞類の使用、文のタイプと主語名詞句における助詞類の使用の順に分析結果を提示する。文の構造を考慮した調査では、目的語など他成分名詞句における助詞類の使用との関係を調べる。本章では、韓国語における調査結果と日本語における調査結果を比較・分析することになるが、ここで、両言語を比較するに当り本書の基本的な立場を述べておく。本書における言語データは、日韓で全く同質のものとは言えない。第2章で示した通り、データの量や平均年齢、性別の割合などの全体像は両言語で大きく変わらないが、会話ごとの性別の組み合わせや参加者の職業、話題、録音条件などは一致しない。従って、特定の助詞類における数値的な違いが直接日韓の違いに繋がるとは限らず、両言語の調査結果を単純に比較することは有意義な作業ではないと考える。必要なのは、当該の助詞類がそれぞれの言語でどのような位置づけにあるのかを確認した上で、その位置づけを日韓で比較することである。以下は、このような方針で調査結果を示しながら論を進めることにする。

1. 主語名詞句の種類と助詞類の使用

助詞類が付く名詞句の性質は一般名詞句、固有名詞句*2、代名詞句*3、形式名詞句*4 に分けて調べた。まずその結果を示す。

表 4–2 助詞類の分布：各主語名詞句に対する助詞類の割合【日本語】

名詞句の種類	一般名詞句	代名詞句	形式名詞句	固有名詞句	計（%）
ガ	621（38.2）	114（14.4）	104（30.7）	64（23.7）	903（29.9）
無助詞	382（23.5）	339（42.9）	91（26.8）	58（21.5）	870（28.8）
ハ	266（16.4）	186（23.5）	94（27.7）	70（25.9）	616（20.4）
その他	355（21.9）	151（19.1）	50（14.7）	78（28.9）	634（21.0）
計（%）	1624（100.0）	790（100.0）	339（100.0）	270（100.0）	3023（100.0）

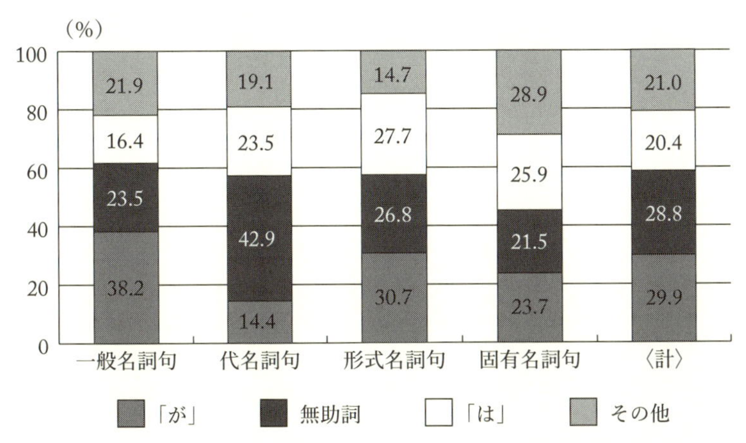

図 4–1 助詞類の分布：各主語名詞句に対する助詞類の割合【日本語】

日本語の資料全体主語名詞句の種類は、一般名詞句（53.7%）＞代名詞句（26.1%）＞形式名詞句（11.2%）＞固有名詞句（8.9%）の順に多く、韓国語の場合（一般名詞句（53.2%）＞代名詞句（28.3%）＞形式名詞句（12.4%）＞固有名詞句（6.1%））と類似している。結果を見ると、韓国語の場合とは異なる傾向が見られるものの、共通する部分が多いことが分かる。それぞれの助詞類がどのような名詞句に用いられやすいかを見ると、（ i ）ガは一般名詞句と形式名詞句に用いられやすく、（ ii ）無助詞は代名詞句に用いられやすい。（iii）ハは、偏りなく全ての名詞句に広く用いられることが分かる。これは、「（ i ）i/ga は一般名詞句に用いられやすく、（ ii ）無助詞は代名詞句、固有名詞句に、（iii）eun/neun は代名詞句に用いられやすい」という韓国語の場合と共通する部分が多い。ここに、日本語と韓国語の結果を一緒にした図で比較してみる。

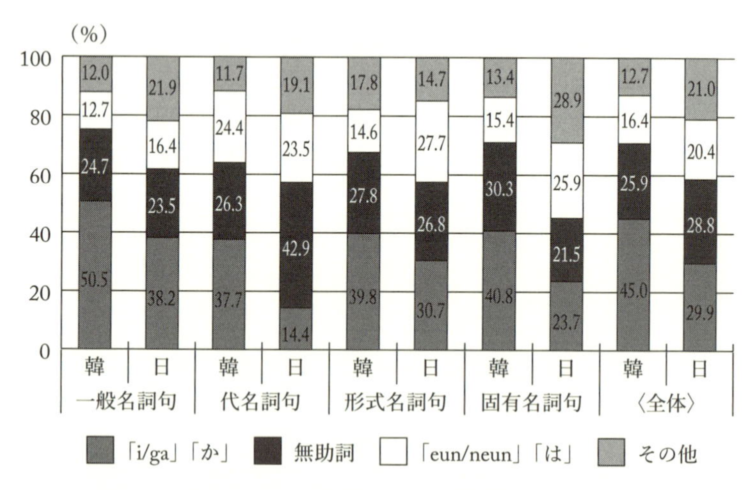

図 4–2　助詞類の分布（主語名詞句の種類別）【韓国語と日本語】

韓国語と日本語を比較してみると、全体的に韓国語には i/ga が多く、日本語には相対的にハとその他の助詞類が多いということが分かる。表 4–1〜2 で見たように、無助詞に関しては両言語でそれほど頻度の違いがないが、これは興味深い＊5。ただし、無助詞がどのような名詞句に付きやすいかという問題においては、主語名詞句や助詞類の相対頻度を表す図 4–2 を通して少し違いが見て取れる。無助詞は、日本語の場合代名詞句に非常に多く用いられるが、韓国語では固有名詞句に最も多い。韓国語においては、代名詞句にも無助詞が平均以上の頻度で用いられていたので、代名詞句に無助詞が用いられやすいということは日韓共通であると言えそうである。それでは、各名詞句別に詳しく見てみることにする。

一般名詞句

主語が一般名詞句の場合、韓国語と同様、格助詞ガの頻度が最も高いが、その割合は韓国語と比べるとかなり低い。一言で一般名詞句とは言っても、中には「人名詞」、「物名詞」、「事態名詞」、「場所名詞」、「方向名詞」、「時間名詞」などの意味による分類ができる名詞の種類がある（益岡・田窪 1992）。これは韓国語の場合と同じであるが、本書においてはこのような細かい分類は行っていないため、様々な名詞句がこの中に入る。資料における例を見てみる。

(1) フライトのキャンセル**が**一番大変でしたね。 〈J04-MF〉

(2) あの、配点**が**微妙に有利だったんだよ。 〈J10-MM〉

(3) みなさん**φ**元気でしたか。 〈J05-FF〉

(4) なんか、そういう授業**φ**ないですよねぇ。 〈J03-FF〉

(5) ジン**は**強いっすよ。 〈J09-MM〉

(6) ここで発声**は**さすがに迷惑か。 〈J09-MM〉

日本語の一般名詞句にも、韓国語と同じく、「あの先生」のような例を単に一般名詞句として扱う際の問題などがある。しかし、「彼」や「彼女」のような代名詞が発達している日本語では、人を表す名詞句や呼称と関わる名詞などにおいて韓国語ほど複雑な様相は見られない。ただし、一般名詞句として処理している「あの先生」、「その男の人」のような名詞句が人を表す代名詞句と似たような性質を持つことには念頭に置いておくべきであろう。

代名詞句

次は、主語名詞句が代名詞句の場合である。代名詞句については、図4–2から分かるように、韓国語では格助詞のi/gaも多いが、日本語ではガが少なく無助詞が非常に多い。韓国語の場合、代名詞句においては、「指示」という観点から調査を加え、様々なことが分かった。日本語においても、同じような調査をし比較してみることにする。指示表現を含む主語名詞句を（1）話し手を表すもの、（2）聞き手を表すもの、（3）指示表現が現れ、話し手と聞き手以外の事物（3人称）を指すもの、（4）指示対象が不特定なもの、（5）その他に分け*6、その結果を示す。さらに、（3）を近称、中称、遠称に分けて調べる。まず、前者を調べた結果を表と図で示す。

表 4–3　主語名詞句の指示対象と助詞類 I 【日本語】

主語の指示対象	話し手	聞き手	3 人称	不特定	その他	計（%）
ガ	34（ 9.7）	11（32.4）	73（16.8）	18（32.7）	767（35.7）	903（29.9）
無助詞	169（48.3）	10（29.4）	185（42.5）	13（23.6）	493（22.9）	870（28.8）
ハ	63（18.0）	9（26.5）	134（30.8）	0（ 0.0）	410（19.1）	616（20.4）
その他	84（24.0）	4（11.8）	43（ 9.9）	24（43.6）	479（22.3）	634（21.0）
計（%）	350（100.0）	34（100.0）	435（100.0）	55（100.0）	2148（100.0）	3023（100.0）

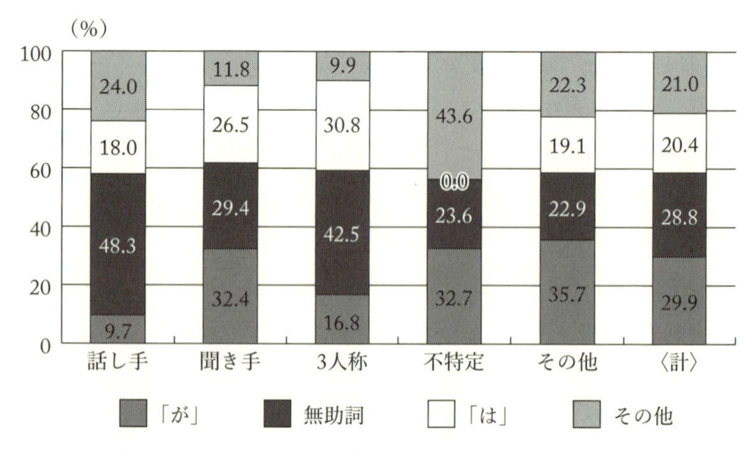

図 4–3　主語名詞句の指示対象と助詞類 I 【日本語】

この結果を見ると、助詞類は韓国語の場合とかなり異なる分布をしていることが分かる。助詞類とは関係ないが、代名詞句全体の分布において興味深いことは、日本語は話し手を指す指示語より 3 人称を表す指示語が多いのに対し、韓国語は 3 人称名詞句より話し手を表す指示語が多いことである。聞き手を指す指示語はどちらの言語も少なくなっている。日韓の調査結果を図で比較してみる。

「話し手」を表す名詞句では、日本語においては、無助詞が圧倒的に多く、その他の助詞類も多く用いられている。逆に、「聞き手」を表す名詞句においては、韓国語では無助詞が多いが、日本語では

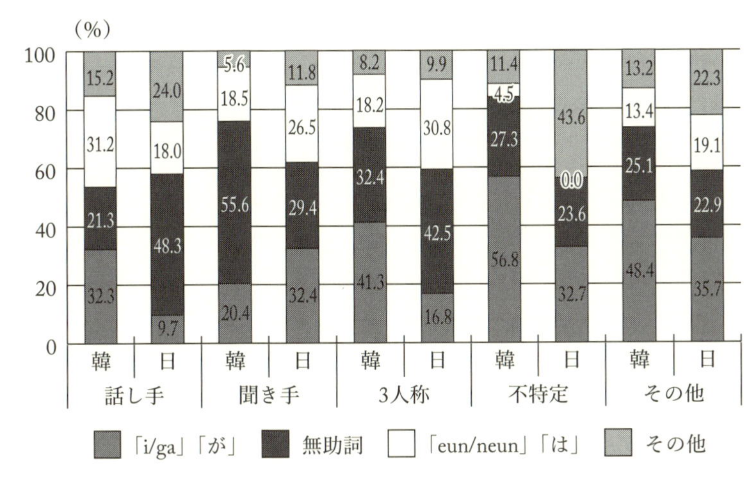

図 4–4　主語名詞句の指示対象と助詞類 I（指示対象別）【韓国語と日本語】

ガやハの使用が多く、韓国語と日本語で 1 人称と 2 人称が逆転しているような分布が見られる。日韓とも聞き手を表す主語の出現頻度が少ないため統計的に有意義とは言えないものの、話し手と聞き手を表す名詞句において、日韓でこれほど異なる様相が見られるのは大変興味深い。聞き手を表す名詞句は、頻度は低いが出現そのものが有標であるため、用例の質的分析が有効であると思われる。日本語は聞き手を表す名詞句の頻度そのものが韓国語に比べても低い。その中身を調べると、ガが付く 11 件の内 3 件を除く 8 件が、次のような従属節（副詞節、連体節）の中のものだった。

（7）ああ、○○さん［聞き手］**が**すきそうなデザイン。〈J05-FF〉

（8）君**が**言うと、なんか重みがあるわ。〈J10-MM〉

このような節の中には、構造的にハが現れないとすれば*7、日本語において、主語が聞き手の場合最も付きやすい助詞類は無助詞ということになる*8。そうなると、聞き手を表す名詞句には無助詞が付きやすいという韓国語の場合と本質的な違いはないと言えそうである。さて、3 人称においても、無助詞やハが多い日本語に比べ、韓国語は i/ga が多い。「不特定」もかなり異なる助詞類の分布を見せる。i/ga が圧倒的に多い韓国語に比べ、日本語は「その他」の助詞類が用いられやすい。各人称別に、頻度の高い助詞類が使用された例を見てみる。

（9）私φ全然そんなこと考えてなかった。 〈J04-MF〉

（10）結構、僕もその時、聴講、学部生で聴講してたんですけど。（後略） 〈J02-MM〉

（11）○○くん［聞き手のあだ名］は○○○はどこへ出そうと考えてるんですか、来年。 〈J09-MM〉

（12）××［聞き手の名前］φ確かピアノ弾けんだよね。 〈J01-FF〉

（13）これφお洒落だね。 〈J01-FF〉

（14）それは楽なんですよね。 〈J03-FF〉

（15）誰も知らない。 〈J05-FF〉

（16）何が違うんですか。 〈J08-MF〉

（9）は、話し手が自分のことについて述べる場合無助詞になっている例であるが、日本語ではこのような発話文が多い。これは、同じような談話文脈でeun/neunが付きやすい韓国語の場合とは異なる傾向である。統計分析の結果から見てもその違いは著しい。話し手を表す名詞句において、日韓の助詞類の違いがこれだけ大きいのは大変興味深い。このことについては、様々な要素を考慮した質的分析が必要になるが、第7章1節で詳しく論じることにする。なお、（12）のように、日本語においても、聞き手を表す主語名詞句に無助詞が用いられやすいことは上述の通りである。不定称については、日本語では（15）のような文が多く、「その他」の大半を占める。疑問詞で始まる文にガ・i/gaが付くのは日韓共通であるが、韓国語の場合、「누구는 이거 하고 누구는 저거 하고 nuguneun igeo hago nuguneun jeogeo hago（直訳：誰かハこれして、誰かハあれして（ある人はこれをして、ある人はあれをして））」(K04-MM)のような不定詞の使い方が存在するため、eun/neunも現れている*9。

なお、3人称名詞句を両言語で比較すると、日本語はハが、韓国語がi/gaが高い割合を占めていると言えそうである。ここで、韓国語の場合と同じような調査を行ってみることにする。3人称名詞句が何を指しているかという観点から、指示表現を伴った名詞句を近称、中称、遠称に分け調査した結果を示す*10。

表4–4　主語名詞句の指示対象と助詞類Ⅱ【日本語】

距離別（日本語）	近称	中称	遠称	計（%）
ガ	3（ 6.1）	53（21.6）	21（13.0）	77（16.9）
無助詞	22（44.9）	91（37.1）	84（52.2）	197（43.3）
ハ	19（38.8）	76（31.0）	40（24.8）	135（29.7）
その他	5（10.2）	25（10.2）	16（ 9.9）	46（10.1）
計（%）	49（100.0）	245（100.0）	161（100.0）	455（100.0）

この表を見ると、近称と遠称名詞句には無助詞が非常に多く、ガは中称に集中している。全体的な助詞類の分布は異なるものの、この結果は韓国語の場合と一致する。韓国語の調査結果の表、及び、日韓の結果を合わせた図を示す。

表3–4　主語名詞句の指示対象と助詞類Ⅱ【韓国語】

距離別（韓国語）	近称	中称	遠称	計（%）
i/ga	39（32.2）	159（44.3）	6（23.1）	204（40.3）
無助詞	57（47.1）	92（25.6）	12（46.2）	161（31.8）
eun/neun	13（10.7）	62（17.3）	5（19.2）	80（15.8）
その他	12（ 9.9）	46（12.8）	3（11.5）	61（12.1）
計（%）	121（100.0）	359（100.0）	26（100.0）	506（100.0）

上記の表4–4、3–4及び図4–5を通して見ると、3人称指示表現を含む名詞句全体における助詞類の分布の違いが一目で分かる。表における全体の分布を見ると、日本語は中称名詞句が最も多く、近称は少ない。韓国語は、中称が最も多いのは日本語の場合と一致するが、遠称の頻度は低い。日本語の場合、近称名詞句にガが付くような例（「これが」）は殆どなく、韓国語の場合、遠称にi/gaやeun/neunが付く例（「저게 jeoge（あれが）」、「저건 jeogeon（あれは）」）は相対的に少ないことが分かる。助詞類の分布について言うと、日本語の場合、無助詞＞ハ＞ガ＞その他の順に多く、名詞句全体の分布とは異なるが、韓国語の場合、i/ga＞無助詞＞eun/neun＞その他の順で、名詞句全体における助詞類の分布と変わらない順で

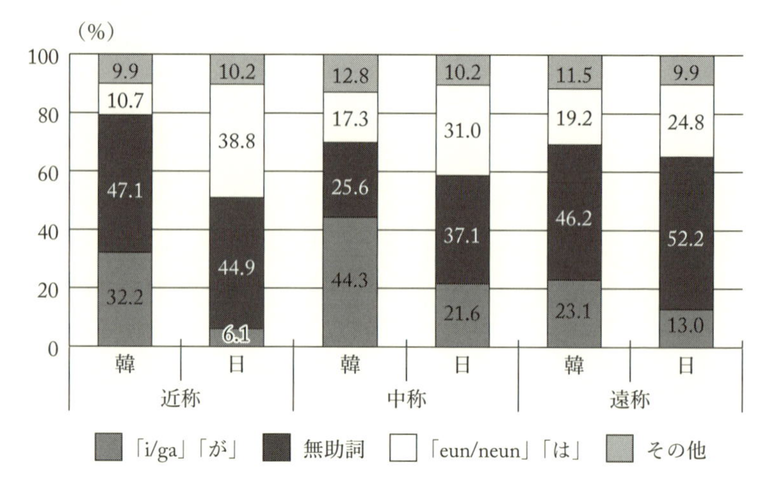

図4–5 主語名詞句の指示対象と助詞類Ⅱ【韓国語と日本語】

ある*11。図4–5では、各助詞類が近・中・遠称の名詞句内で占める割合を日韓で比較することができる。韓国語は日本語に比べ近・中・遠称のどれにおいてもi/gaの割合が高く、日本語は韓国語に比べハの割合が高い。無助詞は、どの言語でも近称と遠称の名詞句に現れやすいことが分かる。

さて、これらの指示表現を含む名詞句の中には発話の現場に存在するものを指す場合とそうでない場合がある。ここでは、韓国語でやっていたのと同じく、これら指示表現の指示対象が「発話の現場」に存在するものを指すかどうかということを調べた結果を示す。

日本語の資料では、韓国語の資料に比べて発話の現場に存在するものを指すという指示表現が少なかったため、精密な比較は難しい

表4–5 現場に存在するものを指す名詞句における助詞類【日本語】

現場存在・距離別	近称	中称	遠称	計
ガ	2/3	0/53	0/21	2/77
無助詞	17/22	1/91	3/84	21/197
ハ	9/19	0/76	0/40	9/135
その他	3/5	0/25	0/16	3/46
計	31/49	1/245	3/161	35/455

が、ここで韓国語の場合と比較しながら全体的な違いを見てみたいと思う。第3章で示した結果及び日韓の結果を合わせた図4–6を示す。

表3–5　現場に存在するものを指す名詞句における助詞類【韓国語】

現場存在・距離別	近称	中称	遠称	計
i/ga	17/39	0/159	4/6	21/204
無助詞	36/57	2/92	11/12	49/161
eun/neun	9/13	0/62	5/5	14/80
その他	3/12	0/46	2/3	5/61
計	65/121	2/359	22/26	89/506

まず表から分かる共通点から言うと、どちらの言語でも「近称」で発話の現場に存在するものを指すことが最も多く、その次が遠称である。中称は、どちらの言語でも数は多いが、その指示対象が発話の現場に存在する場合は少ない。「それ・그거」、「そのNP・그NP」などの表現は殆ど文脈指示に用いられている。

図を見ると、発話の現場にあるものを指す近称の中では無助詞が最も多いことも共通している。両言語で最も異なるのは遠称である。

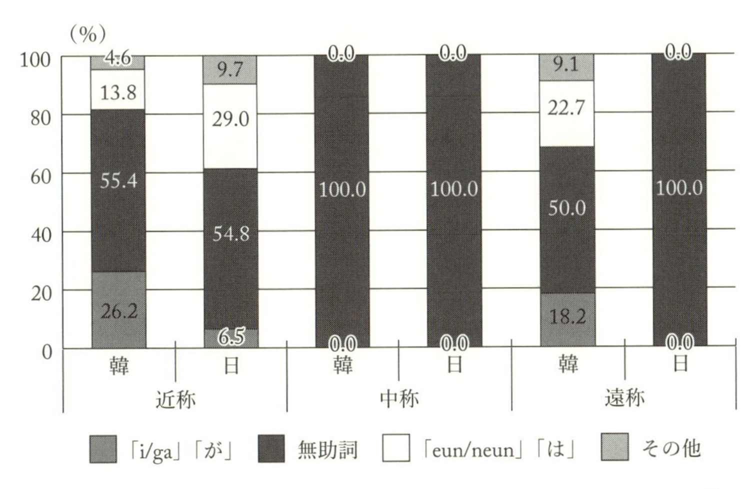

図4–6　現場に存在するものを指す名詞句における助詞類【韓国語と日本語】

日本語の遠称名詞句は、中称に続いて頻繁に使われているが、発話の現場に存在するものを指すことは殆どなく、あるとすれば無助詞が付くという印象である。これは、日本語の「あれ」、「あのNP」が発話の現場に存在しないもの、即ち文脈指示ができるためであろう。それに比べ、文脈指示は近称と中称のみが可能な韓国語の場合、遠称は発話の現場に存在するものを指すために使われるので、全体の数も少なく、発話の現場に存在するものを指す割合も非常に高い。このような遠称に無助詞が付く頻度が最も多いということは、注目されるべきであると述べた。発話の現場に存在するものを指す名詞句に用いられた助詞類の調査結果をまとめると、どちらの言語においても、近・中・遠称を問わず、発話の現場に存在するものを指す名詞句には無助詞が最も多い。このことは、第3章で言及した「目の前のもの、即ち、発話の現場に存在するものを指差す」という行為が無助詞と密接な関係があることを裏付けるものであると言える*12。

これまで、代名詞句及び指示表現を伴う主語名詞句の助詞類について調査し、結果を分析した。代名詞句は日韓共に無助詞が多く用いられる。人称別に見ると、韓国語では聞き手を指す名詞句に、日本語では話し手を指す名詞句に特に無助詞が用いられやすかった。さらに、指示表現を伴う名詞句やその中でも発話の現場に存在するものを指す名詞句には無助詞の出現頻度が高くなった。無助詞と発話の現場についての詳しい議論は、第5章以降で行うことにして、次に移る。

形式名詞句・固有名詞句

形式名詞句と固有名詞句については、特に明確な傾向は見られなかったので、ここでまとめて述べる。形式名詞句は、「名詞の性質を持ちながら意味的に希薄で、修飾要素なしでは使えない名詞（益岡・田窪 1992: 36）」という定義を基準に*13、「ところ」、「の」、「こと」などの入る名詞句を中心に調査しているが、述部に存在表現が多く使われているという特徴があった。これは、韓国語の場合と一致する。主語が固有名詞句の場合、無助詞が多かった韓国語の場合と異なり、日本語ではハとその他の助詞類が多かった。固有名詞句で最も多いのは人名で、助詞類ではモが最も多く、ッテがそれに続いている。韓国語でも人名が最も多かったが、殆ど発話の現場には存在しない人物の名前で、統計的な結果だけでは無助詞との関連性については明確ではなかった。日本語でも、統計的に特記すべき結果は見られなかった。

これまで、日本語の資料を基に、主語名詞句が一般名詞句、代名詞句、形式名詞句、固有名詞句の場合を順に見てきた。以下で日韓の共通点と相違点をまとめる。

〈共通点〉
(i) 格助詞のガ・i/ga は一般名詞句に用いられやすく、無助詞は代名詞句に用いられやすい。
(ii) 代名詞句や指示表現を伴う名詞句のうち、発話の現場に存在するものを指す名詞句には無助詞が用いられやすい。

〈相違点〉
(i) ハはどの名詞句にも用いられやすいのに対し、eun/neun は全体的に頻度が低い中で、一般名詞句を除けば代名詞句に比較的多く用いられる。
(ii) i/ga の頻度が著しく高い韓国語に比べて、日本語はガ、ハ、その他の助詞類が満遍なく現れる。

他の助詞類と比べ無助詞は、日韓で頻度の差が最も少ない。このことは大変興味深く、無助詞を解明する上で重要な手がかりの一つになるものと思われる。本節における調査で、日本語も韓国語と同様に、無助詞と「発話の現場」が密接な関連を持つということが明らかになったことで、両言語における無助詞がどのようなメカニズムで発話の現場と結びついているのか、談話・語用論レベルにおけるさらに詳しい議論が要求される。詳しい分析は第5章以降で行うことにし、名詞句だけではなく、以降は、韓国語の場合と合わせ、述語動詞句や文のタイプなどが助詞類の使用に影響を与えるかどうかを調べるための統計的調査を続ける。

2. 述語と主語名詞句における助詞類の使用

前節では、韓国語と同様、形式名詞句主語が無助詞となった場合、存在の述語を取りやすいということに言及した。ここでは、そのような観察を計量的に確認すべく、日本語の資料全体における述語を統計的に調査する。まずは、述語全体の種類を確認する。述部は韓国語と同様、動作他動詞、状態他動詞、非能格動詞、非対格動詞、存在表現、形容詞＊14、名詞文に分けた。結果は次のようである。

述部全体に対する結果を見ると、興味深いことに、動作他動詞、状態他動詞、非能格動詞述部は主語を持たない文が多く、それ以外は主語を有するものが相対的に多いという点は韓国語と共通している。上述した通り、主語を持たない文の割合（63.5%）も、韓国語の場合（63.6%）と近似している。次は、各助詞類を有する主

表 4–6　述部動詞句と主語名詞句の助詞類（全体の述語動詞句に対して）【日本語】

述語の種類	動作他動詞	状態他動詞	非能格動詞	非対格動詞
ガ	108（ 6.5）	7（ 1.5）	89（ 8.9）	197（15.9）
無助詞	69（ 4.1）	20（ 4.2）	69（ 6.9）	167（13.5）
ハ	47（ 2.8）	11（ 2.3）	30（ 3.0）	100（ 8.1）
その他	59（ 3.5）	19（ 4.0）	52（ 5.2）	99（ 8.0）
主語無し	1382（83.0）	419（88.0）	757（75.9）	678（54.6）
計（%）	1665（100.0）	476（100.0）	997（100.0）	1241（100.0）

述語の種類	存在表現	形容詞	名詞文	計（%）
ガ	181（23.1）	133（11.0）	106（ 8.0）	821（10.7）
無助詞	156（19.9）	152（12.6）	166（12.5）	799（10.4）
ハ	85（10.9）	161（13.4）	161（12.1）	595（ 7.7）
その他	143（18.3）	114（ 9.5）	108（ 8.1）	594（ 7.7）
主語無し	217（27.7）	645（53.5）	789（59.3）	4887（63.5）
計（%）	782（100.0）	1205（100.0）	1330（100.0）	7696（100.0）

表 4–7　述部動詞句と主語名詞句の助詞類（主語名詞句に対して）【日本語】

述語の種類	動作他動詞	状態他動詞	非能格動詞	非対格動詞
ガ	114（39.2）	8（14.0）	89（36.8）	213（35.1）
無助詞	69（23.7）	20（35.1）	69（28.5）	181（29.8）
ハ	46（15.8）	10（17.5）	31（12.8）	104（17.1）
その他	62（21.3）	19（33.3）	53（21.9）	109（18.0）
計（%）	291（100.0）	57（100.0）	242（100.0）	607（100.0）

述語の種類	存在表現	形容詞	名詞文	計（%）
ガ	208（32.7）	158（25.1）	113（20.1）	903（29.9）
無助詞	179（28.1）	182（28.9）	170（30.3）	870（28.8）
ハ	92（14.5）	167（26.6）	166（29.6）	616（20.4）
その他	157（24.7）	122（19.4）	112（20.0）	634（21.0）
計（%）	636（100.0）	629（100.0）	561（100.0）	3023（100.0）

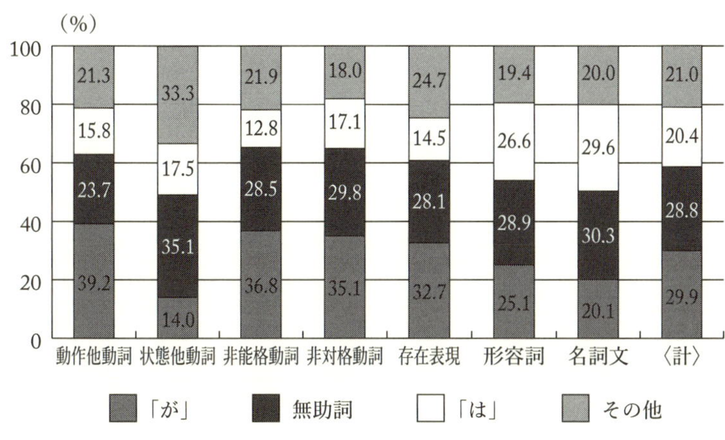

図 4–7　述部動詞句と主語名詞句の助詞類（主語名詞句に対して）【日本語】

語名詞句に対して、どのような述語が用いられたかを示す結果を見てみる。

述部と助詞類の関係において、日本語は韓国語と少し異なる様相を見せる。無助詞が非対格動詞に用いられやすいということは韓国語と同じであるが、日本語の無助詞は状態他動詞にも多く用いられており、この点は韓国語と異なる。このことは、話し手が前に知っていたことと異なる事実を知ったときに言う「話し手を表す名詞句（1人称名詞句）＋「〜と思った」」のような表現において、eun/neunが慣用的に用いられる韓国語と違い、日本語は一般的に無助詞が用いられるという現象によるものと思われる。これらの表現は1人称主語の多くを占め、日本語において、話し手を表す無助詞主語の高い頻度の要因にもなっていると考えられる*15。これについては、あとで詳しく見ることにする。表の結果に戻る。前掲の表と日韓の結果を示している図を通して韓国語と比較してみることにする。

図4–8から、日韓で最もズレが大きいのは状態他動詞であることが分かる。韓国語はi/gaとeun/neunが多いが、日本語は無助詞とその他が多い。韓国語では、自動詞と存在表現に無助詞が多かったのに対し、日本語では、動作他動詞以外は無助詞の頻度が大きく変わらず、相対的に形容詞や名詞文に若干多い。ガに対しても韓国語のi/gaとは異なる分布である。動作他動詞述語に多いというのはi/gaと同様であるが、非能格動詞、非対格動詞、存在表現に広く分布しているところがi/gaとは異なる。ガは、i/gaに比べ、全体における頻度は低いが、i/gaよりは偏りの少ない分布をしていると言える。しかし、ガは動作他動詞述語に最も多く現れている点でi/gaとの共通点が見られる。ハは、形容詞、名詞文に比較的高い頻度を見せるが、これは、状態他動詞にも比較的頻度の高い韓国語のeun/neunとは異なる様相である。ただ、名詞文に多いことは共通している。日本語においてもハは、どちらかというとガよりは無助詞に近い分布を見せていると言える。

無助詞についてもう少し詳しく見ると、韓国語の場合非能格動詞、非対格動詞、存在述語に多く見られたのに対し、日本語では状態他動詞、非対格動詞、形容詞、名詞文に多く、非対格動詞以外には両言語で重なる部分がない。さらに、韓国語では対格を持たない述語に比較的に無助詞が多かったが、日本語は逆に状態性ではあるが対格を持つ状態他動詞で無助詞主語の割合が最も高く、その他の述語においてはあまり相対頻度の差がない。このことは、述語の種類と主語の助詞類の間に有意味な関連性がないことを示す。ただ、どち

表 3-7　述部動詞句と主語名詞句の助詞類（主語名詞句に対して）【韓国語】

述語の種類	動作他動詞	状態他動詞	非能格動詞	非対格動詞
i/ga	272（55.3）	69（42.6）	97（38.2）	256（42.2）
無助詞	89（18.1）	20（12.3）	89（35.0）	212（35.0）
eun/neun	75（15.2）	50（30.9）	43（16.9）	71（11.7）
その他	56（11.4）	23（14.2）	25（9.8）	67（11.1）
計（%）	492（100.0）	162（100.0）	254（100.0）	606（100.0）

述語の種類	存在表現	形容詞	名詞文	計（%）
i/ga	276（41.8）	303（46.4）	210（44.7）	1483（45.0）
無助詞	200（30.3）	149（22.8）	95（20.2）	854（25.9）
eun/neun	59（8.9）	108（16.5）	135（28.7）	541（16.4）
その他	126（19.1）	93（14.2）	30（6.4）	420（12.7）
計（%）	661（100.0）	653（100.0）	470（100.0）	3298（100.0）

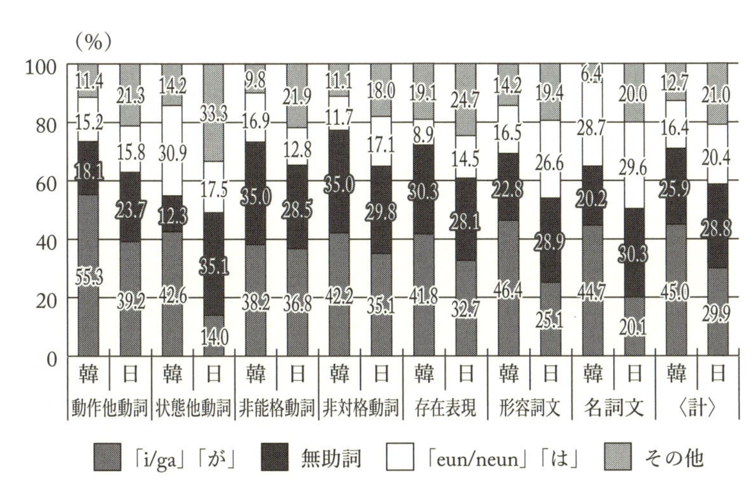

図 4-8　述部動詞句と主語名詞句の助詞類（主語名詞句に対して）【韓国語と日本語】

らの言語にしても意図性・動作性が強い動作他動詞には相対的に無助詞は現れにくいということは言えそうである*16。

以上のように、述語の種類別に見た主語の助詞類について、ガ・i/ga は動作他動詞述語の主語に用いられやすく、無助詞は用いられにくい、ハ・eun/neunは名詞文に現れやすいという共通点を見出したが、名詞句の種類別に見た場合に比べ、日韓でかなりのばらつきがあることが分かる。特に、主語名詞句による助詞類の特徴で日韓共通性が認められていた無助詞に関して、韓国語では、無助詞主語が状態他動詞には非常に低い頻度を見せていたが、日本語では、動作他動詞以外は無助詞主語が満遍なく分布しているという矛盾する結果を示していることから、述語の種類と文の主語の助詞類はそれほど関連性がないと言えそうである。本節では、全発話文における述語の種類の調査、さらにその結果の日韓対照を通して無助詞の特徴の一部、また、各言語における主語助詞類の述語による傾向を確認したことに意味を与えたい。

3. 文のタイプと主語名詞句における助詞類の使用

ここでは、文のタイプが助詞類の使用と関係があるのかを計量的に調べる。文のタイプは、韓国語と同様、文の形式（語尾の形）を第1、文の意味を第2の基準にして分類を行った。主文のタイプを平叙文、疑問文、その他に分け＊17、接続節を並列節、従属節、連体節に分けた。調査結果は以下のようである。まず、資料における文全体のタイプを調査した結果である。

主語の有無に関係なく全体の文の述語を調査した結果では、ガを除くと韓国語の場合と類似している。その他、従属節及び連体節において主語のない文が多いことは韓国語の場合と一致する。この結果を見る限り、無助詞とハは、韓国語の無助詞とeun/neunと類似している。ガはi/gaと異なるようであるが、助詞類別にさらに詳しい結果を見てみる。

図4–9で、日本語の文タイプを助詞類別に見ると、ガは従属節、連体節に現れやすいことが分かる。これは韓国語のi/gaも似ているが、i/gaは平叙文や約束文にも多く用いられていた。日本語の無助詞は、平叙文、疑問文に多いが、無助詞が疑問文に多いことは韓国語と同じである。韓国語の無助詞は平叙文には相対的に現れにくく、代わりに連体節に多かった。ハは、平叙文と並列節に多いが、これ

表4–8　文のタイプと主語名詞句における助詞類（全体の述語動詞句に対して）【日本語】

文の類型	平叙文	疑問文	その他
ガ	218（ 8.2）	64（ 5.5）	2（ 1.8）
無助詞	343（12.9）	203（17.3）	2（ 1.8）
ハ	281（10.5）	74（ 6.3）	1（ 0.9）
その他	188（ 7.1）	116（ 9.9）	1（ 0.9）
主語無し	1635（61.4）	717（61.1）	105（94.6）
計（%）	2665（100.0）	1174（100.0）	111（100.0）

文の類型	並列節	従属節	連体節	計（%）
ガ	53（ 6.5）	397（16.9）	84（14.7）	818（10.6）
無助詞	63（ 7.7）	166（ 7.0）	26（ 4.6）	803（10.4）
ハ	117（14.3）	117（ 5.0）	4（ 0.7）	594（ 7.7）
その他	116（14.1）	146（ 6.2）	27（ 4.7）	594（ 7.7）
主語無し	471（57.4）	1530（64.9）	429（75.3）	4887（63.5）
計（%）	820（100.0）	2356（100.0）	570（100.0）	7696（100.0）

表4–9　文のタイプと主語名詞句の助詞類（主語名詞句に対して）【日本語】

文の類型	平叙文	疑問文	その他
ガ	244（21.9）	72（14.8）	2（33.3）
無助詞	375（33.7）	212（43.6）	2（33.3）
ハ	292（26.2）	78（16.0）	1（16.7）
その他	203（18.2）	124（25.5）	1（16.7）
計（%）	1114（100.0）	486（100.0）	6（100.0）

文の類型	並列節	従属節	連体節	計（%）
ガ	65（16.6）	436（49.4）	84（58.7）	903（29.9）
無助詞	77（19.9）	176（19.9）	27（18.9）	870（28.8）
ハ	122（31.2）	119（13.5）	4（2.8）	616（20.4）
その他	126（32.2）	152（17.2）	28（19.6）	634（21.0）
計（%）	391（100.0）	883（100.0）	143（100.0）	3023（100.0）

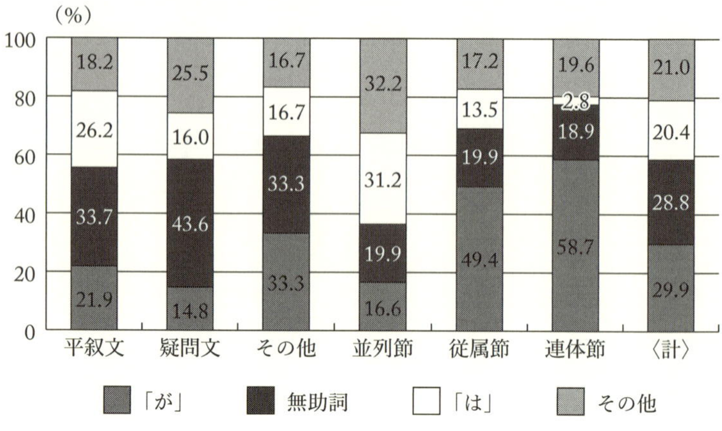

図 4–9　文のタイプと主語名詞句の助詞類（主語名詞句に対して）【日本語】

は韓国語の eun/neun と共通である。

図 4–10 は両言語の文タイプに対する調査結果の比較である。表 4–8～9 及び図 4–9～10 を通して見ると、文のタイプに関する助詞類別調査結果は、これまで以上に両言語が類似しているように思われる。全体的に i/ga とガを除く助詞類の頻度は、殆どの文タイプにおいて両言語が近似している。助詞類別に見ても、eun/neun とハ

表 3–9　文のタイプと主語名詞句における助詞類（主語名詞句に対して）【韓国語】

文の類型	平叙文	疑問文	その他
i/ga	494（46.0）	193（37.4）	5（38.5）
無助詞	241（22.4）	209（40.5）	4（30.8）
eun/neun	236（22.0）	65（12.6）	2（15.4）
その他	103（ 9.6）	49（ 9.5）	2（15.4）
計（%）	1074（100.0）	516（100.0）	13（100.0）

文の類型	並列節	従属節	連体節	計（%）
i/ga	231（31.7）	443（58.4）	107（61.1）	1483（45.0）
無助詞	177（23.3）	167（22.0）	56（32.0）	854（25.9）
eun/neun	159（20.9）	74（ 9.7）	5（ 2.9）	541（16.4）
その他	184（24.2）	75（ 9.9）	7（ 4.0）	420（12.7）
計（%）	761（100.0）	759（100.0）	175（100.0）	3298（100.0）

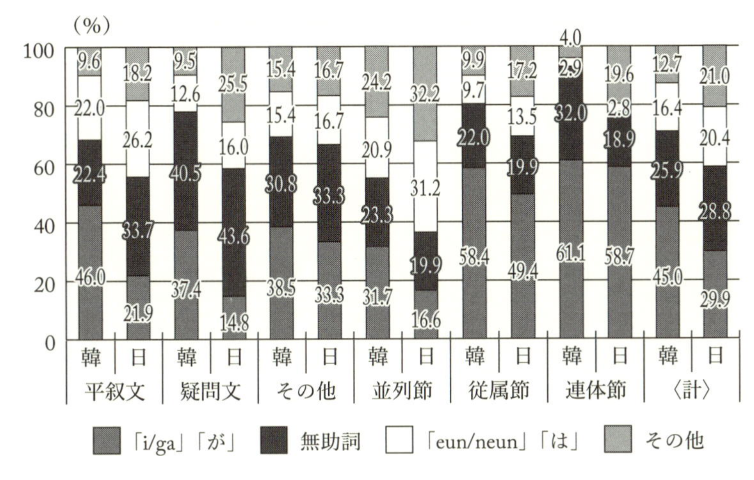

図4–10　文のタイプと主語名詞句の助詞類（主語名詞句に対して）【韓国語と日本語】

を始め上位三つの助詞類の分布は非常に類似している。ガを取る主語名詞句の中ではi/gaのそれに比べ平叙文が少なく、日本語の無助詞主語は韓国語の無助詞主語に比べて平叙文が多いことが目立つ違いである。無助詞はどちらの言語においても疑問文に多く、このタイプは第3章で発話の現場と関係が深いものであると述べた。両言語の無助詞にこのような共通点があることは、無助詞という現象が言語を越え同じような意味・機能を持つということを示唆する。実際、談話に現れた発話文の例を見ても同じような環境で無助詞文が使われている場合が多い。疑問文に用いられた日本語の無助詞文の例を挙げてみる。

(17) それで、え、じゃあ、○○さん［聞き手］φ今、週二で入ってるんですか。　〈J03-FF〉

(18) なんか上から見るとこφあるじゃん。　〈J01-FF〉

(19) 試験φまだあるの？　〈J02-MM〉

（17）は聞き手主語の疑問文の例であるが、無助詞文が多い。聞き手主語ではない（18）～（19）のような疑問文は述語が存在表現の無助詞文である＊18。これらは、韓国語でもよく見られるような例であり、韓国語に訳しても全く自然な文になるものばかりである。疑問文は「発話の現場」と深い関係があり、無助詞がこれらに用いられやすいことは、発話の現場に存在するものを指す名詞句に用いられやすい現象と共に、無助詞の特徴を表すものであると第3章で述べた。このことは日韓で共通していることが、日本語の調査でも分かったと思われる。

本節では日本語の談話資料における主語名詞句を持つ発話文に対し、基本的な統計調査を行った。また、韓国語の場合と同様、主語名詞句や述語の種類、文のタイプなどによる助詞類の違いを統計的に調べた。調査から分かった無助詞における日韓共通の結果をまとめると次のようである。

〈共通点〉

(i) 主語名詞句において、聞き手を表す名詞句及び近称名詞句など発話の現場に存在するものを指す名詞句には無助詞が用いられやすい。

(ii) 主語を持つ文の述語において、無助詞は状態性述語と結びつきやすい。

(iii) 文のタイプにおいて、無助詞主語は疑問文に現れやすい。

(iv) ハと eun/neun 主語は、平叙文と並列節に用いられやすい。

(v) ガと i/ga 主語は、従属節と連体節に用いられやすい。

〈相違点〉

(i) ガを取る主語名詞句は i/ga のそれに比べ平叙文が少ない。

(ii) 日本語の無助詞主語は韓国語の無助詞主語に比べて平叙文が多い。

これらの調査結果は、韓国語と日本語の無助詞に共通点があることを裏付けるものであり、さらに、どちらの言語においても無助詞は発話の現場と何らかの関わりがあることを示すものと考えられる。ハ・eun/neun とガ・i/ga においても日韓で類似性が見られる点は興味深い。次節では、韓国語の場合と同じく、文の他成分における助詞類の使用が主語の助詞類と関係があるかどうかといった問題について統計調査を行い、結果を分析する。

4. 目的語など他成分名詞句における助詞類の使用との関係

ここでは、主語を有する文が主語以外の要素を有するとき、それが取る助詞類の現れ方が主語の助詞類と関係があるかどうかを知るための統計的調査を行う。主語名詞句を中心として、二重主語文における第2主語の助詞類、目的語の助詞類、その他の文構成要素（名詞句）の助詞類を調査した結果は次のようである*19。比較のため、韓国語の結果表3–10も合わせて示す。

まず、日本語の結果の表4–10において、相対頻度から受ける全体的な印象は、ガを除けば韓国語の結果と非常に類似していることである。一番上の「項無し」の段（文構成要素として名詞句を持た

表4–10　他成分名詞句における助詞類の使用との関係【日本語】

助詞類		主語無し	ガ	無助詞	ハ	その他
項無し		2683	515	514	400	387
第2主語	ガ	–	8 (34.8)	19 (33.3)	29 (50.0)	19 (34.5)
	無助詞	–	9 (39.1)	29 (50.9)	13 (22.4)	17 (30.9)
	ハ	–	3 (13.0)	4 (7.0)	9 (15.5)	6 (10.9)
	その他	–	3 (13.0)	5 (8.8)	7 (12.1)	13 (23.6)
	小計 (%)	–	23 (100.0)	57 (100.0)	58 (100.0)	55 (100.0)
目的語	ヲ	241 (30.0)	20 (42.6)	6 (12.5)	14 (43.8)	3 (14.3)
	無助詞	373 (46.5)	24 (51.1)	36 (75.0)	12 (37.5)	9 (42.9)
	ハ	64 (8.0)	1 (2.1)	5 (10.4)	4 (12.5)	6 (28.6)
	その他	124 (15.5)	2 (4.3)	1 (2.1)	2 (6.3)	3 (14.3)
	小計 (%)	802 (100.0)	47 (100.0)	48 (100.0)	32 (100.0)	21 (100.0)
その他	格助詞	1080 (60.9)	175 (59.5)	118 (49.4)	81 (58.7)	76 (50.0)
	無助詞	332 (18.7)	58 (19.7)	74 (31.0)	16 (11.6)	40 (26.3)
	ハ	100 (5.6)	15 (5.1)	14 (5.9)	8 (5.8)	13 (8.6)
	ガ	3 (0.2)	0 (0.0)	0 (0.0)	0 (0.0)	0 (0.0)
	ヲ	5 (0.3)	1 (0.3)	1 (0.4)	0 (0.0)	0 (0.0)
	その他	254 (14.3)	45 (15.3)	32 (13.4)	33 (23.9)	23 (15.1)
	小計 (%)	1774 (100.0)	294 (100.0)	239 (100.0)	138 (100.0)	152 (100.0)

ない文の数）を見ると、韓国語と比べ、主語なし文の数は同様であり、無助詞の数もそれほど変わらないが、ガがi/gaに比べて著しく少なく、ハと「その他」は韓国語のeun/neunと「その他」に比べて若干多い。これは、今まで見てきた調査結果と変わらないものである。

さて、二番目の段、二重主語文における各主語名詞句の助詞類を見ると、非常に興味深い。日本語の資料における二重主語文は198文あったが、第1主語でガを持つものは23件しかなく、その中でも第2主語はガと無助詞をほぼ同率で取っていることが分かる。これは、第1主語がi/gaを取る場合、第2主語もi/gaを取ることが圧倒的に多かった韓国語とはかなり異なる結果である。ところが、第

表3–10　他成分名詞句における助詞類の使用との関係【韓国語】

助詞類		主語無し	i/ga	無助詞	eun/neun	その他
項無し		2582	831	539	299	262
第2主語	i/ga	–	43（67.2）	17（34.0）	45（59.2）	21（52.5）
	無助詞	–	6（ 9.4）	26（52.0）	17（22.4）	12（30.0）
	eun/neun	–	8（12.5）	2（ 4.0）	4（ 5.3）	4（10.0）
	その他	–	7（10.9）	5（10.0）	10（13.2）	3（ 7.5）
	小計（%）	–	64（100.0）	50（100.0）	76（100.0）	40（100.0）
目的語	eul/leul	455（30.1）	102（63.4）	7（12.5）	33（46.5）	5（15.6）
	無助詞	794（52.6）	46（28.6）	40（71.4）	30（42.3）	25（78.1）
	eun/neun	68（ 4.5）	10（ 6.2）	3（ 5.4）	2（ 2.8）	2（ 6.3）
	その他	193（12.8）	3（ 1.9）	6（10.7）	6（ 8.5）	0（ 0.0）
	小計（%）	1510（100.0）	161（100.0）	56（100.0）	71（100.0）	32（100.0）
その他	格助詞	875（50.7）	225（52.2）	87（46.5）	60（45.1）	36（43.4）
	無助詞	551（31.9）	118（27.4）	64（34.2）	41（30.8）	23（27.7）
	eun/neun	84（ 4.9）	20（ 4.6）	9（ 4.8）	4（ 3.0）	4（ 4.8）
	i/ga	38（ 2.2）	32（ 7.4）	3（ 1.6）	10（ 7.5）	4（ 4.8）
	eul/leul	22（ 1.3）	5（ 1.2）	1（ 0.5）	1（ 0.8）	0（ 0.0）
	その他	155（ 9.0）	31（ 7.2）	23（12.3）	17（12.8）	16（19.3）
	小計（%）	1725（100.0）	431（100.0）	187（100.0）	133（100.0）	83（100.0）

1主語が無助詞の場合、第2主語も無助詞の場合が50%以上で、韓国語と類似した結果を見せる。

さらに、第1主語がハの場合と「その他」の場合は、韓国語と同じく、第2主語は格助詞のガが最も多いが、割合としては韓国語ほど高くない。韓国語では、第1主語が無助詞を取る場合を除けば、第2主語はi/gaが圧倒的に多いと言えそうである。談話・語用論レベル寄りの無助詞とハ・eun/neunは類似していて、統語・意味論レベル寄りのガ・i/gaは異なる振る舞いをするというのは、非常に興味深い現象と言える。日本語の二重主語文は、次のようなものが現れている。(20) は第1主語と第2主語の助詞類が「ガ-無助詞」の例で、(21) は「無助詞-無助詞」の例、(22) は「ハ-ガ」の例である。

(20) え、○○［地名］とさ××［地名］ってどっち**が**キャンパスφ大きいの？ 〈J06-MF〉

(21) だって大学φお金φないもん。 〈J07-MF〉

(22) でも、社会**は**けっこう変なもの**が**出ない？ 〈J10-MM〉

3番目の「目的語」の段は、主語を持たない文、あるいは、各助詞類を取る主語名詞句と有する文に目的語が現れている場合、その目的語の助詞類を示したものである。結果を見ると、これもまた主語がガを取る場合のみ韓国語の場合と異なる。主語を持たない文に目的語が現れている場合、それは無助詞を取る場合が多いことは韓国語と同様である。ところが、現れている主語がガを取る場合も目的語は無助詞が多く、主語が格助詞i/gaを取る場合目的語は対格助詞のeul/leulを取る場合が多かった韓国語とは異なる結果になっている。さらに、主語が無助詞の場合目的語も無助詞のケースが75%で、これは韓国語の場合よりも高い割合である。主語がハを取る場合、目的語は対格助詞のヲが最も多いが、無助詞との違いがそれほど大きくなく、韓国語の場合と類似している。主語がその他の助詞類を取る場合でも目的語は無助詞を取ることが多いが、無助詞に集中している韓国語に比べて高い割合ではない。主語と目的語の助詞類に関する結果を見ると、上述のように主語がガを取る場合を除けば、韓国語の場合と非常に類似している。このことは、ガと

i/gaが統語・意味論レベルでは意味・機能の変わらない同じ格助詞であるにも関わらず、その使用に関してはかなり異なるという、これまでの観察と一致する結果であると言える。さらに、主語における無助詞については、日韓で共通する部分が高いだろうというこれまでの予測を裏付ける結果にもなっている。

最後の「その他」の段は、目的語以外に名詞句が文の構成要素となっている場合のそれらの助詞類である。この結果も韓国語の場合と大変類似しているが、韓国語に比べ、格助詞を取るその他の成分が多いことが分かる。この類似した結果から、日本語の場合も、その他の文成分としての名詞句における助詞類については、主語の助詞類に影響されることなく格助詞、無助詞の順に多く用いられるものと考えられる。

本節で分かったことをまとめると以下の通りである。

〈共通点〉

(i) 第1主語が無助詞の場合、第2主語も無助詞の場合が多い。

(ii) 第1主語がハ・eun/neunの場合と「その他」の場合は、第2主語は格助詞のガ・i/gaが最も多い。

(iii) 主語を持たない文に目的語が現れている場合、それは無助詞を取る場合が多い。

(iv) 主語がハを取る場合、目的語は対格助詞のヲが最も多い。

(v) 主語がその他の助詞類を取る場合でも目的語は無助詞を取ることが多い。

(vi) その他の文成分名詞句における助詞類は、主語の助詞類と直接関係がない。

〈相違点〉

(i) 韓国語では、第1主語がi/gaを取る場合第2主語もi/gaを取ることが圧倒的に多いが、日本語は、第1主語でガを持つ場合第2主語はガと無助詞がほぼ同率である。

(ii) 韓国語では、主語が格助詞i/gaを取る場合目的語は対格助詞のeul/leulを取る場合が多いが、日本語では、主語がガを取る場合目的語は無助詞が多い。

第4章では、日本語のガとハと無助詞の三つの助詞類を対象にし、それらを含む文の名詞句の種類や述語の種類及びそれらが出現する文のタイプが助詞類の使用に影響を与えるかどうかという問題に焦点を当て、統計的な調査を行った。さらに、文の構造や文成分の共起関係などを考慮し、文の他成分の有無と助詞類の関係を調査した。特に、それぞれの結果を韓国語の場合と比較しながら、その共通点と相違点に注目した。また、談話資料全体の統計的な結果を日本語と韓国語で比較するといった規模の大きい作業を行ったため、様々な調査項目で日韓の違いが出てきたが、無助詞とハ・eun/neunに関しては、共通するところが多いことが分かった。ここでは日韓の無助詞に関しての共通点をまとめてみることにする。

(i) 主語名詞句において、無助詞は代名詞句に用いられやすい。
(ii) 発話の現場に存在するものを表す名詞句に無助詞が付きやすい。
(iii) 無助詞主語は意図性・動作性が強い動作他動詞述語には現れにくい。
(iv) 無助詞主語は疑問文に多い。
(v) 主語が無助詞であれば、二重主語文の第2主語や目的語も無助詞を取ることが多い。

第5章と第6章では、これらの共通点を念頭に置き、資料における実例を分析しながら、両言語で共通する無助詞の特徴をさらに追究していく。

---

*1 助詞類の数と文の数にズレがあるのは、韓国語の場合と同じく、二重主語文の存在のためである。表4–1では、二重主語文のそれぞれの名詞句における助詞類も数え入れている。なお、主語を持たない文の割合は韓国語の63.6%と近似している。主語を持たない文については、本書の趣旨とは外れえるのでここでは深入りしない。なお、名詞句の省略についての本書の立場は第2章1節で述べた通りである。

*2 固有名詞句には、韓国語の場合と同様に「太郎」、「東京」のような固有名詞のみならず、「○○先輩」、「○○○という奴」、「愛知県」、「北京大学」のような「固有名詞+一般名詞」場合も含まれている。

*3　代名詞句には、韓国語の場合と同様に「私、僕」、「それ」、「誰」のような代名詞や「こいつら」のような複合形を含む。また、日本語には韓国語と違って、人物を表す3人称（他称）代名詞の「彼」、「彼女」があるが、これらに含めて「連体詞（「この」、「その」、「あの」など）＋人／子」も3人称代名詞と見なし代名詞句に含めた。
*4　今回形式名詞として扱った名詞は、「こと」、「の」、「ところ」を始め、韓国語の場合と同じく、文全体を受ける「方」（「とった方がいい」）や「側」、「もの」、「辺」、「（という）やつ」などがある。さらに、「形式名詞句」には、形式名詞が現れずに補足節になっている場合も含まれている（「今年だけ三人ってすごいですね」）。
*5　eun/neunとハも頻度の差が大きいとは言えない。頻度の差が最も大きいのはi/gaとガである。
*6　韓国語の場合と同様、指示表現が現れ、話し手と聞き手以外の事物を指す名詞句には、人物を表す名詞句以外も含まれる。また、(4) 指示対象が不特定なものには、不定称代名詞（「誰か」、「何か」、「どちらか」など）や疑問代名詞（「誰」、「何」など）が含まれる。(5) その他には、指示表現を伴わない名詞句が含まれる。なお、再帰代名詞と呼ばれる「自分」は、会話の現場で話し手を指す場合は1人称として扱い、それ以外の場合は「その他」に入れている。
*7　益岡・田窪（1992: 212）は、「主題が現れ得るのは主として、引用か関係するもの（引用表現はその性格から、独立性の高いものになる）と従属度の低い副詞節である」と述べ、従属度の高い上のような従属節ではハが現れないことを示唆している。
*8　聞き手を表す名詞句の無助詞が付く10件の内、従属節は1件しかない。
*9　韓国語では、資料に現れた上述の例以外にも、「누구는 하고 싶어서 합니까? nuguneun hago sipeoseo habnikka?（直訳：誰ハやりたくてやるんですか（誰がやりたくてやるんですか、やりたくてやる人は誰もいません））」のような「不定詞＋eun/neun」の慣用的な使い方がある。
*10　韓国語の場合と同様、近称名詞句には「これ」、「ここ」、「こちら」などの代名詞及び「この」、「こんな」、「このような」などの連体詞が付いた一般名詞や形式名詞などが含まれ、中称名詞句には「それ」、「そこ」及び「その」、「そんな」、「そのような」などが付いた一般名詞や形式名詞などが含まれる。遠称名詞句には「あの方」、「あれ」及び「あの」、「あんな」、「あのような」などが付いた一般名詞や形式名詞などが含まれる。
*11　近・中・遠称の分布から見ると、両言語共に最も頻度の高い中称を軸にして、近称と遠称の頻度が日韓で反対（日本語は遠称が、韓国語は近称が比較的に高い）の分布を見せるような違いは大変興味深い。助詞類の問題のみならず、両言語の指示表現においても有意義な結果であると言える。
*12　話し手と聞き手における日韓の無助詞の違いについては、第7章で詳しく述べるが、このような違い自体は、発話の現場と無助詞との関係に直接影響するものではない。
*13　これは、韓国語の「依存名詞」の定義と相通ずる。
*14　形容動詞も形容詞に含めている。なお、名詞と形容動詞の区別が難しいものについては、辞書を参考し「な」で活用できるものは形容動詞と分類し、

そうでないものは名詞と分類している。
＊15 話し手を表す名詞句全体の内無助詞が用いられているのは、日本語が48.1%、韓国語が21.3%と、日本語が韓国語の2倍以上になっている。
＊16 本書の第3章と第4章の2節では、文の述語の種類を動作他動詞、状態他動詞、非能格動詞、非対格動詞、存在表現、形容詞、名詞文に分け、これらの文に主語が現れた場合その主語にどのような助詞類が用いられているかについて考えてきた。ところで、動作他動詞と状態他動詞は対格を持つ他動詞で、それ以外の述語が対格を持たない述語であることから、これらの述語に対する主語を同線に並べて論じることに異論があり得る。しかし、本書ではガ・i/ga格名詞句（主語）を有する場合の主語助詞類の現れ方を見ており、ここで取り上げている述語は対格を持つか持たないかと関係なく構造的に（＝統語・意味論レベルにおいて）主語を有する。その主語における助詞類の現れ方に、述語の種類による傾向性があるかどうかを見ることは、助詞類の研究において必要かつ有意義な作業と思われる。他動詞の主語と自動詞の主語の違いそのものに関する問題は助詞類の現れ方とは別の問題として扱われるべきであり、相対的に動作他動詞述語の主語には無助詞が用いられにくいという本書の調査結果は無助詞の特徴の一部を示すものと考えられるのである。
＊17 その他には韓国語と同様、命令文、勧誘文、約束文が含まれる。日本語では、韓国語のような約束を表す文法的な要素が存在しないので、意味をもって分類している。資料においては、「本とかあげるよ、いっぱい」のような文が約束文になる。なお、日本語の場合、勧誘文と約束文で主語が現れている例はなかった。
＊18 無助詞疑問文（217文）の内、述語が存在表現であるのは20.5%で、名詞文（27.1%）の次に多い。これは、存在の無助詞疑問文が著しく多かった韓国語の場合（209文の39.9%）に比べると高いとは言えないが、日本語の無助詞疑問文全体に対しては低い頻度ではない。
＊19 その他の文構成要素の扱いなどは韓国語と同様である。

第5章
典型的な無助詞文と現場性

本章では、韓国語と日本語における無助詞の本質を解明するために、資料における様々な例を分析しながら談話・語用論レベルにおける助詞類の意味・用法の分析を試みる*1。第3章と第4章では、韓国語と日本語の主語名詞句を持つ発話文を対象に、計量的な文単位調査を行った。その結果、韓国語と日本語の無助詞は、(i) 指示表現(特に、近称と遠称)を伴う名詞句に用いられやすい、(ii) 発話の現場に存在する人や物を表す名詞句に用いられやすい、(iii) 他の助詞類に比べ疑問文に用いられやすいなどの特徴を持ち、どちらの言語においても無助詞の使用は「発話の現場」や「指示」という概念と関係があることが明らかになった。第5章から第7章にわたり、無助詞が実際の談話でどのように用いられているかを、上述の特徴を中心に詳しく分析し、談話・語用論レベルにおいて他の助詞類と区別される無助詞固有の意味・用法を明らかにすることを目指す。本章では、典型的な無助詞文を取り上げ、日韓で共通する無助詞の特徴、特に現場性について追究する。

3章と4章の文単位調査で覗った無助詞は他の助詞類に比べて発話の現場に存在する人や物を表す名詞句に用いられやすいというものだった。ところが、単に他の助詞と比べ会話の現場に存在するものを表す名詞句に現れやすいからといって、前章で見た通り、現場に存在する人やものを表す全ての名詞句に無助詞が用いられるわけではない。逆に、無助詞を取る全ての名詞句が必ずしも現場にある人やものを表すとは限らない。ここで「会話の現場と深い関連を持つ性質」を「現場性」と呼んでみよう。助詞類における現場性の実体を知るための一つの方法は、言うまでもなく、無助詞と他の助詞類との使い方を実際の談話で比較してみることである。ここでポイントとなるのは、次の2点であろう。

(i) 発話の現場に存在するものを表す名詞句に異なる助詞類が現れた場合の違いをつかむこと。

(ii) 無助詞が会話の現場に存在しないものを表す名詞句に後続するときのメカニズムを探ること。

以降は、この2点についてそれぞれ節を立てて考察する。

1. 指示対象が発話現場に実在する場合の助詞類の使い分け

まず、現場に存在する人やものを指す名詞句に異なる助詞が現れた場合の違いを調べるために、韓国語と日本語の例文とそれが含まれている談話を見てみることにする。これから提示する例は、発話現場に存在する人や物を表す名詞句が発話文の主語になっているものである。まず、無助詞の例から見ていく。名詞句の性質や、文のタイプを多様にしながら例を挙げていくが、どの例における無助詞文でも、無助詞の前に用いられた名詞句が表しているのは現場に実在する人や物であり、無助詞以外のガ・i/ga やハ・eun/neun などの助詞類は使いにくい。最初の例は、現場に存在するものを指す名詞句に無助詞が用いられた発話文の例である。まず、主語名詞句が話し手の近くにあるものを指す場合を見てみる*2。

(1) (話題が切れると、K03BM が部屋の本棚の方に行く)

1 K03AM: 뭘 찾는 거야?

2 K03BM: 영어 사전. (기침 소리)

3 이거φ 진짜 오래된 건데. 〈K03-MM〉

igeo-φ jinjja olaedoen geo-nde.

これ-φ 本当 古い もの-[婉曲].

1 K03AM: 何を探してるの?

2 K03BM: 英語辞書。(咳の音)

3 これφ本当古いものだな。

(2) (J01AF が食べ放題でロールキャベツを食べたと話すと、J01BF がその大きさについて聞く)

1 J01AF: あっ!これ、この、この、何、この機械くらい。

2 この機械よりもうちょっと太いくらい。

3 J01BF: こんくらい。

4 J01AF: そうそうそうそう。

5 J01BF: あ、こんなもんか。

6 J01AF: この、ロールキャベツに例えるって。(笑)

7 J01BF: これφお洒落だね。

8 J01AF: ね! 〈J01-FF〉

これらの例における無助詞文は、近称の指示表現を伴う名詞句が主語になっており、主語名詞句が指すのはどれも発話の現場に存在するものである。(1) では、現場にあった英語辞典を実際に指差し、古いものであるという属性を述べており、(2) では、目の前にあった機械(MP3録音機)を指差し、お洒落であるという属性を述べている。韓国語も日本語も、現場にある物を指す主語名詞句には無助詞が用いられており、無助詞以外の助詞類は不自然である。無助詞のこのような用法は、発話現場に存在する人や物(この場合目の前の物)を「指差すように取り上げ」てそれについて述べるという、文単位調査で述べた無助詞の特徴と符合する。このように、「発話の現場に存在するものを指差すように取り上げる」ことは、基本的に「指示」という概念が深く関わっている。このことは、主語名詞句が中称や遠称の指示表現を含む場合も同様である。(3) と (4) は中称の例である。

(3) (日本語の試験の話題で、K05BF が漢字の書き方について先輩の K05AM に確認している)

1 K05BF: 마이니치, 그래서 제가 이렇게 이렇게 이렇게 해서 틀렸어요.

2 K05AM: 아이고, 아냐. 그거 이어서 써.

3 K05BF: 진짜요?

4 K05AM: 응.

5 K05BF: 맞는데. ##?

6 K05AM: 그거φ 맞아.

geugeo-φ maj-a

それ-φ 合う-[普通(平叙)].

7 K05BF: 그럼 내가 맞는 거잖아요?

8 K05AM: 응. 〈K05-MF〉

1 K05BF: まいにち、それで、私がこう、こう、こう書いて間違ったんですよ。

2 K05AM: 違うよ、それつないで書くんだよ。

3 K05BF: 本当ですか。

4 K05AM: うん。

5 K05BF: 合ってるよね、##?

6 K05AM: それφ合ってるよ。

7 K05BF: じゃ、私が合ってるんじゃないですか。

8 K05AM: うん。

(4)(J07BMが水族館に行った話をしている途中)

1 J07AF: あ、蚊だ。

2 J07BM: ん?

3 J07AF: 蚊かなあ、それφ。

4 J07BM: 蚊?

5 J07AF: あ、ま、いっか。

6 J07BM: 蚊だね。

7 J07AF: うん。 〈J07-MF〉

(3)の6行目の無助詞文は聞き手が書いた漢字を指差し、それが合っていると述べているもので、(4)は聞き手の周りを飛んでいるものを指差し、それが蚊であるか確認しているものである。これらも、近称の場合と同様、発話の現場にあるものを指差すように主語として取り上げ、述部でそれについて述べるという形をしている*3。主語名詞句が遠称の指示表現を伴う場合も同じである。(5)と(6)はその例である。

(5)(芸能人の幼い頃の写真を皆で見ながら)

1 서: 오, 잘생겼네. 그때도 쌍꺼풀이 아주 이뻤네요.

2 탁: 예예.

3 서: 코도 오똑하고.

4 유: 근데, 저 머리φ 저, 가발 아니죠?

geunde, jeo meoli-φ jeo, gabal ani-jyo [ani-ji-yo]?

ところで、あの 頭-φ あの、カツラ [否定] - [確認] -

［丁寧（疑問）］？

5 탁：왜냐면 여러분들이 굉장히 생소합니다.

6 유：머리가 저렇게 된 건…

7 탁：팔대이 가르마는 보셨어도，구대일 지금 가르마거든요.

8 　　구대일 가르마는 굉장히 생소하실 겁니다.　〈KT02〉

1 ソ：おお、格好いいなあ。そのときも二重がすごくかわいかったんですね。

2 タク：はい。まあ。

3 ソ：鼻も高くて。

4 ユ：ところで、あの頭ϕ、あの、かつらじゃないですよね。

5 タク：というのは、皆さんかなり不慣れですよね。

6 ユ：頭がああなったのは…

7 タク：8対2の分け目は見たことがあるでしょうけど、今、9対1の分け目なんですよね。

8 　　9対1の分け目はかなり不慣れだと思いますよ。

(6)（現在会話をしている部屋の設備について話している）

1 J09AM: けっこう設備いいよね。あのスピーカーほしいな。

2 J09BM: フッ。ほしいまで行くか。

3 J09AM: え、絶対あれϕすごい音質よs-、よさそうじゃない、あの木製のやつ。

4 J09BM: そうかなあ。いや、ほしいまで行かないだろう。

〈J09-MM〉

(5) は、皆でスクリーンに写った写真を見ている場面で、その一人がその写真を指差しながら発話しているものである。(6) は、別の話題で話していた話し手がいきなり部屋においてあったスピーカーに目をつけて、それを指差しながらその属性を述部で与えているものである。これらの例における無助詞文も、発話の現場にあるものを「指差すように取り上げ」、述部でそれに対して述べている。

このように無助詞文は、発話の現場にある何かを指で指すようにして取り上げ、それについて述部で何かを述べるという用法を持つ。また、主語名詞句が表す対象そのものが「今」、「ここ」にあるということが常に示されると考えられる。ここでは、このように発話の現場に存在して目の前に見えているものを「指差すように取り上げ」、それに関して述部で何かを述べるという無助詞の用法を仮に「指差」と呼ぶことにする。「指差すように取り上げる」とは、当該の名詞句が、話し手と聞き手が目の前で見ている、即ち、両方にとって明示的なものをこれから述部で述べる内容の対象として取り上げるということである。ここでは、これまで見てきた無助詞文の例の分析から、無助詞の使用に関する次のような仮説を立ててみる。

〈無助詞の意味・用法に関する仮説〉
無助詞は、発話の現場に存在するものを指差すように取り上げ、それについて何かを述べる際に用いられる（「指差」用法）

次は、会話の現場に存在する人・ものを指す名詞句に助詞 i/ga やガが用いられた例を見る。指示表現が用いられ指示対象が発話の現場に存在するという場面で、無助詞の代わりに助詞 i/ga やガが用いられると、当然ながら発話文の意味が変わる。発話の現場に存在するものを表す主語名詞句に i/ga やガが用いられた例を見てみる。

(7)（タバコについて話している）

1 K03AM: ○○○○○［담배이름］좋은 거 같아.
2 담배 맛도 이게, ×××××［담배이름］? 그 ○○○［담배이름］랑 같은 회사여가지고.
3 K03BM: 이번에 #### ## 기침 나오면은 진짜 ○○○○○［담배이름］로 바꿔 버릴 거야.
4 K03AM: ×××××［담배이름］가 더 부드러워.
5 K03BM: 어.
6 K03AM: 그리고 이게 그거야. 필터가 그냥 그…
7 K03BM: 걸려?
8 K03AM: 응. 모 필터가 아니라 끝에가 비어 있잖아?
9 이게 그거야.
ige［igeos-i］geugeo-ya.
これ–ガ それ（–［copl］）–［普通（平叙）］.
10 ○○○［담배이름］이 주장하는 거 있지? 삼중 필터 비스무리한 거.

11 K03BM: 어.　〈K03-MM〉

1 K03AM: ○○○○○［タバコ名］いい感じだよ。

2　タバコの味も、こう、×××××［タバコ名］？その○○○［タバコ名］と同じ会社で。

3 K03BM: 今回######咳出たら、本当に○○○○○［タバコ名］に変えちゃおう。

4 K03AM: ×××××［タバコ名］がもっとやさしいよ。

5 K03BM: うん。

6 K03AM: それから、これガあれだよ。フィルターがその…。

7 K03BM: かかるの？

8 K03AM: うん。毛フィルターじゃなくて、先が空いてるじゃん。

9　これ**ガ**あれだよ。

10　○○○［タバコ名］が主張しているあれ、三重フィルターみたいなやつ。

11 K03BM: うん。

(8)（会話の始めに、座る場所を決めている）

1 J01AF: そっち行こ。

2 J01BF: あ、本当においでおいで。え、あ、どっち？

3 J01AF: 反対側、反対側。

4 J01BF: あ、向かい側？なんか面接みたい。

5 J01AF: こっちの方**が**話しやすいじゃん。

6 J01BF: たしかに。OK。　〈J01-FF〉

上の例は、どれも近称の指示表現を伴う主語名詞句が用いられており、(7) では話し手が現在手に持っているタバコを、(8) では目の前の場所を指す。これらの例における i/ga 文やガ文を無助詞文と比べてみると、i/ga とガで取り上げた名詞句（発話の現場に存在するもの）について述部で述べるということに関しては無助詞文の「指差」用法と変わらないが、これらの文は単に発話の現場にあるものを指差しそれの属性などを述べるものではなく、主語名詞句の指示対象と比べられる別のものが談話の中に存在し、それとの比較

で何らかの情報が述べられていることが分かる。即ち、(7) の場合、i/ga 文は、単に自分が持っているタバコを指してそれが例のあれであることを述べるにとどまらず、様々なタバコの種類の中でも話し手が持っている「이거 igeo (これ)」がまさに「그거 geugeo (あれ)」であることを言っているのである。また、(8) の場合目の前の長方形のテーブルには座れる場所が複数存在するが、その中でも「こっち」が話しやすいと言っているのである*4。このように、同じく発話の現場に存在するものを表す名詞句に用いられても、無助詞とガ・i/ga ではその在り方が異なる。これらの例で、i/ga やガによって「이거 igeo (これ)」や「こっち」に比べられるものを「候補」と呼んでみよう。i/ga 文やガ文が用いられる談話文脈ではこのような候補が明示的な場合が多く、i/ga やガに先行する名詞句は、「候補ではなくこれ」と、候補に対して排他的に選択されているという意味を持つ。即ち、(7) では「別のタバコではなくこのタバコ」という意味が、(8) では「あっち (またはそっち) ではなくこっち」という意味が、i/ga やガを用いることによって生じているのである。このような i/ga とガの意味は、従来「排他」または「総記」と呼ばれてきたものである。これは、助詞が主語に用いられたとき、主語名詞句と対応する別の何かが文外に存在するということを想起させるという意味で、本書で言う談話・語用論レベルに関わる意味である。(7) と (8) の例から分かることは、i/ga 文やガ文は、主語名詞句が無助詞文と同じく発話の現場に存在する物を指す場合でも、単にそれを指してそれに関する何かを述べるよりは、談話・語用論的な候補が存在しそれではなくこれと排他的に取り上げるために用いられているのである。これを「排他」用法と呼ぶことにしよう。ここで、i/ga とガの意味・用法に関する仮説を次のように立ててみる。

〈助詞ガ・i/ga の意味・用法に関する仮説〉
　助詞ガ・i/ga は、それが付く名詞句を「他ではなくこれが (こうである)」と排他的に取り上げ、それについて何かを述べる際に用いられる (「排他」用法)

一方、同じく指示表現を持つもので、発話の現場に存在するものを表す主語名詞句に eun/neun やハが用いられた例は、また別の意味を表す。次の例を見る。

(9) (会話が終わりに近づくと、一人が録音機について話し出す)

1 K01AM: #### 웃기지 않냐?
2 이거 가져가지 마세요. (웃음)
3 이걸 누가 가져간다고. 이렇게 큰 걸.
4 K01BM: 이거는 아예 가능성 없고.
igeo-neun aye ganeungseong eobs-go.
これ-ハ 全く 可能性 ない-［連接］.
5 K01AM: 응. 이것도 너무 좀…
6 K01BM: 옛날 거잖아요, 이거?
7 K01AM: 응, ○○○○.
8 K01BM: ○○○○ 거.
9 K01AM: 이거, 아, 두 개 다 녹음하는 건가? 〈K01-MM〉

1 K01AM: #### 可笑しくない?
2 これ持ち帰らないでください。(笑)
3 これを誰が持ち帰るって言うの。こんな大きいのを。
4 K01BM: これハ全く可能性なしだし。
5 K01AM: うん。これもちょっとね。
6 K01BM: 古いんじゃないですか、これ。
7 K01AM: うん、○○○○［商標］。
8 K01BM: ○○○○［商標］のやつ。
9 K01AM: これ、ああ、二つとも録音しているのか。

(10) (大学の授業の話題で、J07BM が土曜日も授業があると言うと J07AF が反論している場面)

1 J07BM: いやいや、あるあるある。土曜必修入ってたよ、俺。
2 J07AF: えっ。
3 J07BM: 中国語の。
4 J07AF: あれ、でも普通ないんじゃないの?

5 J07BM: いやいやいや。
6 J07AF: 国立は。
7 J07BM: あっ、そっか。国立ないのか。
8 J07AF: ないんじゃない？
9 ここ［現在会話している大学（国立）］はちょっと入ってるみたいだけど。
10 あれはほら社会人とかが（うんうん）来れるようにってわけで。
11 基本は月〜金だよ。 〈J07-MF〉

(9) の eun/neun 文における主語名詞句の「이거 igeo（これ）」は、目の前にある録音機を指しており、(10) のハ文における主語名詞句「ここ」は現在会話をしている場所を指している。どちらも、発話の現場に存在するものを表す名詞句ではあり、述部ではそれについて述べるという無助詞の「指差」用法と似ているが、これもまた、単純にその名詞句を「指差すように取り上げ」てその属性を述べるというものではない。(9) は、目の前の二つの録音機のうち一つ（もっと古い方）を指し、全く持ち帰る可能性がないと述べているが、もう一つの録音機については少し可能性があるかもしれないというニュアンスを含んでいる。このニュアンスは、二つの選択肢がある文脈で助詞 eun/neun が用いられることによって出てくるものと思われる。さらに、(10) では、普通の国立大学は土曜日の授業がないという話の後、今二人が通っている大学はちょっと入っているということで、ここでもまた普通の国立大学と二人の通う国立大学の比較が行われていることが分かる。即ち、上述の「候補」がここでも存在することが分かる。しかし、eun/neun 文やハ文における候補は、i/ga やガの場合の「排他」とは異なる意味を持つように見える。(9) においては、「全く持ち帰る可能性がないのはあれではなくこれ（=排他）」だと言っているのではなく、「持ち帰る可能性という点で、あれはちょっと考える余地があるけど、これは全くない」と言っているのである。(10) も、「土曜日に授業が入っているのは、他の国立大学ではなくこの国立大学（=排他）」と言っているのではなく、「土曜の授業について言うと、一般的な国立大

学は殆どないけど、ここはちょっと入っている」と言っているのである。つまり、「候補」の属性については強く指定せずに保留しておいて、「これ」の属性を示しているのである。この場合、(10)のように「候補」との属性が対照的な場合もあるが、(9)のようにそうでない場合もある。むしろ、ハ・eun/neunは、ガ・i/gaのように「候補」を否定するのではなく、「候補」の同類として比較されるような比べ方である。このようなハ・eun/neunの意味は、従来「対照」ないしは「対比」と呼ばれたものである。「候補」との対照的な意味合いを強調する場合は「対照」という用語が適切であろうが、必ずしもそうではなく、候補の中から一つを「選択」し「取り立て」ているニュアンスが強いと思われるので、ここでは、「対比」と呼んでみることにする。ここで、会話の現場に存在するものを表す名詞句に用いられたハ・eun/neunの意味・用法に関する仮説を次のように立ててみる。

〈助詞ハ・eun/neunの意味・用法に関する仮説〉
助詞ハ・eun/neunは、それが付く名詞句を「他はともかくこれは（こうである）」と対比的に取り上げ、それについて何かを述べる際に用いられる（「対比」用法）

これまで、発話の現場に存在するものを表す主語名詞句の中で、指示表現を持つものの例を中心に、無助詞、ガ・i/ga、ハ・eun/neunの実例を調べながらそれらが用いられた文の談話における意味を分析した。さて、ここで明確にしておかなければならないことがある。ガ・i/gaの「排他」、ハ・eun/neunの「対比」における「候補」（先行名詞句が表すものと比較・対比される別のもの）は、言語上に現れている名詞句が表すものに限らない。説明の便宜のため、本書ではこれまで、「候補」が比較的に明示的な例を挙げてきたが、そうでない場合もある。i/gaやガの場合、「排他」の対象が明示的でない場合、「単なる格助詞としての使用」などとされることがある。eun/neunやハの場合、「対比」されるものが明示的でない場合「主題」など対照とは別と思える意味・用法と考えられることがある。一方、これらの助詞に比べ無助詞は、それが用いられる名詞句が表すものと並べられる何か（「候補」）を想定していないと言うことができる。無助詞文は、基本的に「発話の現場」に存在するものを真っ直ぐに指差しそれについて述べるというもので、他の助詞類と違い「候補の想定」ではなく「発話の現場を想定」することによって談話・語用論レベル本位の助詞類であることをアピールしているのである。このことに留意しながら、それぞれの助詞類の使用に関する仮説を再度まとめてみる。

(11) 会話現場に実在する人・ものを表す名詞句に用いられた各助詞類の用法の違い

1) 無助詞は、発話の現場に存在するものを指差すように取り上げ、それについて何かを述べる際に用いられる（「指差」用法）

2) 助詞ガ・i/gaは、それが付く名詞句を「他ではなくこれが（こうである）」と排他的に取り上げ、それについて何かを述べる際に用いられる（「排他」用法）

3) 助詞ハ・eun/neunは、それが付く名詞句を「他はともかくこれは（こうである）」と対比的に取り上げ、それについて何かを述べる際に用いられる（「対比」用法）

このように、三つの助詞類の違いをまとめてみることで、本章の冒頭に提示した課題（1）の答えを出してみることができると思われる。即ち、同じような現場に存在するものを表す名詞句であっても、無助詞は会話の現場そのものが意味・用法の中核をなすが、ガ・i/gaとハ・eun/neunの「排他」、「対比」などの意味・用法は、会話の現場とは直接関係がない概念であることが分かる。これまで会話の現場に存在するものを表す名詞句を取り上げてきたが、ガ・i/gaとハ・eun/neunの場合、たまたま当該の名詞句の表すものが現場に存在していただけで、会話の現場という概念がその意味における必須の要素とは言えない。一方、無助詞における「指差すように取り上げる」という概念はその対象が現場（今、ここ）に何らかの形で存在しなければ成り立たない概念なのである。無助詞がこのような「指差」を意味・用法として持ち、他の助詞類が「排他」や「対照」などを意味・用法として持つこととは、「発話の現場」という概念が意味・用法の中心的な要素であるか否かという点で大きく異なると言えよう。

では、このような仮説がさらに多くの例に適用するかどうか、もう少し例を見ていくことにする。今度は、発話の現場に常に存在する話し手と聞き手を表す主語名詞句に、助詞類がどのように現れているかを見てみる。まず話し手を表す名詞句に無助詞が用いられた例である。

(12)（色んなアルバイトについて話した後）

1 K01BM: 흠, 역시 제일 무난한 건 진짜 학교 식당에서 하는 건데.

2 K01AM: 나φ 학교 식당에서도 했었어.

na-φ haggyo sigdang-eseo-do ha-ess-eoss-eo.

僕-φ 学校 食堂-で-も する-［過去］-［過去］-［普通（平叙）］.

3 K01BM: 어, 진짜요? 〈K01-MM〉

1 K01BM: ふーむ、やっぱり一番無難なのは、本当、学食でやることですけど。

2 K01AM: 俺φ学食でもやってたよ。

3 K01BM: えっ、本当ですか。

(13)（大学で、日本語と英語で自己紹介をしていたという話をした後）

1 J01AF: だって、ぶっちゃけ自己紹介されてもさぁ、全員の名前覚えられない。

2 J01BF: あたしφ入学式の自己紹介ほとんど覚えてないんだけど。

3 J01AF: 覚えてない。 〈J01-FF〉

(12) は、アルバイトの話題と関連してK01BMが学食でのアルバイトについて話すと、聞いていた話者が、それなら自分も経験があるという発話をする場面である。(13) も似ていて、大学での自己紹介の話題と関連してJ01AFがその紹介を覚えていないと話すと、一方の話者が、自分もある時の自己紹介を覚えていないと話す場面である。これらの例は、ある話題について話していて、一人がそれに関する自分の情報を提供するというものである。韓国語も日本語も、話し手を表す主語名詞句には無助詞が用いられており、無助詞以外の助詞類は不自然である。無助詞のこのような用法は、発話現場に存在する人や物（この場合自分自身）を「指差すように取り上げ」、それについて述べるという、上述した無助詞の「指差」用法と符合する。もし、このような場面で格助詞 i/ga やガが用いられると、発話の意味が変わる。話し手を表す主語名詞句に i/ga やガが用いられた例を見てみる。

（14）（K03AM の家で下宿をしている友人のことを話している）

1 K03AM: 응. 아, ○○［友人の名前］집세 내야 되는데, 나한테.
2 K03BM: 언제？
3 K03AM: 아, 이미 지났어, 훨씬.
4 K03BM: 그래？
5 K03AM: 응. 이미 훨씬 전에 냈어야 되는데.
6 K03BM: 아직 돈이 안 들어오, 왔다는 거 같은데？
7 K03AM: 응. 일단 ○○ 돈 들어오면 나한테 집세 달라니까,
8 한 달에 십만 원밖에 안 되는데 안…
9 K03BM: 되게 싸네？ 내가 그 집으로 들어가고 싶어. 〈K03-MM〉
nae-ga geu jib-eulo deuleoga-go sip-eo.
僕-ガ その 家-に 入る-［希望］-［普通（平叙）］.

1 K03AM: うん。そう、○○［友人の名前］家賃払ってもらわないと。
2 K03BM: いつ？
3 K03AM: あ、もう過ぎたよ、既に。
4 K03BM: そう？
5 K03AM: うん。既にもっと前に払わなくちゃいけなかったんだけど。
6 K03BM: まだ、金が入ってな、ないって言ってたような。
7 K03AM: うん。とりあえず○○金入ったら、俺に家賃払えよって言ったんだけど。
8 月十万ウォンしかしないのに、払わな…。

9 K03BM: 超安いじゃん。俺ガその家に入りたいよ。

(15)(一人の話者がコンビニでアルバイトをしていた経験を話している)

1 JF2A: それでもうだいたい2週間に1回、1か月に1回。

2 コンビニなのに1か月に1回ペースになって。他の人はいっぱい入っていて。

3 私がその時19で、一番下だったのかな。

4 そんであとはフリーターの人とか。 〈OI: J-FF〉

これらの例を見ると、単に話し手自身を「指差すように取り上げ」、自分のことを述部で述べる「指差」用法とは少し異なることが分かる。(14) は、友人が下宿している相手の家の家賃が安いことを聞いて、「既に下宿している友人の代わりに俺が」その家に入りたいと話しているものである。ここでは、「俺」に関することを述べる上に、「俺」と対比される別の人物の「○○［友人の名前］」が文脈上存在し、「○○ではなく俺」という意味が含まれていると考えられ、上述の「排他」用法と合致する。(15) も同様である。ここでも、「他の人」や「一番」という表現から、話し手以外にコンビニで働く他の人の存在が明確で、話し手は、それらと自分との対比を意識しながら自分のことを述べているのである。当該のガ文では、「私」と対比される候補の別のアルバイトさんたちに対し、「一番年下だったのは、他の人ではなく私だった」ことを話しているのである*5。

一方、話し手を表す主語名詞句に eun/neun やハが付いた文は、上で見たように「対比」の意味を帯びる。

(16)(映画の話をしている)

1 K08BF: 그런 거 아니면 막 스릴러 이렇게 그렇게만 좋아해서

2 싸우는 건 별로 안 좋아해요.

3 K08AM: ○○○○［영화 제목］봤었는데 재미 별로 없더라고요.

4 ×［영화 제목］이랑 완전 똑같더라고요.

5 K08BF: 왜 난 되게 재밌던데. (웃음) 〈K08-MF〉

wae na-n doege jaemiss-deo-nde.

なぜ 私-ハ とても おもしろい-［回想］-［婉曲］.

1 K08BF: そんなの、あるいは、スリラーとか、それぐらいが好きで、
2 戦うのはあまり好きじゃないんですよ。
3 K08AM: ○○○○［映画のタイトル］見たんだけど、あまり面白くなかったんですよ。
4 ×［映画のタイトル］と全く同じだったんですよ。
5 K08BF: うそ、私ハすごく面白かったんだけど。（笑）

（17）（J02BMの留学先の大学について話している）

1 J02BM: 確かにそうですね。
2 ○○○大の人って飲む場所が決まってて（ああ）同じ日に授業の、
3 パーティー、コンパがあって、二次会被るんですよ。
4 J02AM: あぁ。はいはいはい。
5 J02BM: だいたい一次会の次に二次会行くとこ決まってて。（はいはいはい）
6 だいたいごちゃ混ぜになって、あとはもうカオスですね。
7 J02AM: へぇ。でタクシーで帰ったの、やっぱり？
8 J02BM: タクシーとか、いろいろありますね。
9 僕とかは、僕はまぁ寄宿舎だったんで、そのまま歩いて帰ったりとかしてましたね。 〈J02-MM〉

（16）は、特定の映画について相手が面白くなかったという感想を言うと、「他の人は分からないが（面白くなかったかもしれないが）自分はその映画が面白かった」という対照的な意見を話す場面である。（17）も同様で、「他の人はタクシーなど色々利用すると思うけど、自分は歩いて帰っていた」という対照的な事柄を話している。どちらの例でも上で見た「対比」用法と一致する。どちらの例でも、助詞類に先行する「나 na（私）」や「僕」と対比される何かが存在することが、文脈から分かるのである。（16）の場合、それは映画が面白くなかったと言った相手で、（17）の場合、それはタクシーとか色々な交通手段で帰る人たちである*6。このように先行名詞句がハ・eun/neunで別のものと対比される場合、述部の

内容は（16）の「映画の感想：面白くない - 面白い」のように対照的な場合もあるが、（17）の「帰りの方法：タクシー - 徒歩」のようにそうでない場合もある。これらは「下位カテゴリー間の対比」ということで共通していると言えるかもしれない。「対比」はこれらを包括する。このように、主語名詞句が話し手を表す場合も、無助詞文は「指差」、ガ・i/ga は「排他」、ハ・eun/neun は「対比」用法を表すことが分かる。主語名詞句が聞き手を表す場合も、これらの助詞類の用法は適用される。

（18）（ゼミ旅行の話題で、夜、ゲームをしていた話をしている）

1 K02AF: 응. 소리 지르고 막 이러니깐.
2 계속 게임하다 보면, 막, 막 야 너 임마 야 너 임마 [게임 이름] (K02BF 웃음)
3 막 이런 거 하다 보면은 소리 엄청 지르잖아?
4 K02BF: 응응응. 너 ϕ 그때까지 안 잤나?
neo- ϕ geuttae-kkaji an ja-ss-na?
お前 - ϕ そのとき - まで [否定] 寝る - [過去] - [疑問（疑問）]？
5 K02AF: 어. 밤 거의 새, 새고. 〈K02-FF〉

1 K02AF: うん。叫んだりするから。
2 ゲームばっかりやってると、ヤノインマヤノインマ［ゲームの名前］(K02BF 笑)
3 とかやってると、すごい叫ぶじゃん。
4 K02BF: うんうんうん。あんた ϕ そのときまで寝てなかったっけ。
5 K02AF: うん。ほとんど夜明かしで。

（19）（大学のピアノの授業について話している）

1 J01AF: なんかさぁ、とりあえずピアノ弾けないと問題じゃん。
2 J01BF: ○○［J01AF の名前］ϕ 確かピアノ弾けんだよね。
3 J01AF: 若干！ 〈J01-FF〉

（18）は、聞き手の過去に行為について質問（確認）する発話文で、（19）は、聞き手の能力に関する確認である。これらの文も、まず聞き手を「指差すように取り上げ」、聞き手に関する情報を述べるという点で、主語名詞句が話し手の場合と変わらない。ただし、主語が聞き手の場合、主語名詞句について述べる述部が「質問」や「確認」、「命令」などになることがあるが、これは聞き手主語という特殊性から来るもので、「指差」用法から外れるものではない。一方、聞き手を表す主語名詞句にガ・i/gaが用いられた場合は、やはり「排他」の意味を伴う。

(20)(友達で試験勉強をしようという話題で共通の友達について話している)

1 K03BM: 걔 너무 바쁜 거 같아.
2 K03AM: (기침) 뭐가 바쁘냐, 걔가?
3 K03BM: 그러니까, 지가 일부러 바쁜 척을 하려는…
4 K03AM: 척이 아니라 바쁘지.
5 바쁜데 나에 비하면 별 거 없어.
6 K03BM: 근데 네**가** 훨씬 더 널널해 보여.
geunde ne-ga hwolssin deo neolneolha-e boy-eo.
ところで お前-ガ ずっと もっと 余裕がある-[連用] 見える-[普通(平叙)].
7 K03AM: 그건 그래. 〈K03-MM〉

1 K03BM: あの子すごく忙しそうだな。
2 K03AM: (咳) 何が忙しいの、あいつガ。
3 K03BM: だから、わざと忙しい振りをしている…。
4 K03AM: 振りじゃなくて、忙しいよ。
5 忙しいけど、俺に比べたらなんでもないって。
6 K03BM: だけど、お前ガもっとヒマに見えるよ。
7 K03AM: それはそうだな。

(21)(J09AMの高校時代の話をしている)

1 J09AM: クラスでお泊り会ってあった?
2 J09BM: クラスで?
3 J09AM: で。
4 J09BM: クラスではないよ、さすがに。
5 J09AM: なかった? あ、やっぱ。

6 J09BM: や、友達同士ならあったけどさ。

7 J09AM: そうか。やっぱうちの学校が変なのかな。

8 J09BM: うん。

9 J09AM: たまに…。

10 J09BM: いや、○○○○［J09AMのあだな］くんが変なんだよ。だからかー。

11 J09AM: それは否定する、それは否定する。 〈J09-MM〉

（20）では、i/ga文の主語の「너 neo（お前）」と先行談話に登場した「걔 gyae（あいつ）」が排他的に比べられ、（21）ではガ文の主語「○○○○くん」と先行談話に登場した「うちの学校」が排他的に比べられている*7。聞き手を表す主語名詞句にeun/neunやハが付いた文は、「対比」の文脈で用いられる。

（22）（初対面の会話で、アルバイトに関する話をしている）

1 K07AF: 주로 그럼 어느 아르바이트？

2 K07BF: 애들이 하는 거요？

3 K07AF: 요즘 애들이 어느 아르바이트를 선호하는지 궁금해가지고.

4 K07BF: 그냥…

5 K07AF: 패스트푸드는 뭐, 고등학생들이 많이 좋아할 것 같고.

6 대학생들은 또, 또 다를 것 같애.

7 K07BF: 평소에는 그냥 과외 같은 거나…

8 근데 허, 제 동기애들이 별로, 친구 보면,

9 학원에서 학원에서 아르바이트하는 애들도 있거든요. -중략-

10 서빙 같은 것도 그 나름의 재미가 있지 않을까？

11 K07AF: 본인은 어느 아르바이트, 하게 되면 어느 아르바이트 하고 싶다, 뭐 이런 거 있어？

bonin-eun eoneu aleubaiteu, ha-ge doe-myeon eoneu aleubaiteu ha-go sip-da, mwo ileon geo iss-eo?

本人-ハ どの アルバイト，する-［程度］なる-［仮定］どの アルバイト する-［希望］-［基本］、

何 このようなもの ある-［普通（疑問）］？

12 K07BF: 저는 번역 같은 거요. 하하하… 〈K07-FF〉

1 K07AF: じゃ、主にどんなアルバイト？

2 K07BF: 友達がやってるバイトですか。

3 K07AF: 最近の大学生ってどんなアルバイトを好きなのか知りたくて。

4 K07BF: もう…

5 K07AF: ファーストフードは、何、高校生に人気ありそうで、

6 大学生はまた違いそうだから。

7 K07BF: 普段は、ま、家庭教師とか…。

8 でも、フ、私の同期たちがあまり、友達を見ると、

9 塾で、塾でバイトしている友達もいるんですよ。

-中略-

10 ウェイトとかもそれなりの面白さがあるんじゃないかな。

11 K07AF: 本人ハどんなアルバイト、やるとしたらどんなアルバイトがやりたいとか、そんなのある？

12 K07BF: 私は、翻訳とかですね。ハハハ…。

（23）（J03BFが自分の専攻と関連して分からないことが多いという話をしている）

1 J03BF: エクセルとかは全然、卒論の時とかはエクセルの使い方も分かんなかったから

2 それから全部先輩に習ってやって、でも未だに分かんなくて。

3 でも、○○［J03AFの苗字］さんは詳しそうですよね。

4 J03AF: いや、うちは…。 〈J03-FF〉

（22）は、最近の大学生が好むアルバイトの話の後、聞き手はどのようなものが好きなのかと尋ねているもので、聞き手以外の大学生と聞き手が「対比」されている。（23）では、J03BFがパソコンに苦手な自分の事情を話した後、聞き手に向かって詳しそうだと話

し、自分と対照的な相手のことに言及することによって、二人を「対比」している。

以上のように、無助詞、i/gaやガ、eun/neunやハの用法は、主語名詞句が発話の現場に存在するものを指す場合と同様に、主語名詞句が話し手や聞き手の場合にもそれぞれ「指差」、「排他」、「対比」用法を表すことが分かる。発話現場に存在するものは、もちろんこれら以外にもたくさんあるが、最も自然で典型的な実在物で助詞類の意味・用法を確認することで、例えどんなものが主語になっても、助詞類の用法はそのまま適用されるだろうと十分予測がつくような観察だったと思われる。

2. 指示対象が発話現場に実在しない場合の無助詞の使用

前節では、具体的な物、話し手や聞き手など、発話の現場に実在するものを指す主語名詞句に後続する助詞類がどのような意味を表し使い分けられているかと見た。第3章と4章で見た通り、無助詞は発話の現場に存在するものを「指差すように取り上げる」という「指差」用法があることを確認した。ここでは、課題（2）の「無助詞が会話の現場に存在しないものを表す名詞句に後続するときのメカニズム」について考える。まず、ここには少し異なる二つのタイプが認められる。第1のタイプは、次の例のように、発話現場の状況そのものを「이거 igeo（これ）」と指す場合である。次の例では、現在行っている会話収録のことを指す。

（24）（話を始める二人）

1 K01AM: 그냥 이런 거면 다 데리고 와서 그냥 다 만 오천 원씩 해 가지고,
2 그냥 파티 잡으면 되는데.
3 K01BM: 흠… 삼십 분당 만 오천원.
4 K01AM: 근데 꼭 삼십 분 할 필요도 없고 - 중략 -
5 K01BM: 아무튼 이거 ϕ 시급으로 치면 삼만 원이에요, 그럼.
amuteun igeo- ϕ sigeub-eulo chi-myeon samman won-i-eyo, geuleom.

とにかく これ-φ 時給-で 見積もる-［仮定］三万ウォン-［copl］-［丁寧（平叙）］，それでは

6 K01AM: 그치. 〈K01-MM〉

1 K01AM: こんなんだったらみんな集めて、1万5千ウォンずつもらって

2 パーティでも開けばいいのにね。

3 K01BM: ふん、30分当り1万5千ウォン。

4 K01AM: でも、まるまる30分やる必要もなくて -中略-

5 K01BM: とにかく、これφ時給で計算すると3万ウォンですよ。

6 K01AM: だよね。

(25)（J08BFの国籍などについて話していて、J08AMがいきなり話し出す場面）

1 J08AM: これ、あのちょっと変な話していいですか。

2 J08BF: なんですか。

3 J08AM: これφ、あれですか、あの謝礼が出るんですか。

4 J08BF: 出ますよ。 〈J08-MF〉

これらの例における無助詞文の主語名詞句は、発話の現場に目に見える形で実在するものではないが、発話の現場そのものを抽象的に表すということで、広い意味で発話現場に存在するものと見ることができると思われる。もし、これらを発話の現場に存在するものと見るという見解が妥当であれば、このような例の主語名詞句は特に比べられる「候補」が想定されにくいので、無助詞文が多くガ・i/gaやハ・eun/neunは少ないだろうと予想されるが、実際、主語名詞句が発話の状況そのものを表す「이거 igeo（これ）」の場合、韓国語と日本語のどちらも無助詞文が多い*8。このように、第1のタイプは、名詞句の指示対象が発話の現場に実在する場合と変わらないと考えられる。

第2のタイプは、次のように、「그거 geugeo（それ）」という名詞句の指示対象が相手の発話（内容）やその発話（内容）の一部の場合で、非常に高い使用頻度を見せる。

(26)（尿失禁をテーマとするトークに先立ち、芸能人たちがおし

ゃべりしている)

1 이:　전 한번은, 휴게실 갔다 정말 급해가지구 딱 화장실 갔는데,

2　　　쭈악 기다리더라구요. 급해가지고, 정말 죄송합니다, 정말
…

3 박:　아, 남자분들도 그러세요?

4 이:　그럼요. 남잔 안 그래요? (청중박소)

5　　　급하거든요, 죄송합니다. 제가 먼저 실례 좀… 아무 말씀 안
하세요.

6　　　제가 먼저 좀. .. 실례 좀 하면 안 될까요? 딱 보시더니…

7　　　이, 박: 너는 말이라도 하지. (청중박소)

8 이:　아세요?

9 박:　그거φ 옛날 조크예요. (웃음) (청중박소)
geugeo-φ yesnal jokeu-yeyo [i-eyo].
それ-φ 昔 ジョーク-[copl]-[丁寧 (平叙)].

10 이: 아무튼 죄송합니다.　〈KT01〉

1 イ:　私は、前、休憩室に行ったとき本当に近くなってトイレに行ったら、

2　　　ずらっと並んでるんですよね。漏れそうになって、本当にすみません、本当に…

3 パク:あら、男性の方もそうなんですか。

4 イ:　勿論です。男は違うんですか。(皆爆笑)

5　　　急いでるんで、すみません。お先にちょっと失礼…黙ってるんですよ。

6　　　お先にちょっと失礼…失礼してもよろしいですか。じろっと私の顔を見ると…

7 イ、パク:お前は言葉は出るがな。(皆爆笑)

8 イ:　知ってます?

9 パク:それφ昔のジョークですよ。(笑) (皆爆笑)

10 イ:　とにかく、すみませんでした。

(27) (J04AMが海外の学会に行った話をした後)

1 J04BF:　いや、なんか○○さんにこの間話を聞いてたら、発表前日は寝ないんですって。

2 J04AM: ああ。
3 J04BF: テンション上げていくらしいよ。
4 J04AM: そうなんですか。だから○○○○○［学会の発表者名］寝たのかな。
5 J04BF: そういうリズムがあるんじゃない。なんか。
6 直前は、こう色々考えてしまうから、よりは直前にがーって作業して、
7 そのテンションで熱く、発表に向かうらしい。
8 J04AM: ああ。でも、それφいいかもしれないですね、確かに。
9 J04BF: ええ、嘘。私絶対無理。 〈J04-MF〉

（26）の無助詞文における名詞句「그거 geugeo（それ）」は相手が直前に言った「話（笑い話）」を指すもので、会話の現場に具体的に存在するものではない。ところが、話し手は直前の話をまるで発話時において目に見ているかのように捉えている。このことは、話し手が相手の発した直前の話を「그거 geugeo（それ）」と「指示」していることから明らかである。話し手は相手の直前の話をまるで今目の前で見ているかのように指しており、それを取り上げては述部でそれに関することを述べているのである。これは、発話の現場に実在するものを目の前で見ながら「指差すように取り上げ」ることと言語行為的に類似しており、「指差」用法と本質的に変わらないものである。（27）でも、無助詞文の「それ」は相手の話の内容を指しており、上述の「指差」用法をそのまま見せている。要するに、相手の言葉の直後という状況では、相手の話そのものが現場に抽象的に存在するものとして扱われるということである*9。

さて、名詞句の指示対象が発話の現場に実在しない場合の第2タイプに属するもので、「그거 geugeo（それ）」などの指示表現を伴う名詞句で相手の言葉などを指す場合ではなく、一見発話の現場とは関係のないように見える名詞句に無助詞が用いられた場合がある。本節では、このタイプの例を中心に考察を行うことになる。次の例を見てほしい。

（28）（K02BFの友達がお見合いに出ていた話をしている）

1 K02BF: 와서 막 초밥을 사 달라고 그랬대. (웃음)

2 K02AF: 그 남자애가 여자애한테 ?

3 K02BF: 아니, 그 여자애가 남자애한테.

4 K02AF: 아아.

5 K02BF: 초밥을 사 달라고 그랬대.

6 근데 초밥 ϕ 되게 비싸잖아 ? 그래갖고…

geunde chobab-ϕ doege bissa-janh-a?

ところで 寿司ϕ とても (値段が) 高い - [否定] -

[普通 (疑問)] ?

7 K02AF: 그래. 〈K02-FF〉

1 K02BF: 来て、寿司を買ってくれと言ったんだって。(笑)

2 K02AF: あの男の子が女の子に ?

3 K02BF: 違う、あの女の子が男の子に。

4 K02AF: ああ。

5 K02BF: 寿司を買ってくれって言ったんだって。

6 でも、寿司ϕ超高いじゃない。それで…。

7 K02AF: そうそう。

(29) (数分前からメルボルンに行ったときの話しをしている)

1 J04AM: 寒そうですよね。

2 J04AM: ペンギンいるくらいですからね。

3 J04BF: (笑) でも遠いんやって、メルボルンの市街地からはだいぶバスに乗っていった。

4 J04AM: 遠いですよね。

5 J04BF: メルボルンϕいいよ。わけがわからなくて。

6 J04AM: そうなんすか。 〈J04-MF〉

これらの例における無助詞文の主語名詞句は、発話の現場に実在するものではなく、相手の話を「それ」と指しているわけでもない。この例がこれまでの無助詞文と異なるのは、談話に既に登場している名詞句が指示表現を伴わずに無助詞文の主語に繰り返されているという点である。上の例では、話し手は自分が既に話したことを繰り返しているが、相手が話したことを繰り返す場合もある。

(30) (春になってカップルが多くなったという話しの続きで)

1 K03AM: 아, 요즘 뭐 재밌는 일 없을까?
2 K03BM: 단체로 놀러 한번 갔으면 좋겠다.
3 K03AM: 아, 맞아. 우리 엠티를 한번 못 갔네.
4 K03BM: 그냥 공육 애들은 데리고 그냥 시켜야 될 거 같아.
5 뭐 어디 가자라고 뭐 하는 게 아니라, 와라! 막 와라! 그래야 될 거 같아.
6 그래야지 놀 거 같아.
7 K03AM: 응. 아, 공육 애들 ϕ 너무 재미없어.
a, gongyug ae-deul- ϕ neomu jaemieobs-eo.
［感嘆］, 06 子供-［複数］- ϕ あまりに つまらない-［普通（平叙)］.
8 공부하고 집에 가는 고등학교 생활이랑 뭐가 달라?
〈K03-MM〉

1 K03AM: ああ、最近なんか面白いことないのなか。
2 K03BM: 皆で一度旅行でも行きたいなあ。
3 K03AM: あ、そうだ。うちらゼミ旅行も行けなかったな。
4 K03BM: もう06［2006年度入学］のやつらは、皆連れて無理やりさせなきゃダメだよ。
5 なに、どっか行こうって言うんじゃなくて、来い！来い！ってやらなくちゃ。
6 そうしないと遊べないみたい。
7 K03AM: うん。ああ、06のやつら ϕ 本当つまらないよ。
8 勉強して家帰ってっていう高校生活と何が違うの。

(31)（ゼミの人間について話している）
1 J03BF: なんか、○○［J03AFの苗字］さんの隣のへんにいる男性とか。
2 J03AF: はいはい、はいはい、なんか研究生らしいですねー。
3 J03BF: 研究生の人 ϕ 結構多いんですかね。
4 J03AF: あ、そうなんですか。 〈J03-FF〉

これらの例における無助詞文の主語名詞句も、談話に既に登場している名詞句が指示表現を伴わずに無助詞文の主語に繰り返されている*10。即ち、先行談話に登場した名詞句を指示表現で指すのではなく、そのまま繰り返すことによってそれを指示していることを表すのである。このタイプにおける名詞句は、何らかの理由で指示表現を伴っていないが、「その」や「今言った」のような修飾語をつけても意味が変わらないことから、談話に登場している名詞句を指示していることが明らかである。また、直前の談話に登場しているという点で、当該名詞句の指示対象は発話の現場に抽象的に存在しているものと言えるだろう。このように考えると、このタイプの無助詞文も、先行談話に登場した名詞句を「指差すように取り上げ」、それについて述部で述べるという「指差」用法と変わりがない。無助詞文の名詞句は、時々、一度限りではなく、先行談話に頻繁に登場している名詞句である場合もある。

(32)(ペットの話をしていてK07AFが犬の種類を思い出すという場面)

1 K07AF: 아, 그 침 보니까, 영화에서, 그 왜 그, 이, 어, 종자는 모르겠는데,
2 이렇게 혓바닥이 이렇게 축 쳐진 애 있잖아?
3 침 많이 흘리는 종자 이렇게 있잖아? 귀도 이렇게 처지고.
4 K07BF: 아, 그… 베토벤!
5 K07AF: 베토벤!
6 K07BF: 예예, 아, 개가…
7 K07AF: 베토벤 맞아. 베토벤.
8 K07BF: 베토벤.
9 K07AF: 그 침 있잖아?
10 K07BF: 베토벤 ϕ 정말 크잖아요? 〈K07-FF〉
betoben-ϕ jeongmal keu-janh-ayo?
ベートーベン-ϕ 本当 大きい-[否定]-[丁寧(疑問)]?

1 K07AF: あ、あの涎といえば、映画で、あの、その、犬種は分からないけど、
2 こう舌がこう垂れているやつあるじゃない。
3 涎沢山垂れる犬種、こう、あるじゃない。耳もこ

う垂れて。

4 K07BF: ああ、その…、ベートーベン！

5 K07AF: ベートーベン！

6 K07BF: はいはい、ああ、あれが…。

7 K07AF: ベートーベンだよ、ベートーベン。

8 K07BF: ベートーベン。

9 K07AF: あの涎ね。

10 K07BF: ベートーベンφ本当大きいじゃないですか。

(33)（色々なお茶の話をしている）

1 JF1A: 赤のでも、アッサムティーって、ホットで飲むと味気ないんだよね、本当は。

2 JF1B: 普通は冷やす。

3 JF1A: ホットミルクティーで飲むんだって。

4 JF1B: あ、そう。

5 JF1A: で、アイスは最近はホットで飲んでたんだけど、

6 最近はアイスにしたほうがいいなと思って。アールグレーって感じかな。

7 でも、今、中国茶飲みたいんだ、なんか。

8 JF1B: 中国茶？

9 JF1A: なんか、こんなちっちゃいのでさ。

10 JF1B: お茶φ、いいよね。

11 JF1A: いいよね、お茶φ。 〈OI: J-FF〉

(32) の10行目の無助詞文における主語名詞句の「베토벤 betoben（ベートーベン）」は、誰からとなく何度も談話に登場している。(33) の例も同様である。この場合は、全く同じ名詞句ではないが、それを包括できる上位カテゴリーの名詞句ということで、上の例と同様のものと考えられる。この場合も、当該名詞句と同様の名詞句が先行談話に何度も登場している。このように、談話に何度も登場していて現在の話題となっていることを「活性化」と呼ぶことにする。これらの例は、談話で活性化しているものを表す名詞句の場合、無助詞になりやすいという予測を可能にする。上述のように、相手の直前の発話内容が発話の現場に抽象的に存在するもの

と見なせるならば、このように無助詞文を発する時点までに何度も登場している名詞句も発話の現場に抽象的に存在していると見ることができるだろう。これらの名詞句は、指示表現こそ伴っていないものの、発話の現場に抽象的に存在するものを確かに指示しているのである。もう少し例を見る。

(34)(共通の先輩について話している)

1 K05BF: 음, 양머리 하면 비○○ 오빠가… (웃음)

2 K05AM: 비○○? 비○○ 오빠, 지금 비○○ 오빠 사진 올려 놓은 거 봤어? ###?

3 K05BF: 예. 사진 봤어요.

4 K05AM: 자기 (피식 웃으며) 자기 학교 같은 고등학교 선생님이랑 월담할라고.

5 K05BF: 월담… ##

6 K05AM: 나 진짜 비○○ 형이 우리 학교 담임이었으면 진짜 공부 재밌게 했을 텐데.

7 K05BF: 음, 되게 되게, 되게 좋으신 분이라고 많이 들었어요.

8 K05AM: 비○, 비○○ 형 ϕ 재밌어. 비○○ 형 취미 생활 완전 웃겨.

bi ○○ hyeong- ϕ jaemiss-eo.

ビ○○ 兄貴- ϕ 面白い-［普通（平叙）］.

9 K05BF: 뭔데요? 〈K05-MF〉

1 K05BF: うん、羊頭といえばビ○○先輩が…(笑)

2 K05AM: ビ○○?ビ○○先輩、今、ビ○○先輩の写真載せたの見た?###?

3 K05BF: ええ。写真見ました。

4 K05AM: 自分の、(笑) 自分の学校の、同じ高校の先生と垣を越えるって。

5 K05BF: 垣を越える… ##

6 K05AM: 俺本当ビ○○先輩がうちの担任だったらマジで楽しく勉強してたのに。

7 K05BF: ううむ、すごく、すごく良い方だと聞きました。

8 K05AM: ビ○、ビ○○先輩 ϕ 面白いわ。ビ○○先輩趣味生活マジおっかしいよ。

9 K05BF: 何ですか。

(35)(別の話題で自己紹介という言葉が出るとJ01BFが話し出す)

1 J01BF: てか、うちの学校どんだけ自己紹介したら気が済むの。(笑)

2 J01AF: フフフ、だってさ、入学式から何回だ、自己紹介?

3 J01BF: 何回やった、自己紹介? てか、学寮中に3回くらいやんなかった?

4 J01AF: バスん中でやってぇ、なんとかの集いでやってぇ、

5 J01BF: あともう1個、なんか、自己紹介ϕなかったっけ。

6 J01AF: なんかあったけ。 〈J01-FF〉

(34)では、「비○○ 오빠 / 형 bi ○○ oppa/hyeong(ビ○○先輩)」が活性化され、4行目の無助詞文はそれを主語名詞句として取り上げ、述部でその属性を述べている。(35)では、「自己紹介」が活性化され、5行目の無助詞文ではそれが主語名詞句となり述部ではそれに関する情報を確認している。これらの無助詞文における活性化された名詞句を発話の現場に抽象的に存在するものと見るなら、これらは上述の「指差」用法をそのまま示していると見ることができる。

これまで、会話の現場に存在しない人・ものを表す名詞句に無助詞が用いられた例を見た。これらの無助詞文の主語名詞句は、会話の現場に抽象的に存在するものや直前の発話や言葉などを指すもので、「会話の現場に活性化されているもの」というような概念で捉えることができると思われる。結局、5章の冒頭で提示した「会話の現場と深い関連を持つ」こと、即ち、「現場性」とは、会話の現場に具体的に実在することを含め、抽象的に存在すること、そして、会話の現場に活性化されていることを意味するものとまとめることができる。また、無助詞はこのように会話の現場に存在するか活性化されている対象を「指差すように取り上げ」、それについて述べるという「指差」用法を持つことを指摘した。3、4章と5章を通して、無助詞は指示表現と共起しやすいことを見てきたが、こ

れは無助詞の「指差」という用法と「現場性」という性質から自然に出てくる特徴である。即ち、現場に存在するものを指差す場合、話し手も聞き手もそれを見ている（認知している）ので一々名称を言わず「これ」とか「それ」といった表現で済ませることができるのである。指示対象をさらに特定する場合は「この」、「その」などの表現を伴うが、現場に存在するものを指しながらその具体的な名称を言う場合は指示表現が不要であるときもある。無助詞はこれらのどの場合でも用いられやすいのである。このような特徴を本書では「指示性」と呼ぶことにする。指示性がある名詞句とは、指示表現を伴おうが伴わなかろうが、その指示対象が明確な名詞句を指すのである*11。また、その指示対象が具体的または抽象的に発話の現場に存在する場合、当該名詞句は「現場性」を持つと言える*12。要するに、「現場性」は指示性を必然的に含んでいることになる。以降は、指示性を特別に取り上げて述べる場合を除いて、上述のような指示性をも含む用語として「現場性」を用いることにする。結局「現場性」は、「指差すように取り上げる」という無助詞の意味特徴を表しているものであり、言い換えると、無助詞の使用条件と言うことができる。

さて、これまで見てきた助詞類の用法とは、談話・語用論レベルのものだったことに注意してほしい。本書では、先行研究ですでに指摘されていた助詞類の特徴のうち統語・意味論レベルのものは細かく分析しなかったが、そのような特徴がこれらの助詞にないと主張しているわけではもちろんない。本書の第2章では、助詞類の扱いについて、先行研究で言われてきたことを統語・意味論レベルと談話・語用論レベルの概念的な区別という観点から再整理した。ここでは、それらを含め、これまで考察してきた各助詞類の特徴を言語レベルごとにまとめて提示する。

第2章では、無助詞及びハ・eun/neunは談話・語用論レベル寄りの助詞類で、統語・意味論レベルにおける機能は持たないことを指摘した。特に無助詞は、概念的には格助詞の省略や非実現という観点から省略のメカニズムなどを統語・意味論レベルで考えることはできても、現象そのものが本来の役割を果たすのは談話・語用論

表 5–1　各助詞類の機能と用法

助詞類	機能—統語・意味論レベル	用法—談話・語用論レベル	現場性
無助詞	— （格助詞の省略／非実現）	会話の現場に存在するものを指差すように取り上げ、それについて述べる 「指差」用法	○
ガ・i/ga	格助詞（主格／主語標識）	対象を他のものと排他的に取り上げる 「排他」用法	×
ハ・eun/neun	—	対象を他のものと対比的に取り上げる 「対比」用法	×

レベルであると述べた。談話・語用論レベルにおける無助詞の用法は「指差」用法であり、その最も基本的な性質は「現場性」にあると言える。ハ・eun/neun も、統語・意味論レベルではその本来の機能が認められず、談話・語用論レベル寄りの助詞類であることを見た。ハ・eun/neun は共に、談話・語用論レベルにおいて「対比」という用法を持つ。他方、ガ・i/ga は統語・意味論レベルで主語を表すというのが本来の機能であり、談話・語用論レベルにおける用法はそれとは別に存在することを指摘した。その談話・語用論レベルにおける用法の一つは「排他」というものなのである。

表 5–1 では、本書で分析してきた談話・語用論レベルにおける助詞類の働きを「用法」と示し、統語・意味論レベルにおける働きを「機能（＝統語機能）」と示した。無助詞は統語・意味論レベルにおける特定の機能を持たず、談話・語用論レベルではじめてその存在価値を認められると考えられる。「現場性」は、助詞類の用法そのものではなく、談話・語用論レベルにおける性質の一つで、無助詞固有の意味特徴であると言える。「指差」用法は、必然的に現場性を有することになるが、「排他」や「対比」用法はそうではない。言い換えると、無助詞は対象が現場性を持つことを常にアピールするが、ガ・i/ga やハ・eun/neun はそれぞれ対象を排他的にあるいは対比的に取り上げることに焦点を当て、対象が発話の現場と関係があるかどうかといった性質には言及しないのである。「指差」そのものは「排他」や「対比」と並ぶ、談話・語用論レベル上の独立した用法であるが、「現場性」は無助詞固有の特徴であると言え

る。

3. その他の名詞句に後続する無助詞の使用

無助詞文の最も大きな特徴は無助詞名詞句の「現場性」であると述べた。ところで、無助詞文の中では、一見指示性を持たないように（従って、「現場性」がないように）見えるものがある。即ち、当該名詞句が表すものが具体的に発話の現場に存在するわけでもなく、指示表現を伴わず、さらに同じ名詞句が先行談話にも登場していないという場合である。ここでは、このような例をどのように見るかという問題について考える。まず、次の例を見てほしい。

(36)（アルバイトの話題で、誰かが紹介したアルバイトを他の友達が申請していたという話）

1 K01BM: ○○○이나 ×× 같은 경우는, 개네는 공강이 되게 길거든요.

2 학점도 이번에 신청을 몇 개 안 했어요, 개네는.

3 ××이 같은 경우는 그, 14 학점인가 그렇거든요.

4 K01AM: 크, 시간 ϕ 엄청 많겠다.

keu, sigan-ϕ eomcheong manh-gess-da.

［感嘆］, 時間-ϕ 大変に 多い-［推測］-［普通（平叙）］.

5 K01BM: 개는 남는 게 시간이고. 〈K01-MM〉

1 K01BM: ○○○とか××の場合は、あいつらは空講［講義が空く時間］がすごく長いんですよ。

2 単位も今回あまり取ってないんですよ、あいつらは。

3 ××の場合、あの、14 単位だっけ、それ位なんですよ。

4 K01AM: ハァ、時間ϕ多そうだね。

5 K01BM: あいつはもう暇で。

(37)（J02AM が日本語教師の資格をとって教え始めていると話すと）

1 J02BM: へぇ。資格…日本語教育…
2 J02AM: そうそうそうそう。○大で受けた。
3 J02BM: 今年受けようと思ってるんですけど。
4 J02AM: マジで。あぁ、あれね、結構、うん、やっとくといいと思うよ。
5 言語学φ初めてでしょ。独自に。
6 J02BM: そうですね
7 J02AM: だから。
8 J02BM: 基礎知識を身につけるという意味でも。 〈J02-MM〉

(36) の無助詞文における「시간 sigan（時間）」は、先行談話に登場しておらず、これまで見た無助詞文の主語とは性格の異なるもののように見える。(37) の無助詞文における「言語学」も、先行談話には出ておらず、これまで見た無助詞文のようにその指示対象が発話の現場に抽象的に存在しているとは言えにくいものである。しかし、文脈を観察すると、これらの無助詞文における主語名詞句は先行談話と全く関係ないものではない。即ち、(36) の「시간 sigan（時間）」は、講義が空く時間が多いことによるアルバイトなどができる余裕の時間という意味で用いられている。(37) の「言語学」は、日本語教師の資格を取るために必要な知識としての言語学を意味する。これらは、先行談話内容との関係が深く、いわば名詞句の指示対象が談話文脈から予測できる名詞句である。ある話題について話している間、話し手と聞き手の頭にはそれと関連する概念が次々と浮かび上がるはずである。話し手は、その中からある概念を「指差すように取り上げ」、それについて述べていると言えるのではないだろうか。指示対象が具体的に発話の現場に存在する場合は、それを目で見ながら「指差すように取り上げる」ことができるが、先行談話の内容から思い浮かべた概念はそうはいかない。しかし、目の前に見えているとしても話し手はその名詞句の概念を頭の中に形成しているはずである。直前の談話に登場するなど抽象的に存在するものの場合も、それを「指示」することができ、「指差すように取り上げる」ことができた。先行談話の内容からある概念を思い浮かべた場合、先行談話に登場した概念そのものではないの

で指示表現を使わずにその概念を一般名詞として言語化して取り上げるものと考えられる。話し手にとっては、発話の現場に具体的・抽象的に存在するものを「指差すように取り上げる」ことと、先行談話から思い浮かべたものを「指差すように取り上げる」ことは、結局同じ認知的操作なのである。つまり、これらは前節まで見てきた「指差」用法と変わらないと考えられるのである。このように、名詞句の指示対象が先行談話に登場していなくても、談話の内容と深く関わっている概念の名詞句で、指示対象が談話の内容から容易に予測できるような名詞句である場合、発話の現場に抽象的に存在すると見ることができ、「現場性」を有すると言うことができる。無助詞はこのような名詞句に用いられ、「指差」用法を果たすのである。

本章の1節では、冒頭で提示した課題の「発話現場に存在する人や物を表す名詞句に異なる助詞が現れた場合の違いをつかむ」ために、無助詞文の主語名詞句の指示対象が発話の現場に実在する場合の助詞類の使い分けを調べ、無助詞は「指差」用法を、i/gaやガは「排他」用法と、eun/neunやハは「対比」用法を持つことを見た。また、2節では、無助詞が「発話現場に存在しない対象を表す名詞句に用いられたときのメカニズム」を探るべく、無助詞文の主語名詞句の指示対象が発話の現場に実在しない場合の無助詞の使用や、指示対象が不明な名詞句の後続する無助詞の使用を調べた。名詞句の指示対象が発話現場に実在しなくても、指示対象が先行談話に既に登場しているものであるか、名詞句が先行談話と深い関係を持ち文脈から指示対象が予測できる場合は、指示対象が発話現場に抽象的に存在すると見ることができ、指示対象が具体的に存在する場合と変わらない「指差」用法を持つと述べた。名詞句の「現場性」とは、名詞句の指示対象が発話の現場に具体的・抽象的に存在し話し手がそれを「指差すように取り上げる」ことができる性質で、「指差」用法を持つ無助詞文の名詞句は「現場性」を有すると述べた。(5)〜(11)で仮説として立てた無助詞の用法を、これまでの議論を踏まえ書き換えると、次のようになる。

〈無助詞の意味・用法〉
　無助詞は、発話の現場に具体的・抽象的に存在するものや活性化しているものを指差すように取り上げ、それについて何かを述べる際に用いられる（「指差」用法）

第5章では、談話・語用論レベルにおける無助詞の特徴として、「現場性」という概念に注目し、実際の談話の例を挙げながら分析を行った。無助詞は会話の現場と深い関連があるという3章と4章の分析結果を踏まえ、まず、「現場性」を中心とした無助詞の意味を解明することに焦点を当てた。そのために助詞ガ・i/gaや助詞ハ・eun/neunの意味特性についても言及した。名詞句の指示対象が発話現場に実在する場合の助詞類の使い分けと、名詞句の指示対象が発話現場に実在しない場合の無助詞の使用を分析した。その結果、無助詞は発話の現場に存在するもの、即ち「現場性」のあるものを「指差すように取り上げ」、それについて述部で述べるという「指差」用法を持つことが分かった。談話・語用論レベルにおいてガ・i/gaは、「排他」用法を共に持ち、ハ・eun/neunは「対比」用法を共に持つことも考察した。

---

*1　本章では、談話・語用論レベルにおいて助詞類の「意味」と「用法」という用語を使用する。ここで言う「意味」は、「統語・意味論レベル」の「意味」とは異なり、談話・語用論レベルで当該の助詞類が現れることによって示される、他の助詞類と区別される内容のことである。「用法」は、その助詞類が特定の意味を示すためにどのように使われるかといった問題に焦点を当てた概念で、話し手が特定の意味を表すために特定の助詞類を選択・使用するといった点を前面に出した言い方である。後述するが、「機能」とは、「統語機能」のことで、統語・意味論レベルにおける助詞類の役割を指す。
*2　例の表示は、基本的に話者ごとに行番号を振り、長い発話の場合2〜3行に切っている。本書における談話例は、発言の重なりや時間的な部分、軽い相づちなど細かい情報は示していない。本書は、このような言語外の要素が無助詞などに与える影響を調べているわけではなく、むしろ談話の内容面に重点を置いているため、談話例を整理した形で表示している。なお、本章以降の談話例におけるローマ字表記とグロスは、紙幅の都合上考察対象の助詞類が現れて

いる発話文にのみつけている。
*3 (4)の主語が後置した無助詞文に関しては、第4章で述べた通り、主語名詞句が文頭に来ている場合と変わらないと考える。
*4 (8)のガ文における「こっちの方」の「方」は、二つ以上の選択肢が存在することをさらに明確に示すもので、元の文はこの表現がない「こっちが話しやすいじゃん」という文と変わらない。
*5 (15)のガ文は、「19で」という述語と「下だった」という述語を持つ複文である。主語の「私が」がどこにかかるかという問題があり得るが、ここではこの主語が「19で」のみにかかるという見方は排除している。即ち、「私が」は二つの述語に同時にかかるか、後の「下だった」にかかるものと見る。どちらにしても、上述の分析は有効である。
*6 これらの例の場合、「候補」が文脈上に名詞句として明示的に現れているわけではないが、それを推測できる内容がは文脈上に十分に現れている。これは、無助詞の場合とは明らかに異なる。
*7 7行目の「やっぱうちの学校が変なのかな」というガ文における主語「うちの学校」は、聞き手の学校、または、一般的なその他の学校と比べられていると考えられる。
*8 韓国語では発話の状況そのものを表す「이거 igeo(これ)」が用いられた12件の例のうち1件(eun/neun)を除く11件が無助詞文で、日本語では発話の状況そのものを表す「これ」が用いられた4件の例のうち2件が無助詞文だった(1件はッテ、1件はハ)。
*9 相手の話のみならず、「話し手自身が今話したこと」を指す場合もここに含まれる。
*10 (31)において、「研究生」を無助詞文で「研究生の人」と受けているが、ここでは同じ概念で用いられていると考えられる。相手が直前に言った「研究生」は「○○[J03AFの苗字]さんの隣のへんにいる男性」のことを指すので、話し手は、その人本人ではない「研究生全般」を表すために表現を変えたのだと考えられる。これは、一種の「上位カテゴリー」を現す名詞句で当該名詞句を指示するもので、後述する(33)の場合と相通じる現象である。
*11 ここで言う「名詞句の指示対象」とは、指示代名詞が指す元の名詞句などを意味するものではなく、当該名詞句が談話の中で表す適切な意味の枠(概念・事物・人物など)を表すもので、指示表現を伴わない名詞句もその表現を持って別の概念を指す「指示性」を持つことがあると考える。固有名詞は指示性を持ちながら指示表現を伴わない名詞の一つであると言える(第3章参照)。固有名詞の場合語彙的な指示性を、活性化名詞句の場合語用論的な指示性を持つと言うことができる。なお、上述の「名詞句の指示対象が明確な場合」は、久野(1973)が示した「指示対象既知名詞」と似ている。久野(1973)は、これを「は」の使用条件として挙げており、「指示対象既知名詞」は、「(i)すでに会話に登場した人物や事柄、つまり、現在の会話の登場人物・事物リストに登場済みのものを指す名詞句、(ii)会話に登場していなくても、話し手、聞き手、会話の場所に密接に結びついているもので、その指示対象が明らかなもの(例:私、君、君の奥さん、家(うち)、家内、太陽、月)、(iii)話し手、聞き手の間で了解済みの概念を表す名詞句(例:人間、動物、国家、民主主義)に限

られる（久野1973: 30）」と述べている。ただし、この定義に従うと殆どの名詞句が該当するように思われる。それもそのはず、本書で言う「指示性」はあくまでも個別の談話状況によって決まるものであり、名詞によっては、ある談話状況で「指示性」を持ったからといって別の談話状況でも「指示性」を持つとは限らないのである。このような意味では、全ての名詞が「指示性」を持つ可能性を有していると言える。

＊12 「あの人」という言葉が指す実物としての人間が発話の現場にはいないときでも、先行談話にその人を表す名詞句が登場していれば、当然本書で言う「指示対象が発話の現場に抽象的に存在する」ことになる。（36）の「비○○ 오빠 / 형 bi ○○ oppa/hyeong（ビ○○先輩）」のような、語彙的な性質から指示対象が明確な固有名詞の場合も同様のことが言える。先行談話がなく、いきなり「あの人」または「○○先生」と発話が始まる場合でも、本書では現場性を持つものと見るが、これについては第6章の1節で述べる。

第6章

限定的現場性と例外

第5章で見た無助詞文の例は、典型的な無助詞文であると言える。ところで、全ての無助詞文がこれまで説明したような特徴にきれいに当てはまるわけではない。無助詞の中では、最も重要な「現場性」を持たないように見えるものや、第5章で説明した意味・用法で捉えきれないものもある。第6章では、このような例外的なものを取り上げ、その分析と位置づけを試みる。

1. 無助詞名詞句の限定的現場性

第5章3節では、先行談話の内容から思い浮かべた概念を頭の中で「指差すように取り上げる」ことによって「指差」用法を果たしている無助詞について考察した。さて、このような先行談話の内容からある概念を連想し、その概念を頭の中に思い浮かべ「指差すように取り上げる」認知的操作は、あくまでも話し手の中で起こるものである。第5章3節で見た「시간 sigan（時間）」(36) や「言語学」(37) のような名詞句は第三者から見ても先行談話と深く関係しているものであると言えるが、そうでない場合もある。しかし、そのような場合でも、文の内容や文法的要素などから話し手の「指差すように取り上げる」認知的操作が確認できることによって、「現場性」が認められることがある。次の無助詞文における主語名詞句も談話に始めて現れた名詞句である。

(1)（後輩に、軍隊に関するアドバイスをしている場面）

1 K01AM: 응. 카츄사 가. 그냥 카츄사, 카츄사 해서…

2 지금 신입생들 ϕ 카츄사 간다고 공부 열심히 하고 있더만.

〈K01-MM〉

jigeum sinibsaeng-deul-ϕ kachyusa ga-ndago

gongbu yeolsimhi ha-go iss-deo-man.
今 新入生-［複数］-φ KATUSA*1 行く-［根拠］
勉強 一生懸命 する-［進行］-［回想］-［発見(平叙)］

1 K01AM: うん。KATUSA 行けよ。KATUSA、KATUSA やって…。
2 今新入生たちφKATUSA 行くって、一生懸命勉強してたよ。

この例における無助詞文の主語「신입생들 sinibsaengdeul（新入生たち）」は、先行談話で全く出ておらず、さらに、一般的に考えて、現在の話題である「軍隊」とも関係のない（連想しにくい）名詞句である。それにも関わらず、この文は「指差」用法を有する無助詞文と考えられる。というのは、話し手が「軍隊」の話題から「신입생들 sinibsaengdeul（新入生たち）」を頭の中で思い浮かべ、それを「指差し」、その新入生たちが KATUSA に行くために勉強をしていると述部で述べるという、これまで見た「指差」用法を見せていると考えられるためである。その根拠の一つは、当該無助詞文の内容である。これまで話題になっている「KATUSA」が命題に登場しており、話し手が無助詞文の主語と「KATUSA」を強く関連付けていることが分かるのである。さらに、この無助詞文において、「신입생들 sinibsaengdeul（新入生たち）」を頭の中で「指差す」操作を話し手がしていると考えられるもう一つの指標は、文末に用いられた「더 deo」という語尾の存在である。「더 deo」は、証拠性（Evidentiality）先語末語尾の一つで、話し手が五感をもって直接経験したことを、発話時に思い浮かべて伝えていることを表す。話し手は、軍隊と KATUSA の話題から、KATUSA になるために勉強している「신입생들 sinibsaengdeul（新入生たち）」を見ていた経験（その場面）を思い浮かべており、話し手の中では、この無助詞文の主語である「신입생들 sinibsaengdeul（新入生たち）」は、現在の話題と非常に深く関連する概念なのである。要するに、文脈から推測できないような名詞句でも、話し手が現在の話題からその概念を頭の中でつなげ思い浮かべることによって、発話の現場に抽象的

に存在するものとして扱われる、即ち「現場性」を得ることになる。

ここで注意されたいのは、何でも話し手が思い浮かべることなら現場性を得ると言っているのではないということである。話し手は、会話を続けるために談話の流れを常に意識しており、それと同時に、次の発話を聞き手が理解してくれることを期待して発話をするはずである。要するに、話し手が聞き手の発話あるいは現在の話題から思い浮かべること、即ち、「現場性」のあるものとして扱われる事柄は、ある程度聞き手との共有情報であり、聞き手にとっても現場性のあるものとして認められる事柄なのである。このように、発話の現場に抽象的に存在することを談話参加者である話し手と聞き手だけが認識するものは、一般的な観点あるいは第三者からの観点では一見発話の現場とは離れて見えても、当該談話にとっては厳然たる「現場性」を持つものであり、これは十分な無助詞の使用条件となるのである。似たような例は日本語にも存在する。日本語には話し手の直接経験を表す「더 deo」のような文法形式はないが、次の例では、意味の上当該の文の内容が話し手の直接的な知覚経験によるものであることが分かる。

(2)（J04AMが参加してきた学会について話している場面）

1 J04AM: いや、多分今回相当でかいです。
2 だって発表ジェネラルセッションだけで三百ありましたからね。
3 J04BF: うそー。
4 J04AM: 意味分かんないですけど。
5 J04BF: じゃ、三パラレルぐらいで。
6 J04M: いや、六パラレルくらいで。
7 J04BF: すごい。へえー。
8 J04AM: そうそう。
9 J04BF: そうなんか。
10 J04AM: えらい人ϕ仰山来てましたしね。 〈J04-MF〉

この例の無助詞文における「えらい人」は、この談話において始めて登場しており、学会の規模に関する話題の先行談話と必ずしも関係の深い名詞句とは言えない。しかし、この無助詞文は、主語名詞句を「指差すように取り上げ」、述部でそれに関して述べるという「指差」用法を持つと考えられる。というのは、話し手はその学会に参加し学会の様々な面貌を観察しており、そこで見ていた「多くのえらい人」を思い浮かべ、現在の話題と関連付けていると考えられるのである。つまり、話し手の中ではこの名詞句は「学会」という現在の話題と深く関係しており、この名詞句は話し手によって発話現場まで持ち込まれているのである。このことは、言い換えると、名詞句が発話の現場に抽象的に存在することになり、結果的に「現場性」のある名詞句と認められるということである。

このように考えてくると、結局、ある名詞句に「現場性」を与えるのは話し手であるということになる。しかし、これは、「話し手は何の名詞句にでも現場性を与え得る」という意味ではなく、「話し手は談話の中で、聞き手の発話や話題などと関連する物事を思い浮かべることによって、当該名詞句に現場性を与える」ということを意味する。名詞句に現場性を与える主体は話し手であるが、現場性を与える対象は話し手（あるいは、話し手と聞き手）にとって現在の話題と非常に関係深く発話の現場に抽象的に存在するようなものなのである。無助詞の使用に関わるこのような特徴を「限定的現場性」と呼んでみることにする。これは、誰が見ても発話の現場に具体的・抽象的に存在すると分かる、いわば普遍的な現場性に対し、談話に参加している話し手や聞き手の共有知識またはその場の話題に限定した現場性のことを表す。様々な話題に乗り込みながら談話を進めていくのが話し手であるとすると、「限定的現場性」は、ある意味では、無助詞を含む助詞類全体の使用について言える性質であるかもしれない。しかし、無助詞の使用に「限定的現場性」が働いているというのは、どこまでを「指差すように取り上げる」対象として発話の現場に持ち入れるかという問題は話し手の主観に関わっているということであって、無助詞を含む助詞類の使用に全くルールがないと言っているのではもちろんない。実際には、発話の現場に具体的に存在するものや直前に発話されたものなど、複雑な認知的作用がなくても「指差すように取り上げる」ことができるような名詞句ではない場合は、(1)や(2)のように発話の内容や文法要素などから「現場性」を発見できる場合が多いのである。

以上のように、一見無助詞文の名詞句が「現場性」のないような場合でも、よく観察すると話し手の主観によって「現場性」のあるものと解釈される場合は、「指差」用法を持つ無助詞文であると言える。図6–1のように、発話の現場に抽象的に存在するものを指す名詞句ほど複雑な認知的作用を必要とすると考えることができる。

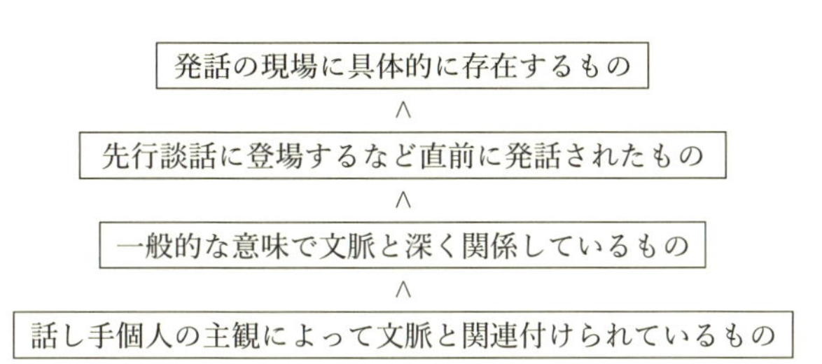

図6–1　発話現場における名詞句の「抽象的存在」の度合

このように考えるなら、無助詞文の「指差」用法は、発話の現場に具体的に存在するものを「指差すように取り上げる」ことから、さらに抽象的に存在するものを「指差すように取り上げる」ことまで、転移または拡張したものと見ることができる。

2.「ハサミある?」類の無助詞文

日本語の無助詞文を分類した尾上（1987）は、主語にハもガも使えない文を、①存在の質問文およびそれに類似のもの（例：ハサミある?／お湯熱い?)、②ディスコースの中で初出の主語に対し、述語で積極的に新しく説明あるいは評価を与えるもので、題目—解説関係を帯びた文の主語（例：この店安いんだ)、③主語と後続内容との関係が助詞ガで示されるような積極的な論理関係ではなく、ハで表現されるような積極的な「題目—解説」関係でもないもの（主語が明示されなくても、内容として話し手自身のことや発話相手に対する語りかけに決まっているもの）（例：ぼく、さびしいな。／あんた、先に行って。）の、三つに分けている。このような分類は、韓国語にも同類の例があり、そのまま当てはまると言える。この説明を本書でこれまで見てきた例に適用してみると、②は、発話の現場に実在して目の前に見えているものを指差し、それについて述べるという、最も基本的・典型的な無助詞文と述べたものに当る（5章（1）や5章（2）の例）。また、③は、発話の現場に存在する人としての話し手（5章（12）や5章（13）の例）と聞き手（5章（18）や5章（19）の例）が無助詞文の主語になっているもので、やはり典型的な無助詞文の一種として考察した。ところで、「ハサミある？」のような文が代表とされる①の場合、これまでとは少し異なる説明が必要となる。このような、存在の質問文およびそれに類似のものの場合、尾上（1987）は、「これは述語の側で「ある」と存在が承認されるのと同時に主語として措定されるため、無助詞となる」と述べているが、これにはさらに詳しい説明が必要になると思われる。

二人の話者が何らかの作業をしていて、その一人が相手に「가위 있어？gawi isseo?・ハサミある？」と尋ねた場合、この文は文脈なしでいきなり発話され主語名詞句も全く新しいものである。従って、この文は発話の現場に既に（具体的・抽象的に）存在しているものを「指差すように取り上げる」典型的な無助詞の文ではない。さらに、会話の現場に存在するかどうか分からないものに対しその存在の可否を尋ねるというものであるため、文全体の内容や特定の表現から主語名詞句の指示対象が推測できるという、拡張された無助詞文としての説明をそのまま適用するにも無理がある。しかし、次のように考えると、この類の文も拡張された無助詞文の一種としての説明が可能になると思われる。即ち、上述の状況において「가위 있어？gawi isseo?・ハサミある？」と聞く話し手は、ハサミを持っておらず、現在やっている作業のためにハサミが必要になったと考えられる。ということは、話し手は今必要なハサミを頭に浮かべ、それを「指差すように取り上げ」ながら、聞き手に向かってそれを持っているかどうかを聞いているのだと考えられるのである。このように考えると、「가위 있어？gawi isseo?・ハサミある？」という文は、言語化されていない状況（ハサミが必要になった状況）そのものが、これから発する無助詞文の主語名詞句の指示対象となるもの（「가

위 gawi・ハサミ」）を思い浮かべさせていると言える。これは、(1) において、言語化された談話状況が、先行談話に登場していない新しい名詞句（「신입생들 sinibsaengdeul（新入生たち）」）を話し手に思い浮かべさせることと全く同じメカニズムである。即ち、何らかの状況からあるものを思い浮かべ、それを「指差すように取り上げ」ているという操作は、共通しているのである。

一方、「있다 issda（ある）」という存在述語は、「指差すように取り上げ」た名詞句の指示対象そのものの存在可否を尋ねている特殊な述部ではあるが、名詞句について述べるという「指差」用法に含まれると見ることができる。このことは、尾上（1987）が存在文の質問文と類似のものとして取り上げた「お湯熱い？」という文の場合を考えるとさらに明確になる。例えば、話し手がお風呂に入る直前だとすると、話し手は「お湯」を頭の中に思い浮かべながら、それを指差し、それについて熱いかどうかを聞き手に尋ねているのである。文頭に取り上げたものに関して、その「存在」（「ある」）とその「状態」（「熱い」）は論理的には異なる性質だが、話し手がそれを指してそれについて述べるといった表現的な側面では変わらないと考えられるのである。実際に、次のような例では、相手が直前に発話した発話の一部を「指差すように取り上げ」、存在の無助詞文で発話しており、これまで見た無助詞の用法と変わらない典型的な「指差」用法を見せている。いきなり「가위 있어？gawi isseo?・ハサミある？」と聞く無助詞質問文と、これらの例における無助詞質問文は、存在物の所在地こそ異なるものの、文の構造や無助詞使用の原理における境界線が明確ではない。

(3)（春のイベントに関する話をしている）

1 K01BM: 아, 맞아. 형 그거 가요？

2 K01AM: 뭐？

3 K01BM: 그거, 그…

4 K01AM: 419?

5 K01BM: 예, 419 등산대회.

6 K01AM: 아, 뭐 갈까 말까 모르겠어, 어떻게 될지.

7 K01BM: 몰라요？

8 K01AM: 꽃놀이는 가서 그냥… 근데 그거 회비 내야 되나?

9 K01BM: 회비요? 회비 ϕ 있어요?

hoebi- ϕ iss-eoyo?

会費- ϕ ある-［丁寧（疑問）］?

10 K01AM: 있나 모르겠다. 〈K01-MM〉

1 K01BM: あ、そうだ。先輩、あれ行きますか。

2 K01AM: 何？

3 K01BM: あれ、あの…。

4 K01AM: 419?

5 K01BM: はい、419登山大会。

6 K01AM: ううん、行くかどうか分からない。

7 K01BM: 分かりません？

8 K01AM: 花見は行って…。ところで、それ会費出さなきゃいけないの？

9 K01BM: 会費ですか。会費 ϕ ありますか。

10 K01AM: あるのかな、分からない。

（4）（会話を収録して何を分析するだろうかという話の後、JF6Bが相手の部活について聞く）

1 JF6B: 探検部って何をするところなの？

2 JF6A: カヌーとか洞窟とか、何でも。

3 JF6B: 日頃の活動は？

4 JF6A: 週末に山行ったり、川行ったり。

5 JF6B: 川とか行ったりする。福岡の近くで、どこかいい川 ϕ ある？

6 JF6A: カヌーするのですか。 〈OI: J-FF〉

これらは、聞き手による直前の発話に出ている名詞句を「指差すように取り上げ」、それについて述部で述べている（存在について聞いている）典型的な無助詞文であると言える。さらに、先行談話に登場していないが、先行談話からある概念を連想したり関連付けたりして、思い浮かんだものを「指差すように取り上げ」ているような例も存在する。

（5）（軍隊や学校の話の後）

1 K01AM: 응. 거의 일 년 학교 안 왔지. 일도 하고.
2 K01BM: 공부도 하고?
3 K01AM: 공부는 안 했어. 흐흐흐… ○○이한테 전화해 봐봐.
4 K01BM: 등록금 때문에 이거, 빨리 학교 졸업해야 되는데.
5 K01AM: 동생 ϕ 있어?
dongsaeng-ϕ iss-eo?
下の兄弟-ϕ ある-［普通（疑問）］?
6 K01BM: 네?
7 K01AM: 동생 있어?
8 K01BM: 예. 동생도 있는데.
9 K01AM: 응. 몇 살 차인데?
10 K01BM: 네. 지금 네, 네 살요.
11 K01AM: 인제 쫌 있으면… (예) 입학은 내년인가?
12 K01BM: 지금 고일이거든요?
13 K01AM: 고일?
14 K01BM: 예.
15 K01AM: 아이, 뭐 그러면 뭐 괜찮잖아? 〈K01-MM〉
1 K01AM: うん。殆ど学校来てないよ。仕事したり。
2 K01BM: 勉強もしたり?
3 K01AM: 勉強はしてない。ハハハ…。○○に電話してみな。
4 K01BM: 授業料のために早く学校卒業しないと。
5 K01AM: 下の兄弟 ϕ いる?
6 K01BM: はい?
7 K01AM: 下の兄弟いる?
8 K01BM: ええ。兄弟もいるので。
9 K01AM: そう、いくつ違うの?
10 K01BM: ええ。今…。よ、四つです。
11 K01AM: もう少しすると…（はい）入学は来年?
12 K01BM: 今高1なんですよ。
13 K01AM: 高1?
14 K01BM: はい。

15 K01AM:なんだ、じゃ、まだ大丈夫じゃない。

(6)(専攻の学生数や大学院の受験などについての話の後)

1 J02AM: そうだね。そっかぁ。もう今日は帰るの、終わったら?

2 J02BM: 今日は、まぁ、そうですねぇ。まぁ、もしかしたら勉強するかもしれないし。

3 J02AM: あぁ、マジで。試験ϕまだあるの?

4 J02BM: いや、もう試験ないですけど。 〈J02-MM〉

(5)では、それまでに全く談話に登場していない「동생 dongsaeng(下の兄弟)」という名詞句が「指差すように取り上げられ」無助詞文になっており、(6)ではやはり先行談話に登場していない「試験」という名詞句が存在無助詞文の主語になっている。(5)の文脈を観察すると、話し手は、授業料を心配する後輩を見て、「すぐ下の兄弟がいて直にお金がさらにかかることを心配しているのかもしれない」と頭の中で推測して、「下の兄弟」の存在を尋ねたことが分かる。(6)では、「今日は勉強をする」という話から「試験」という概念を思い浮かべていることが、一般的な推測でも分かる。このように、存在の質問文といっても、無助詞文として談話の中で用いられた場合をよく観察すると、本書で見てきた「指差」用法と見ることができる。「가위 있어?gawi isseo?・ハサミある?」のような、いきなり発話される文を「拡張された無助詞文」として考えれば、存在の無助詞質問文(及び「お湯熱い?」のような類似の質問文)を他の無助詞文とわざわざ区別し別のカテゴリーを立てる必要はないのである。

以上のように、尾上(1987)の、主語にハもガも使えない文の分類における「①存在の質問文およびそれに類似のもの(例:はさみある?/お湯熱い?)」は、一見通常と異なる性質を持つ述語や質問という形式から無助詞文の例外的な例にも見えるが、その働きを談話の中から観察すると他の無助詞文と同類のものと扱って問題ないことが分かる。存在述語の特性は、他の述語と比べれば特殊なものではあるが、無助詞文との関わりで特別扱いされる理由はない。ただし、その述語としての特殊性故に、この存在の無助詞質問文は、談話においてユニークな役割を果たすことがある。次の例を見てほしい。

(7) (K02BFが日本のドラマを見たことを話している)

1 K02BF: 그니까 저번에는 어떤 걸 봤냐면은,
2 K02AF: 응.
3 K02BF: 거기서 이렇게, 왜, 솔로몬의 선택 같은 거φ 있지? 법정 프로그램.
wae, sollomon-ui seontaeg gat-eun geo-φ iss-ji?
なぜ, ソロモン-ノ 選択 同じだ-[連体] もの-φ ある-[確認(疑問)]?
4 K02AF: 아아.
5 K02BF: 이렇게 법률 프로그램 같은 게 있었어.
6 K02AF: 어어.
7 K02BF: 그래서 막 보고 있는데, 어떤 거냐면, 이렇게,
8 사내 연애φ 있잖아?
sanae yeonae-φ iss-janh-a?
社内恋愛-φ ある-[否定]-[普通(疑問)]?
9 K02AF: 사내 연애.
10 K02BF: 그러니까 사내에서 어떤 여자가 이렇게 남자를 좋아한 거야. 〈K02-FF〉

1 K02BF: だから、この前はどんなのを見たかというと、
2 K02AF: えん。
3 K02BF: そこで、こう、ソロモンの選択みたいなのφあるでしょ? 法廷番組。
4 K02AF: ああ。
5 K02BF: こう、法律番組みたいなのがあったの。
6 K02AF: うんうん。
7 K02BF: それで、見てたんだけど、どんなものかというと、こう
8 社内恋愛φあるじゃない。
9 K02AF: 社内恋愛。
10 K02BF: だから、社内である女の人が、こう、男を好きだ

ったのね。

(8)（小学校の体育の話の後）

1 J01AF: うちら1回体育館で高鬼やったの。そしたら、高いとこが舞台しかないの。（笑）

2 J01BF:（笑）わりに地味にそれ楽しいな。（笑）

3 J01AF: 舞台か、上のあのギャラリー？あのあるじゃん。

4 J01BF: あぁ、あれか。

5 J01AF: ギャラリーっていうの、ギャラリーってか。

6 J01BF: 観覧席じゃないしね。

7 J01AF: そう、なんか上から見るとこ ϕ あるじゃん。

8 J01BF: うんうんうん。

9 J01AF: あそこしかないの。 〈J01-FF〉

(9)（K04AMが最近大学生たちはどんなオンラインゲームをするのかと聞き、K04BMが色々なゲームを挙げながら話している場面）

1 K04BM: 그거 정도？나머진 뭐 제나도 그렇고, 뭐 루니아 전기도 그렇고,

2 뭐 새로 나오, 나오긴 많이 나왔는데.

3 K04AM: 재미가 없어？

4 K04BM: 예. 차라리 이제, 그런 거 ϕ 있잖아요？
geuleon geo- ϕ iss-janh-ayo?
ああいう もの- ϕ ある-［否定］-［丁寧（疑問）］？

5 온라인 게임 붐 마악 일었을 때 하던 거 ϕ 있잖아요？
onlain geim bum maag il-eoss-eul ttae ha-deo-n geo iss-janh-ayo?
オンライン ゲーム ブーム まさに 起こる-［過去］-［連体］とき する-［回想］-［連体］もの- ϕ ある-［否定］-［丁寧（疑問）］？

6 그게 오히려 계속 가는 것 같애요. 그러니까 리니지 투나… 〈K04-MM〉

1 K04BM: それ位？他には、ゼナもそうだし、何か、ルニア

伝記もそうだし、
2　何か、新しく出て、出てることは沢山出てるんですけど。
3 K04AM: 面白くないの？
4 K04BM: はい。むしろ、こう、そんなのφあるじゃないですか。
5　オンラインゲームのブームが起きはじめた頃やってたのφあるじゃないですか。
6　それがむしろ続いてるようですね。だから、リニジ・ツーとか…。

(10)（J02BMがある授業で発表させられた経験を話している）
1 J02BM: なんか、僕も、その、歴史の授業で聴講してたんですけど、なんか、なんだっけ。
2 J02AM: あ、○○先生？
3 J02BM: え、じゃない。あの、○○○先生の。
4 J02AM: あぁあ。
5 J02BM: アラキかなんかの語源が一緒だって言う話φあるじゃないですか。日本の焼酎と。
6　アラキ酒と日本の焼酎の語源が一緒だっていう。
7 J02AM: マジで？あ、そうなの？分かんない。
8 J02BM: その論文、発表させられましたね。〈J02-MM〉

これらの例における無助詞文は、全て存在表現を述語とし疑問形式を取っており、文全体は、文内容を確認するという形をしている。特に、「있잖아 issjanh-a・あるじゃない」という形が多く、韓国語では（9）のような「있지？issji?（あるでしょ）」などの形も見られる。これらの文は、主語名詞句の指示対象が存在するかどうかを聞き手に尋ねているのではない。それぞれの文脈を観察してみると、この形の文を発する話し手は、これから何かの話題を持ち込もうとしており、その最もポイントになる概念を、「X 있잖아 issjanha・X あるじゃない」といった形式のXのところにはめ込んで、当該話題の先に持ってきて提示していることが分かる。どの例においても、当該無助詞文の名詞句は、その次の発話に繰り返される形でつなが

っている（破線）。このようなことから、これらの無助詞文は、聞き手にこれからの話題における重要な概念を喚起させるという機能を果たすものと思われる。

さて、このような特殊な無助詞文は、特殊な形をした無助詞文がある種の談話における働きを果たすものとして定着したものであって、この無助詞そのものの用法がこれまで見てきた用法と全く異なるといったものではない。即ち、話し手は、ある話題を持ち込むに当って、その中から最も聞き手に喚起させたい概念を頭に浮かべ、それを「指差すように取り上げ」ているのである。むしろ、無助詞の「指差すように取り上げる」用法が、これからの話題における重要な概念を聞き手に喚起させるという談話上の働きに符合したため、このような慣用的な使い方として定着したのだと考えられる。これからの話題に登場するものを「指差すように取り上げ」、述部でその存在について確認することによって、聞き手の注意や関心を惹くものと考えられるのである。

第6章では、第5章で見た典型的な無助詞文からずれる限定的現場性と例外のケースに言及した。「現場性」とは話し手の主観によって生成されるものという意味で限定的現場性を持つと述べ、一見例外に見える存在文の無助詞文については、述部の特殊性を除けば例外的な無助詞文ではないということを述べた。一見変わって見える例も、述語の特殊性と無助詞の典型的な用法が相互作用し作り上げた談話機能標識として見るべきであり、このような現象は絶えず変化する言語本来の一面であると言えるかもしれない。

＊1　KATUSAとは、駐韓米陸軍に配属されている韓国軍人のことである。

第7章

助詞類の使用における韓国語と日本語の違い

第5章では、無助詞の「現場性」に基づく典型的な無助詞文について論じ、第6章では限定的現場性について論じ無助詞文の拡張された用法や例外などについて述べた。これまでの考察で、無助詞の談話・語用論的なレベルにおける意味と用法は明らかになったと思われる。さて、これまでに取り上げた例においては、助詞類の用法が韓国語と日本語で共通するものが多かったが、似たようで同じではない日韓の助詞の違いについては広く指摘されている。本章では、これまで考察してきた用法において、韓国語と日本語で異なる場合を取り上げ、説明を行う。

1. 話し手を表す主語名詞句の場合

第4章では、主語名詞句が話し手を表す場合において、韓国語と日本語で助詞類の使用に大きい違いが見られることに言及した。即ち、話し手を表す名詞句が主語の文において、韓国語はi/gaとeun/neunが比較的に多いのに対し、日本語は無助詞が圧倒的に多かった。ここでは、主語名詞句が話し手を表す文のうち、韓国語と日本語で異なる様相を見せる談話の例を取り上げ、助詞類の用法の違いに注目しながら説明を行う。これまで見た例では、主語名詞句が話し手を指す場合でも助詞類の用法に違いはなかったが、それにも関わらず、このような数値的な違いが生じる理由は何かについて考察を行う。まず、その理由の一つとしては、日本語には見られない韓国語における次のような例の存在が挙げられる。

(1) (K02AFのアルバイトやアルバイト先について話している)

1 K02AF: 어어, 근데 모르겠어. 다시 방학 동안 (응) 할 수도 있고. 그…

2 K02BF: 집이랑 가까워?

3 K02AF: 응. 근까 <u>내가</u> ○○역에 살잖아?

geunkka nae-ga ○○ yeog-e sal-janh-a?

だから 私-ガ ○○駅-に 住む-［否定］-［普通（疑問）］?

4 K02BF: 응.

5 K02AF: ○○역이고, ○○○역이 그 전이야.

6 K02BF: 어.

7 K02AF: 거기야, 바로.

8 K02BF: 아아, 되게 가깝네. 〈K02-FF〉

1 K02AF: うん、でも、分からない。また、休みの間（うん）やるかも。その…。

2 K02BF: 家から近いの?

3 K02AF: うん。だから、<u>私ガ</u>○○駅に住んでるじゃない。

4 K02BF: うん。

5 K02AF: ○○駅で、○○○駅がその前なのね。

6 K02BF: ああ。

7 K02AF: すぐそこだよ。

8 K02BF: ああ、すごく近いね。

（2）（K07BFが飼っている犬の大きさについて話している）

1 K07BF: 삼개, 삼개월 때는 재［방 안에 있던 고양이］보다 컸구.

2 한 달반? 그쯤 때 저 만했어요. 허허… 지금은 서면 거의 저랑 비슷,

3 <u>제가</u> 키가 백육십팔인데, 제, 한 여기 입 정도까지 와요.

je-ga ki-ga baegyugsibpal-i-nde,

私-ガ 背丈-が 168-［copl］-［婉曲］,

4 이렇게 딱 서면. 〈K07-FF〉

1 K07BF: さんか、3ヶ月のときはあの子［部屋にいた猫］より大きくて、

2 1ヵ月半?それ位のときあの大きさでしたね。ハハ…。今は立つと私と大体同じ、

3 <u>私ガ</u>背が168センチですけど、私の、ここ、口

ぐらいまでの高さなんですよ。
4　　　　こう真っ直ぐに立つと。

(3)（釣りの話の後、K06AMがそれと関係がある自分の昔の経験を話している場面）

1 K06AM: 어릴 때 그런 경험이 있었는데.
2　　　　제가 ○○［지명］에，초등학생 땐가，이사를 갔거든요.
je-ga ○○［jimyeong］-e, chodeunghagsaeng ttae-nga, isa-leul ga-ss-geodeun-yo.
僕-ガ ○○［地名］-に，小学生 とき-［疑問］，引越し-を 行く-［過去］-［報知］-［丁寧（平叙）］.
3 K06BM: 아.
4 K06AM: 그래서，진짜 어릴 때는 서울에 살았었는데,
5　　　　애들이 그 말 하면 안 믿더라구요.　〈K06-MM〉

1 K06AM: 幼いときそんな経験があったんですけど。
2　　　　僕ガ○○［地名］に、小学生の頃だっけ、引っ越したんですよ。
3 K06BM: ああ。
4 K06AM: それで、本当、小さい頃はソウルに住んでたんですけど、
5　　　　奴らが、それを言うと信じないんですよ。

(4)（アルバイトに関する話）

1 K01BM: 제일 좋은 건 진짜 어，단기 알바，뭐 하루에 한 팔만 원 정도 버는 거.
2 K01AM: 그런 거는 진짜 힘들어．골병 나，골병 나.
3　　　　내가 노가다도 나가 봤거든．하루하루 나가는 거.
nae-ga nogada-do naga bw-ass-geodeun.
俺-ガ 力仕事-も 出る（-［連用］）見る-［過去］-［報知（平叙）］.
4　　　　한 일주일 나갔었는데，아우，좀 힘들더라.
〈K01-MM〉

1 K01BM: 一番いいのは、本当、短期バイト、なんか、1

日8万ウォン位もらえるやつ。

2 K01AM: そんなのは本当にキツイよ。倒れる、倒れる。

3 俺ガ力仕事もやってみたんだよ。1日1日出るやつ。

4 1週間位出たんだけど、それは、ちょっとキツかったよ。

上の韓国語の例における i/ga 文は、話し手の現在の状況や身上(1)〜(2)、あるいは、話し手の経験(3)〜(4)を言う場面であるが、このような場面で韓国語では i/ga 文が好まれるということが分かる。一方、このように話し手の身上や経験を言う場面で、日本語ではガ文は使えず無助詞文が好まれる。

(5)(昔のイベントの話題で、そのとき自分たちがいくつだったかという話になって)

1 J05AF: 5歳とかだったかしら。

2 J05BF: ですよね。

3 J05AF: ええ。

4 J05BF: あ、じゃわたしが、

5 J05AF: あ、5歳じゃない。4歳…

6 J05BF: 二つ、がっ、80年生まれ?

7 J05AF: です。

8 J05BF: わたしφ78年なので、(ああ、じゃ)

9 わたしが小学校1年生だったのかな。

10 J05AF: ああ、6歳ですよね。

11 J05BF: そっか。

12 J05AF: わたしφ多分4歳だったと思う。 〈J05-FF〉

(6)(初対面の二人、自己紹介をしている)

1 J08AM: あの修士1年で。

2 J08BF: あ、ちょっと待ってください。

3 J08BF: それってもう大学4年まで終わってるってことですよね。

4 J08AM: 終わってます。

5 J08BF: わー、大先輩ですね。

6 J08AM: あっ、そうなんですか。

7 J08BF: わたしφ今1年なんですよ。

8 J08AM: 大学の。

9 J08BF: はい。 〈J08-MF〉

(7) (J08BFが現在英語の演劇をやっていて高校のときも英語劇部だったという話の後)

1 J08AM: ひょっとして専攻って英語ですか。

2 J08BF: いや、英語。

3 J08AM: これからなんか英語系で攻めようかな。

4 J08BF: あ、いや、中国語で攻めます。

5 わたしφ昔中国に住んでたんですよ。

6 J08AM: あー。

7 J08BF: 小学2年から5年までは。 〈J08-MF〉

(8) (お酒や飲み会の話題の後)

1 J02AM: なんか、うちらも、○○［キャンパス名］でも昨日、打ち上げ、

2 昨日最後の授業だったのね。

3 J02BM: あぁ。

4 J02AM: 2限に○○先生の授業、4限に○○先生の授業が(ああ) あって。

5 出て、終わったあと、そう、軽くみんなで食事したけど。

6 J02BM: 僕φ去年1回、○○○先生の歓迎会誘われたんですよ。4月かなんかに。

7 J02AM: 歓迎会？あぁ、そういえばあったね。 〈J02-MM〉

上の日本語の例における無助詞文は、話し手の身上や現在の状況(5) ～ (6)、あるいは、話し手の経験 (7) ～ (8) を言う場面であるが、無助詞文が好まれることが分かる。韓国語と日本語におけるこれらのような文を、発話の現場に存在する人としての「話し手」を「指差すように取り上げ」、それについて述べるものと見るなら、日本語のように無助詞文になるのは自然である。このことは、第5章で既に見た。また、ガ・i/gaの「排他」用法についても考察

した。ということは、ここにおける韓国語のi/ga文は、ガ文とは異なる、i/ga特有の用法ということになる。

i/gaの意味を、第5章で見たように、「排他」と見るならば、話し手の属性を述べる文にi/gaが用いられることを説明できないわけではない。二人の会話において、話し手という概念は聞き手の存在が前提となる。即ち、話し手が自分自身を主語と取り上げ何かを述べる際、それと談話・語用論的に比べられるものが常に存在しており、従って、ガ・i/gaやハ・eun/neunを使用するための「候補」は揃っているわけである。そして、自分の個人的な経験や状況などを「聞き手のものではない、話し手のもの」と排他的に捉えるならば、i/ga文になって不思議ではない。しかし、問題は、このような説明を上記の韓国語の例に適用しようとすると第5章で考察したものと明らかに異なり、またこれは日本語のガには存在しない用法であるということである。従って、この用法を「排他」と呼ぶのは理に適わない。このようなi/gaについては、韓国語の先行研究でも指摘があり、多くの場合「強調」という用語で表現している。ところが、何が強調されるのかということについては明快な答えがなく、「主語の強調」程度の説明しかできていないのが現状である。本書では、(1)〜(4)のようなi/gaの意味を、先行研究の用語を借りて「指定」と呼んでみる*1。本書はi/gaの意味を重点的に追究するものではないが、無助詞やハ・eun/neunとの違いを明らかにするために、ここで、(1)〜(4)のi/ga文が通常の話し手主語の無助詞文とどのような意味の違いを持つかについて、少し説明しておく。(1)〜(4)のi/ga文は全て無助詞文にしても不自然ではない。だとすれば、話し手はどうして無助詞文ではなくi/ga文を選択したのだろうか。次の例は、i/ga文にすることができない無助詞文の例である。これらの例と、無助詞文も可能だがi/ga文になっている(1)〜(4)の例を比較しながら考えてみることにする。

(9)(会話がそろそろ終わる時間になり、K01AMがK01BMに、主催者に電話するように進めている場面)

1 K01AM: 다 마찬가지지 뭐. ○○○ 형한테 전화했어?

2 K01BM: 아니요. 해야죠, 이제.

3 K01AM: 아, 나φ 수업 들어가야 되는데.
a, na-φ sueob deuleoga-ya doe-neunde.
［感嘆］, 僕-φ 授業 入る-［義務］-［婉曲］.
4 K01BM: 수업이요? 그거 말할게요, ○○○ 형한테. 〈K01-MM〉
1 K01AM: みんな同じだよ。○○○先輩に電話した?
2 K01BM: いいえ、これからしようと思って。
3 K01AM: もう、俺φ授業入らなくちゃいけないんだけど。
4 K01BM: 授業ですか。それ言います、○○○先輩に。

(10)（K05AMが専攻の学生たちの面白い姿を納めた動画を持っていると話し、K05BFがそれを見せてくれるようにお願いしている場面）
1 K05AM: 어. 용량 되게 커.
2 K05BF: 진짜요?
3 K05AM: 그 부분만 편집해?
4 K05BF: 그 부분만 편집해서…
5 K05AM: 야, 그거, 그거…
6 K05BF: 저φ 계정 큰 거 있어요.
jeo-φ gyejeong keu-n geo iss-eoyo.
私-φ アカウント 大きい-［連体］もの ある-［丁寧（平叙)］.
7 K05AM: 계정용량을…
8 K05BF: 저 계정 큰 거 있어요. 잘 돌아가요.
9 K05AM: 근데 애들이 다운, 막 볼라면 오래 걸리잖아? 〈K05-MF〉
1 K05AM: うん。容量すごく大きい。
2 K05BF: 本当ですか。
3 K05AM: その部分だけ編集する?
4 K05BF: その部分だけ編集して…。
5 K05AM: おい、それ、それ…。
6 K05BF: わたしφアカウント大きいのあります。
7 K05AM: アカウントの容量を…。
8 K05BF: わたしアカウント大きいのあります。良く回ります。
9 K05AM: でも、みんながダウン、見ようとしたら時間かかるじゃん。

これらの例における無助詞文は、i/ga文にすると非常に不自然になる。(1)〜(4)とこれらの例を比較してみると、その違いは談話の構造と関わっていることが分かる。(9)〜(10)のような無助詞文が用いられる談話文脈の特徴は、現在の談話文脈で「나 na(私)」に関する話題が占める割合が低く(その文きりの内容)、談話が続いても「나 na(私)」に関する話題は続かず、先ほどから始まっている別の話題がさらに続く場合が多い、という点である。それに比べ、無助詞文が可能にも関わらずi/ga文が用いられた(1)〜(4)の談話文脈は、話し手が始めた話題で、i/ga文の後も話し手に関する話題が続くような文脈である。要するに、(1)〜(4)の談話におけるi/ga文は「これから私のことを話すよ、よく聞いてね」といったサインのようなものなのである。このようなi/ga文の働きを「導入」と呼んでみよう。(1)〜(4)は、無助詞文に言い換えても自然であると述べた。それにもかかわらず、話し手がi/ga文を用いて発話したのは、i/ga文が談話上で果たす「導入」の役割のためと考えられる。無助詞文は、情報を単発的に述べるので、談話の流れからすると、無助詞文の前後は異なる話者による発話である場合が多く、当該の文と前後の発話の関係もあまり深くないことが多い。他方、i/ga文は、上述の通り、同じ話し手による発話が前後にあり、i/ga文の内容はさらに大きい話の一部であることが多いのである。無助詞文による単発的な情報提示も、さらに大きい話の一部になれないわけではないが、聞き手は無助詞文が発話される時点では「この人は、これから何かについて話したいんだ」という認識がi/ga文に比べて薄いのだと言える。話し手からすると、例えば、昨日自分に起こった単発的な出来事を伝える場合は無助詞文を、もっと長くて複雑な話の導入部分としてはi/ga部分を用いることになる。いわば、次のような会話が成立すると考えられる。

(状況1)(学校で出合った友人同士の二人、おしゃべりの途中)

a. 참, 나 어제 도서관 갔어. (そうだ、私ϕ昨日図書館行ったの。)

b. 그래? 공부 열심히 하나 보네. (そうなんだ。勉強頑張ってる

ね。）

a. 응. 오늘 또 갈 거야.（うん。今日も行く。）

（状況 2）（同上）

a. 참, 내가 어제 도서관을 갔어*2.（そうだ、私ガ昨日図書館に行ったの。）

b. 응. 그런데？（そう。それで？）

a. 군대 있을 때 깨진 예전 남자친구랑 딱 마주쳤지 뭐야.（軍隊のとき分かれた前の彼氏とばったりしちゃったのよ。）

（状況 1）における無助詞文の話し手は、「図書館に行ったこと」を、（状況 2）における i/ga 文の話し手は「前の彼氏と出合ったこと」を話したかったことが、二つの状況の最も大きな違いである。話者 b は、i/ga 文を言われたとき既に、この後続く話があることを予想し、発話を進めていることが分かる。このような話者の認識こそが、無助詞文と i/ga 文の談話戦略的な使い分けを可能にするのである*3。

一方、話し手を表す名詞句において、韓国語は無助詞が比較的に少ないと共に、日本語のハに比べ eun/neun の頻度が高かった。第 5 章では、主語名詞句が話し手を表す場合の eun/neun とハは、「対比」という同じ用法を持つことを見た。だとすると、助詞類全体的にハの頻度の高い日本語において、なぜ話し手を表す場合だけハが比較的に少なく、無助詞が多いのか。これは、次のように、「対比」が明らかな談話文脈にもかかわらずハの代わりに無助詞が用いられた例が存在するためであると考えられる。

（11）（大学に入って沢山自己紹介をしたという話題）

1 J01AF: 入学式の日にやったでしょ。
2 J01BF: やったやった。
3 J01AF: で、各授業でやったでしょ。
4 J01BF: やった。あの～外国語の授業とかさぁ、なんかやんなかった？
5 J01AF: うちらφ英語でやった。
6 J01BF: やった？
7 J01AF: 英語で自己紹介しなさい。

8 J01BF: うちらφ日本語。 〈J01-FF〉

(12)(再掲)(J04AMが海外の学会に行った話をした後)

1 J04BF: いや、なんか○○さんにこの間話を聞いてたら、発表前日は寝ないんですって。

2 J04AM: ああ。

3 J04BF: テンション上げていくらしいよ。

4 J04AM: そうなんですか。だから○○○○○[学会の発表者名]寝たのかな。

5 J04BF: そういうリズムがあるんじゃない。なんか。

6 直前は、こう色々考えてしまうから、よりは直前にがーって作業して、

7 そのテンションで熱く、発表に向かうらしい。

8 J04AM: ああ。でも、それいいかもしれないですね、確かに。

9 J04BF: ええ、嘘。私φ絶対無理。 〈J04-MF〉

(13)(高校の部活の話題で、自分の学校の吹奏楽部について話している場面)

1 J07BM: で、放課後になるとさ、なんかそのへんの廊下でさあ。

2 J07AF: うん。

3 J07BM: [ラッパを吹くジェスチャーをして]なんかこんなん吹いたりしてさあ。

4 J07AF: えっ、うちφちゃんと部室があったよ。

5 J07BM: あっ、えっ、そうなんだ。 〈J07-MF〉

これらの例における無助詞文は、文脈上対比の意味合いが強く、韓国語ではeun/neunが用いられやすいものと思われる。しかし、日本語では無助詞文が多い。これは、話し手について何かを述べる際、特に相手のことを「対比」せずに、単なる話し手についてのこととして述べているのであると考えられる。このような談話文脈で、話し手が「対比」用法で発話するか、「指差」用法で発話するかで迷うような例がある。このような例の存在は、「対比」しても良いようなところでも、話し手に関する情報を述べる際は無助詞文が好まれるという性質が日本語にあることを表すものと考えられる。

(14)（大学院の授業や単位数などについて、同じ大学の異なるキャンパスの二人が話している）

1 J02AM: でも博士の、博士課程の単位数も確か○○［キャンパス名］とも違ったはず。

2 J02BM: ○○［キャンパス名］20ですね、確か。

3 J02AM: 20でしょ？うちらは、うちらφ、もうちょっとあった。 〈J02-MM〉

この例では、最初にハ文で言いかけたが、無助詞文に言い換えている。文脈そのものは、「対比」の文脈でハ文でも良いはずだが、あえて無助詞文として発話している。一方、韓国語では、話し手について述べる場合でも、聞き手と対比されるようなことに対しては必ずeun/neunを用いるといった傾向がある。

(15)（合コンなど「出会い」について話している）

1 K02BF: 아니, 뭐야, 그 뭐 얘기 들어 보면 막 애들도, 아우, 막 미팅 막 이런,

2 막 대학 가면 많이 해 (어.) 뭐 이러는데,

3 (웃음) 나는 한번도 해 본 적 없고.

na-neun hanbeon-do ha-e bo-n jeog eobs-go.

私-ハ 1回-も する-［連用］見る-［連体］こと ない-［連接］.

4 K02AF: 진짜 한번도 안 했어？ 〈K02-FF〉

1 K02BF: いや、何だ、その何か話を聞いてみたら、周辺の子たちも、合コンとか、こう、

2 なんか、大学行けばさんざんやるよって、（うん）なんか、言うけど、

3 （笑）私ハ一度もやったことないし。

4 K02AF: 本当に一度もないの？

この談話は、(14)のように、「一度も合コンをしたことがない私」と「対比」される誰かが明らかに存在するわけではないが、文脈上連想できる「一度は合コンをしているだろう他の人たち」との「対比」を発話に盛り込み、eun/neun文にしているのだと考えることができる。このような文脈で日本語は無助詞でも良いはずである

が、韓国語では無助詞文だとなんとなく座りの悪い文になってしまう。さらに、話し手が知らなかったある事実を知り、これまでそれとは違う情報を持っていたということを表す際に発する「～ 줄 알았다 jul alassda（～と思った／思っていた）」、「～ 줄 몰랐다 jul mollassda（～と思わなかった／知らなかった）」という表現が韓国語にも日本語にも存在するが、韓国語では慣用的に「나는 naneun（私ハ）」という eun/neun の付いた 1 人称主語が用いられる。

(16)（ゼミ旅行に行った際に、別の大学の学生たちに入られた逸話を話している）

1 K02AF: 어. 밤 거의 새, 새고, 원래 잘려고 그랬었잖아 ?
2 그런데 이제, 그, ×대 애들 들어와갖고.
3 K02BF: 어. 그 다른 애들은 누가 델고 온 거야 ?
4 K02AF: 그게 긍까, 나는 처음에 걔네들이 그냥 들어온 건 줄 알았다. (중략)
na-neun cheoeum-e gyaene-deul-i geunyang deuleoo-n geo-n jul al-ass-da.
私-ハ 最初-に 彼ら-［複数］-が そのまま 入る-［連体］こと（-［copl］）-［連体］方 知る-［過去］-［普通（平叙）］.
5 그게 아니고 뭐 ○○이 ? ○○이가 뭐 게임을 하다가 걸렸대.
6 그래서 걔한테 시켰는데, 걔가 진짜로 데려온 거야, 그 사람들을. 〈K02-FF〉

1 K02AF: うん。殆ど夜明かしして、もともと寝るところだったじゃん。
2 そこに、その、×大のやつらが入ってきて。
3 K02BF: そう。そのよそのやつらは誰が連れてきたの ?
4 K02AF: それが、だから、私ハ最初に彼らが勝手に入ってきたんだと思ったのね。（中略）
5 そうじゃなくて、何か、○○ ? ○○がなんかゲームで、罰ゲームになったんだって。
6 それで、彼にさせたんだけど、彼が本当に連れてきちゃったの、あの人らを。

(17)(K06BMが収録にきた理由を聞かれ、部屋の主が飼っている猫について話している)

1 K06BM: 겸사겸사, 고양이 보고 싶어서 왔어요, 솔직히. (같이 웃음)

2 K06AM: 고양인 근데 저거 뭐예요, 저거? 되게 크네.

3 K06BM: 고양이가, 저도 봤는데, 고양이가 쪼그만 고양이가 아니라서 깜짝 놀랐어요.

4 저는 작고 귀여울 줄 알았는데. 〈K06-MM〉

jeo-neun jag-go gwiyeou-l jul al-ass-neunde.

私-ハ 小さい-[連接] 可愛い-[連体] 方 知る-[過去]-[婉曲].

1 K06BM: ついでに、猫が見たくて来たんです、正直。(二人で笑)

2 K06AM: 猫は、ところで、あれ何なんですか、あれ。すごく大きい。

3 K06BM: 猫が、僕も見たときに、猫が、小さい猫じゃないのでびっくりしました。

4 僕ハ小さくて可愛いだろうと思ってたんだけど。

(18)(ペットの犬について話していて、K07BFがゴールデンレトリバーを飼っていると話すと)

1 K07AF: 부럽다. 나도 큰 개 보면은, 그 시베리안이나 말라뮤트…

2 K07BF: 어어, 예에.

3 K07AF: 그렇게 큰 개가 좋긴 한데.

4 K07BF: 개네보다 더 커요, 골든 리트리버가.

5 K07AF: 그래요?

6 K07BF: 예에. 애가…

7 K07AF: 네. 난 시베리안이 젤 클 줄 알았는데. 〈K07-FF〉

na-n sibelian-i jel keu-l jul al-ass-neunde.

私-ハ シベリアン-が 最も 大きい-[連体] 方 知る-[過去]-[婉曲].

1 K07AF: 羨ましい。私も大きい犬を見たら、あの、シベリアンとかマラミュート…

2 K07BF: ええ、はいはい。

3 K07AF: そんな大きい犬がいいことはいいけど。

4 K07BF: あいつらより大きいんですよ、ゴールデンレトリバーが。

5 K07AF: そうなんですか？

6 K07BF: はい。あいつ…

7 K07AF: へえ。私ハシベリアンが一番大きいと思ってたんだけど。

一方、日本語ではほぼ例外なく「私（僕、俺）ϕ」のような無助詞名詞句が主語として用いられる＊4。

（19）（J04BFが外国で仕事をやって経験を話している）

1 J04BF: で、電車に乗ってカタコトカタコトって行って帰るとか。

2 J04AM: どのくらい？

3 J04BF: 乗ってる時間は30分、40分くらいやったと思うけど。

4 J04AM: ああ。

5 J04BF: なんか最初私ϕ船で行かされるんのかなと思ったから。（笑）〈J04-MF〉

（20）（J05BFが自分の住んでいる市にまつわる歴史的なことを話していて、J05AFが誤解するという場面）

1 J05BF: 一本とは言っても（ええ）なんか、印旛郡の開拓工事（わお）とか覚えてますか。

2 田沼意次の時代の（ああー）印旛沼とかって。

3 J05AF: ウサギが出る印旛沼ですか。（笑）

4 J05BF: あ、そ、あれは（違う？）いなばって、

5 J05AF: あ、いなばだ。（笑）そう。

6 J05BF: あれはもっと古事記の…。

7 J05AF: ［笑いながら］印旛沼に出んのは河童かなんかですよね。

8 J05BF: ［笑いながら］河童が出るかどうか知らないんですけ

ど、
9　(ああ) なんか、あの、江戸時代に印旛沼の開拓工事とかっていう
10 J05AF: やりましたね。
11 J05BF: ちょっと出てきて、私も名前だけ知ってたんですけど。
12 J05AF: ああ、○○［地名］だったんですか。
13 J05BF: ○○、あれは○○なんですよ。
14 J05AF: 私φそれウサギが出るとこかと思った。(笑)

〈J05-FF〉

(21) (J06AMが電車で芸能人を見かけたことを話している)
1 J06AM: 普通のおっさんだった。
2　ただもうリングとかすごい派手だし、扇子バタバタやってるおっさんだーって感じ。
3　目立ってはいたけどね。
4 J06BF: そっか、そっか。
5 J06AM: でも、俺φあの人電車、電車で通ってるとは思わなかったんだけど。
6 J06BF: そうだよね。　〈J06-MF〉

このように特定の表現において殆ど固まってしまった助詞類の使い方が日韓で異なることによって、話し手を表す名詞句に続く助詞類の頻度に違いが出てくる可能性は高い。鄭惠先 (2002) は、人称詞における日韓の頻度差についての調査で、話し手自身を指す名詞である「単数形自称詞」の頻度において、韓国語の方が日本語に比べ高いことを指摘し、その要因の一つとして「限られた場面での言語形式のパターン化」を挙げている。例えば、知人に電話をかけ自分であることを示すような場面において、韓国語の場合「저 박 감독입니다 (わたくし、パク監督です)」のように「自称詞 (無助詞) ＋述部」と固まった表現で現れるのに対し、日本語は自称詞を用いず述部だけを言うケースが多いということである*5。この議論は、助詞の使い方について見ているものではないが、特定の場面において自称詞の使い方が日韓で異なり、さらに、それが特定の場

面で固まった表現（言語形式のパターン化）によるものである可能性を示している。このような考え方によると、上述の「知らなかったある事実を知り、これまでそれとは違う情報を持っていたということを表す」場面では、韓国語では「나는～ 줄 알았다 naneun jul alassda（私ハ～と思った／思っていた）」、「나는～ 줄 몰랐다 naneun jul mollassda（私ハ～と思わなかった／知らなかった）」という表現が、日本語では「私φ～と思った／と思っていた」、「私φ～と思わなかった／知らなかった」のような表現がパターン化しているのだと言えるのかもしれない。

これらの固まった表現において、なぜ韓国語はeun/neunが、日本語は無助詞が用いられるようになったかということについては、上述のように、話し手に関する情報を述べる際、聞き手との「対比」を発話に反映する韓国語に対し、日本語は「対比」がやや強い文脈においても単なる話し手の性質として述べる傾向があるという説明ができる。話し手以外のものについては特にこのような現象が見られないので、これは「話し手」に関わる情報を伝える際の手法が日韓で異なるという観点から考えるべきであると思われる。第6章では限定的現場性について述べた。話し手というのは、発話の現場に常に存在するものでもあるが、聞き手と対比的に捉えられる可能性を常に持っているものでもあることから、話し手が自分自身について述べる際に、発話の現場に存在するものとして「指差すように取り上げ」それについて述べるか、聞き手を初めとする別の要素と「対比」される存在として捉えるかは、話し手の任意である。それが、言語によって異なる傾向を持つということは、文法の問題を越え、社会・文化的な要素が関与している可能性を示唆する。例えば、韓国では、「他の人がどうであれ、私に関してはこうである」（ハ・eun/neunを用いること）と表現することが、社会的にそれほど違和感を与えないものであり、逆に自分の状態・意見をはっきり表す表現として捉えられるのに対し、日本ではそれが他人のことを配慮しない表現としてあまり好まれない、などと考えられないだろうか。このような考え方には更なる検証が必要であろうが、とりあえず、ここでその裏づけの一つとして用例を示してみると、次のようなことがある。日本語において話し手を表す主語にハが用いられた例を観察してみると、上で挙げたような「一般的なことに対する自分の考え」ではなく、「話し手個人に関わる経験や状況などを述べるもの」が多い。

(22) (二人きりになって会話を始める場面)

1 J02AM: じゃぁ、話そうか。(笑)

2 J02BM: 何喋りますか。(笑)

3 J02AM: いや、でも、なんか、ねぇ、なんかいきなり話せっていうのはねぇ。

4 テーマとかがないと。

5 J02BM: そうですよねぇ。

6 J02AM: なんか、じゃぁ夏休みの予定は。(笑)

7 J02BM: 夏ですか?

8 僕はレポートに追われそうですね、八月は。

〈J02-MM〉

(23) (再掲) (J02BMの留学先の大学について話している)

1 J02BM: 確かにそうですね。

2 ○○○大の人って飲む場所が決まってて(ああ)同じ日に授業の、

3 パーティー、コンパがあって、二次会被るんですよ。

4 J02AM: あぁ。はいはいはい。

5 J02BM: だいたい一次会の次に二次会行くとこ決まってて。(はいはいはい)

6 だいたいごちゃ混ぜになって、あとはもうカオスですね。

7 J02AM: へぇ。でタクシーで帰ったの、やっぱり?

8 J02BM: タクシーとか、いろいろありますね。

9 僕とかは、僕はまぁ寄宿舎だったんで、そのまま歩いて帰ったりとかしてましたね。 〈J02-MM〉

(24) (J04AMが海外旅行の経験を話している)

1 J04AM: ○○さんぐわって前の列のとこに××××って。(J04BF笑)

2　　　　　で彼女は自分のチケットが取れたんです。
3 J04BF:　へえ。
4 J04AM:　もう後5分で出発するっていう飛行機のチケットが取れて。
5　　　　　僕はそのだいぶ後ろだったんで、まだ1時間半くらいかかったんですけど。〈J04-MF〉

(25)（J06AMが有名人と同じ学校に通ったという話の後）
1 J06BF:　でも普通に話したりはしてたわけでしょ。
2 J06AM:　まあ、みし、俺は顔見知り。
3 J06BF:　うん。
4 J06AM:　向こうは知ってるかどうか知らない。（笑）
〈J06-MF〉

(26)（映画と映画館の話がしばらく続いた後）
1 J07BM:　うん。［空白］み、観に行くとしたらどの辺に行く？
2 J07AF:　私は大抵吉祥寺なんだけど、
3 J07BM:　うん。
4 J07AF:　あのー、たまにね、特定の場所でしかやってないってのがあって。〈J07-MF〉

(27)（大学に入ってから変わったことなどについて話している）
1 J10AM:　しかし、あれだな、まあ、俺は早起きするからあまり関係ないんだが、
2　　　　　恐らく、あの、早起きしなくなって楽になったと思う人もいるだろうけどな。
3 J10BM:　うん。でもね、実際はさ、（うん）高校の時代より早く起きなきゃいけないんだよ。〈J10-MM〉

当然これらの例におけるハ文は、「話し手」と他の何かとの「対比」用法で使われていると考えられるが、全て「話し手個人に関わる経験や状況などを述べるもの」である。(19)～(21)のような、他の人と意見が違う可能性のある一般的・客観的な事実に対する自分の意見を述べる際は、殆ど無助詞文が用いられるのである。韓国語では、話し手の個人的な経験や状況を述べる際も、一般的・客観的な事実に対する自分の意見を述べる際も、聞き手や他人との「対

比」を（eun/neunを用いて）言語表現に取り入れるのである。このような違いが、結果的に統計的な数値に反映されたのだと考えられる。

しかし、このような違いは、i/gaの場合とは違って、助詞類そのものの用法の違いに直結するものではなく、それぞれの用法を持つ助詞類をどのように応用するかという、文法現象としての助詞類の用法とは次元の異なる問題である。というのは、話し手を表す名詞句に用いられるi/gaとガの違いは、談話において「導入」機能を果たすために用いられるi/gaが韓国語に存在するのに対して、日本語のガにはそのような用法が存在しないことから生じる、談話・語用論レベルにおける用法の問題であるのに対し、上述のeun/neunとハの違いはそのような用法の違いではないのである。

これまで、話し手を表す主語名詞句を持つ例を取り上げ、韓国語と日本語の違いについて考えてみた。発話の現場に存在する人としての話し手を「指差すように取り上げ」述部でそれについて述べる無助詞文が多い日本語に対し、韓国語ではi/ga文やeun/neun文が多いことから、まず話し手を表す主語名詞句を持つi/ga文について分析し、その用法がi/gaの基本用法から派生した「指定」用法であることを述べた。特に、「指定」のi/gaを有するi/ga文は、「導入」という談話上の働きも持つことを見た。このような、i/gaの「指定」は、「候補」が特に想定されず、「候補」に対する否定の意味も弱いため、話し手を表す主語名詞句だけではなく様々な文に現れ、i/gaの頻度が非常に高いといった韓国語の助詞類における一つの特徴を作るのである。一方、韓国語では話し手を表す主語名詞句に比較的にeun/neunが多いことについて、無助詞、ハ・eun/neun文の例を分析した。これについては、単なる助詞類の用法の違いではなく、述べる内容によって言語ごとに助詞類の使用が異なることから、社会・文化的な要因が関わっている可能性について述べた。

2. 疑問詞疑問文における助詞類の使い分け

述部に疑問詞を持つ疑問詞疑問文については、韓国語ではi/gaが、

日本語ではハが用いられやすいという指摘があった。田窪（1990）では、「고베 대학이 어디 있습니까？gobe daehag-i eodi issseubnikka?（* 神戸大学ガどこにありますか）」のような疑問詞疑問文における日韓の違いに言及し談話における知識の導入と管理という観点から次のように述べている。日本語では、ハの付いた「神戸大学」は既に談話に導入されているのだと考えられるが、韓国語ではそうではないと指摘し、韓国語で eun/neun を使えるのはハに比べて限られる場面であるとしている。また、このような違いにもかかわらず、日本語のハと韓国語の eun/neun は、談話の初期値を含む「共有の知識」を導入するという点で共通しており、談話の初期値の量が日韓で異なる（日本語の方が多少多い）のだとしている。田窪（1990）は、ハもガも使えない場合については議論から外しているが、このような疑問詞疑問文における日韓の違いは、本書の観点からすると次のように言うことができる。韓国語の場合、eun/neun が使えないのは、それを使うと「対比」の意味が出てしまうためであり、ここにおける i/ga は、「排他」の意味が薄れて殆どなくなってしまった「指定」の用法である。また、日本語の場合、ガが使えないのは、その「排他」の意味のためで、ここにおけるハは eun/neun が持たない特殊な意味を持つ用法であると考えられる。本節では、このような疑問詞疑問文における日韓の助詞の違いを、これまで見てきた無助詞との関係を考慮しながら、考えてみたいと思う。

田窪（1990: 840）は、さらに次のような例を挙げている（提示の仕方は元の論文より）。

（28）nayil-i ilyo ilippnikka?（* 明日が日曜日ですか。）

（29）onul-i emeni-nal ici-yo?（* 今日が母の日ですね。）

（30）i kes-i mwes-ipnikka?（* これがなんですか。）

（31）ney-ka sumwu-sal ici?（* 君が 20 歳でしたね。）

これらの例における主語名詞句は全て i/ga を取っており、同じ意味の日本語文は、全てガは駄目でハを取らなければならない。実際の談話でも似たような例が見られる（32）～（33）は韓国語、（34）～（35）は日本語の例）。

（32）（K09AF が自分のアルバイトについて話している）

1 K09AF: 수입물품 파는 걸 하거든요. 그래서, 되게 설명을 많이 해야 돼요.
2 신기한 게 되게 많아요. 막, 그냥 접시인데도 되게 좀 신기하게 생겼어요.
3 그러니까 막,
4 K09BF: 아, 아.
5 K09AF: 네, 어, 이게 뭐야? 손수건이야? 막 이래요, 접시를 보시고.
eo, ige [igeos-i] mwo-ya?
[感嘆], これ-ガ 何 (-[copl]) -[普通 (疑問)] ?
6 K09BF: 후훗. 〈K09-FF〉
1 K09AF: 輸入品を売ってるんですよ。それで、すごく、沢山説明をするんですよ。
2 不思議なものが多いんですよね。ただのお皿なのに、不思議な形なんですよ。
3 だから、その、
4 K09BF: あ、ああ。
5 K09AF: はい。え、これガ何?ハンカチなの?って言うんですよ、お皿を見て。
6 K09BF: フフ。
(33)(専門家を招待し、肌と紫外線に関する話をする場面)
1 임: 그래서, 요즘에 여성들 화장품 보면, 그건 아주 필수로 뭐 어디 적혀 있죠.
2 뭐라고 적혀 있어요.
3 박: 맞아요. SF, 뭐, EG…
4 원: SPF 라고 그래서, 자외선…
5 임: 그게 무슨 약자죠, 그러니까?
geuge [geugeos-i] museun yagja-jyo [ji-yo], geuleonikka?
それ-ガ 何の 略字-[確認]-[丁寧 (疑問)], だから?
6 원: 그게 Sun Protect Factor 라고 해서 자외선 차단 지수의 약잡

니다. (略)　〈KT01〉

1 イム：　で、最近女性の化粧品を見ると、それは必ずどこかに書かれてますよね。

2　何とかって書かれてますよね。

3 パク：　そうですよね。SF、何とか、EG…

4 ウォン：SPFといって、紫外線…

5 イム：　それガ何の略語ですか、だから？

6 ウォン：それガSun Protect Factorといって、紫外線遮断指数の略語です。(略)

(34) (J05AFの出身地で開かれていた万博について話している)

1 J05AF: 影も形もないですね。

2 J05BF: あ、そうなんだ。

3 J05AF: ええ。

4 J05BF: なんか、子供心にあれ、これお母さんこういうの終わったらどうするの

5 J05AF: もったいない、あ、そ…。

6 J05BF: とかって言ったら、全部壊しちゃう（ええ）と思うよとか言われて、

7　もったいないな！って（J05AF笑）思った覚えがあって。

8 J05AF: ええ。あ、エキスポセンターはあります。

9 J05BF: うーん。

10 J05AF: あの…。

11 J05BF: それは何なんですか。

12 J05AF: プラネタリウムって（うんうん）その頃ありましたかね。　〈J05-FF〉

(35)*6 (電車や地下鉄の利用に関する話をしている)

1 JAF: うん町田の近くからー、こうやってなんか、ま、真下に行くのが江○○線でー、

2　その小○○の方に行くのが、小○○線とか。

3 JBF: ふーん。

4 JAF: 私なんかー、割と秦○とかに行くことが多くてー。

5 JBF: え、どこすかそれは（二人で笑）どこっすか。

6 JAF: ××大学前とかしらないでしょ。 〈IJ-FF〉

ところが、似たような疑問詞疑問文でも別の助詞類が用いられることがある。次の例ではどの疑問詞疑問文も主語名詞句には無助詞が用いられている（(36)～(37) は韓国語、(38)～(39) は日本語の例)。

(36)（バラエティー番組で、芸能人たちの小さい頃の写真を見ながら話している場面）

1 배: 그때는, 제 어머니 일화인데 저를 안고 기차를 타셨대요.

2 기차를 타니깐 그 기차에 엄앵란 선생님［탤런트］이 타셨대요.

3 제가 살던 곳이 부산인데 서울까지 안고 가셨대요.

4 서: 엄앵란 선생님이?

5 배: 네, 너무 이쁘게 생겨가지고…

6 서: 야, 이거 ϕ 누구야? 누구에요?

ya, igeo- ϕ nugu-ya?

［感嘆］, これ- ϕ 誰（-［copl］）-［普通（平叙）］?

7 정: 손무현 씨 같은데요. 〈KT02〉

1 ペ: そのときは、うちの母の一話であすけど、私を抱いて列車に乗ったんですって。

2 列車に乗ったら、その列車にアムエンラン先生［タレント］が乗られたんですって。

3 私が住んでたのは釜山だったんですけど、ソウルまで抱いて行ってくれたんですって。

4 ソ: アムエンラン先生が?

5 ペ: はい。あまりにも可愛らしくて…。

6 ソ: おぉ、これ ϕ 誰?誰ですか。

7 チョン: ソンムヒョンさんのようですけどね。

(37)（ペットに興味がある二人。犬種について話している）

1 K07BF: 네에. 그래가지고, 되게, 되게 잘 따라요.

2 그러니까 골든 리트리버는 되게 잘 따르구

3 래브라도 리트리버는 원래, 라이코스 나왔던 강아지, 아시죠? 그…

4 K07AF: 래버라레로…? 그거φ 무슨 종이지? 잘 모르겠는데.

〈K07-FF〉

geugeo- φ museun jong-i-ji?
それ - φ 何の 種 - [copl] - [確認(疑問)] ?

1 K07BF: はい。それで、すごく、すごく懐きやすいです。
2 だから、ゴールデンレトリバーはとても懐きやすくて、
3 ラブラドールレトリバーは元々、ライコスに出てた子犬、ご存知ですか。あの…。
4 K07AF: ラバラレロ…? それφ何種? よく分からないけど。

(38)(ピアノが弾けないJ01BFが昔指番号を知らなかくて失敗した経験を話している)

1 J01BF: あたし指番号を知らなくって、何これφ、ド1回押せばいいの? ミを3回!
2 J01AF: (笑) どんな音楽だよ。(笑)
3 J01BF: なんの曲、これφ、みたいな。
4 J01AF: ド、ミミミ、ファファファ、みたいな。(笑)

〈J01-FF〉

(39)(J03BFが海外に語学研修に言った経験を話している)

1 J03BF: 最初○○○に行って、その後に××××に (あー) 行ったんですけどー。
2 なんか、文法中心から会話中心になって。
3 J03AF: へー。
4 J03BF: うん。会話がやりたかったからー、(あー)
5 あとに行った方がよかったんですけど。うん。
6 J03AF: え、それφいつ頃なんですか。
7 J03BF: それは98年位ですねー。 〈J03-FF〉

これらの無助詞文における主語名詞句は、発話の現場に具体的あるいは抽象的に存在するものや、相手が直前に発話したものを指している。話し手は、発話の現場に存在するものを主語に「指差すように取り上げ」、述部でそれに対する情報を要求しており、これは、

無助詞の「指差」用法に当るものである。要するに、一見異なるような韓国語と日本語の疑問詞疑問文でも、無助詞文はこれまで見てきた「指差」用法を保持しており、その点で共通しているのである。

ここで注目されるのは、韓国語におけるi/gaの疑問詞疑問文と日本語におけるハの疑問詞疑問文が、第5章で見たi/ga文とハ文の性質を保っているかという点である。日本語の例（34）～（35）におけるハ文を、（38）～（39）の無助詞文と比べると、当該の文が発話された談話状況に少し異なる点があることが分かる。（38）～（39）の無助詞文は、今聞こえている曲の正体について、または、相手が言った行為の時期について単発的に聞いているものであり、（34）～（35）のハ文は、当該の文における疑問の対象と同類のものがあり（波線部分）、疑問の対象をそのものと対比的に取り上げていることが分かる。（34）では、万博の跡地からなくなった施設やイベントについて話している中で「エキスポセンター」と対比される「こういうの（万博の施設）」が出ており、（35）では、電車や地下鉄で色々なところに行くという話の中で「秦○」と対比される「町田」という地名が登場しているのである。いずれも、所謂「候補」が存在しており、ハの先行名詞句はその「候補」と対比的に取り上げられているのである。

このように考えると、日本語の疑問詞疑問文における無助詞文とハ文は、これまで説明したものと変わらない用法であると言える*7。ところが、韓国語のi/gaは特殊である。（32）～（33）のi/ga文は無助詞文で発話してもそれほど不自然ではない。実際、（32）～（33）の疑問詞疑問文における主語は発話の現場にあるものや直前の発話内容の一部で、現場性を満たしている。（32）～（33）におけるi/gaの疑問詞疑問文では、主語名詞句と「排他」的に比較される「候補」は存在せず、無助詞の疑問詞疑問文に比べ、疑問の対象を強調して取り上げているようなニュアンスがある。このことから、疑問詞疑問文におけるi/gaは「指定」用法のi/gaであると見ることができる。

一方、eun/neunの疑問詞疑問文は、「対比」の用法を保っていると思われる。

(40)（アルバイトの話題で。K01BMが色んなバイトを探していた経験を話している）

1 K01BM: 그 다음에 그래가지고 진짜 막 별별 알바 다, 다, 없어요.
2 생각해 봤는데 ## 십구금 알바 있어서…
3 K01AM: 십구금 알바가 뭐야?
4 K01BM: 그거요? 무슨… 뭐야, 뭐 무슨 마사지 알바?
5 K01AM: 으아! -중략- 그거 혹시 남자 좋아하는 남자들 하는 거 아냐?
6 K01BM: 예. 그런 남자들 하는 거예요. 그런 알바도 있고 해가지고…
7 K01AM: 그건 얼마야?
geugeo-n eolma-ya?
それ-ハ いくら（-［copl］）-［普通（疑問）］?
8 K01BM: 그거요? 일당 십오만 원인가? 〈K01-MM〉

1 K01BM: それで、その次に、で、本当、ありとあらゆるバイトを、もう、ないんですよ。
2 考えてみたら、##19禁バイトがあって…。
3 K01AM: 19禁バイトって何?
4 K01BM: それですか。何とかの、何だ、何とかのマッサージバイト?
5 K01AM: うぉー。-中略-それもしかして男を好きな男がやるものじゃないの?
6 K01BM: はい。そんな男がやるんですよ。そういうバイトもあって…。
7 K01AM: それハいくら?
8 K01BM: それですか。日当15万ウォンだっけ。

(41)（会話がほぼ終わろうとしているときに、収録の始めに配られた資料を見ながら）

1 K01BM: 음. (사이) 다 표준어를 써야 된다네.
2 야, 그러면 이거 수도권 벗어나는 사람들은 이거…
3 K01AM: 설마.
4 K01BM: 아니, 맞잖아요, 표준어. 표준어와,

5 이건 뭐야?
igeo-n mwo-ya?
これ-ハ 何（-［copl］）-［普通（疑問）］？
6 K01AM:진짜?
7 K01BM: 예.
8 K01AM:그러네.（긴 사이）
9 K01BM: 뭐야, 구속 시간 한 시간. 〈K01-MM〉
1 K01BM: うん。（空白）全部標準語を使わなければならないんだって。
2 おい、じゃ、首都圏以外の人はもう…。
3 K01AM: まさか。
4 K01BM: いや、そうですよね、標準語。標準語と、
5 これハ何？
6 K01AM: マジ？
7 K01BM: はい。
8 K01AM: そうだな。（長い空白）
9 K01BM: 何、拘束時間1時間。

これらの例における eun/neun 文は、主語名詞句が指している疑問の対象と比較される「候補」（波線部分）が談話上に存在し、かつそれが疑問の対象となる主語名詞句と「対比」的に取り上げられていることが分かる。これは、疑問詞を有さない文における「対比」用法と同様である。

以上、述部に疑問詞を持つ疑問詞疑問文における日韓の違いについて述べた。述部に疑問詞を持つ疑問詞疑問文の主語名詞句（＝疑問の対象）においては、日本語では絶対ガは現れない場所に韓国語は i/ga が用いられる場合を確認した。このような i/ga は、先行名詞句と語用論的に比較される「候補」が明らかではなく、「排他」の意味も薄いことから、前節で論じた「指定」の一種であると考えられる。一方、日本語における疑問詞疑問文のハは、資料に現れたものに限っては、談話上「対比」の意味を全く持たないと判定できるような例は見つかっていない。さらに、田窪（1990）の挙げた(28)～(31)の韓国語文は、それが使えそうな談話状況を考慮し

て日本語に訳すとハ文よりはッテなど別の助詞類で表現した方が本来の意味に近いと思われる（ここでもう一度引用する）。

(28) nayil-i ilyo ilippnikka?（* 明日が日曜日ですか。）

(29) onul-i emeni-nal ici-yo?（* 今日が母の日ですね。）

(30) i kes-i mwes-ipnikka?（* これがなんですか。）

(31) ney-ka sumwu-sal ici?（* 君が 20 歳でしたね。）

即ち、疑問詞疑問文における i/ga は、ハの意味の一部と重なるのではなく、ハが持たない意味を有すると見るのが妥当であると思われるのである。ということで、本節では、疑問詞疑問文においては韓国語の i/ga 特有の「指定」用法が働いており、無助詞やハ・eun/neun などは第 5 章で見たような用法をそのまま有することを確認した。

3. 助詞類のその他の意味用法

本章では、第 5 章と第 6 章で述べた無助詞文の用法が日韓で異なるように見える二つの場合を取り上げ分析を行った。その結果、無助詞文の用法そのものは日韓で変わらないが、韓国語の i/ga は、話し手を表す主語名詞句の場合や疑問詞疑問文などにおける「指定」という、日本語のガには存在しない意味・用法を持つことを見た。ここでは、日本語のハについて、eun/neun との違いに注目しながらもう少し分析を行いたいと思う。ハには韓国語の eun/neun に見られない次のような用法がある。次は、相手の直前の話やその話の一部を「それ」と取り上げ感想を述べるという文脈でハ文が用いられている例である。

(42)（1 年生の J08BF が入試で世界史の細かいことまで暗記していたという話の後）

1 J08AM: 特に、じゃあなんか、あれですか、社会系ですか。
2 　なんか、なんか例えば社会学とか。
3 J08BF: いや、法学部ですね。私○○○類なんですけど。
4 J08AM: あ、法学、だからか社会がけっこう。
5 　あ、でも公民とかじゃなくていいんだ。

6 J08BF: あ、なんか○大でどうせ世界史の論述やるんで、
7 だったら世界史やろうかなと思って。
8 J08AM: あっ、なるほどなるほど。
9 J08BF: はい。
10 J08AM: それはいいですね。じゃあ、絶対○○学部にはこないですね。
11 J08BF: こないですね。 〈J08-MF〉

(43)(J10BMが、大学生になって寮から大学まで遠いと話し出すと)
1 J10AM: うん。ま、遠い方がいいっていう場合もあるよな。
2 あの、近い人ほど、が、寝坊した、寝坊というか、なんだ、油断して
3 遅刻するっていうことが多いから。
4 いたんだよ。あの、中学校の頃さ、中学校の隣に家を構えてるやつがいてさ、
5 あの、なんだろう、徒歩30秒ぐらい、もうちょっと短いか。
6 本当に学校の隣だから(うん)よく遅刻してたな、そいつ。
7 うん。本当に休み時間に忘れ物をとりに帰れるぐらいの距離だから。
8 J10BM: や、俺も、だから学校歩いて1分だったよ。
9 J10AM: あ、それは近いな。 〈J10-MM〉

(42)のハ文は、相手が入試に有利になるように世界史を勉強していたという話全体を「それ」と取り上げ、それについて述部で「いい」と自分の感想を述べているものである。(43)のハ文は、相手の直前の発話の内容を「それ」と取り上げ、述部で「近い」という感想を述べるというものである。これらのハ文は、直前の相手の話やその一部に関する感想を単に述べるだけで、ハに先行する名詞句と特に「対比」されるものは想定できない*8。さらに、この談話は、直前の相手の言葉を「指差すように取り上げ」それについて述べる無助詞文の「指差」用法でも不自然ではない談話であり、

敢えてハ文にすることで話し手の驚き、意外さなどの感情を表していると言える。同じような談話状況で韓国語はeun/neunが使えない。韓国語では次のように名詞句そのものが現れない述語だけの文になることが多く、eun/neun文は現れない。

(44)(KF12Bがコンピュータを学ぶ計画であることを話している)

1 KF12B: 학원에서조차 질질 끄는 것도 같구… 교재두 막. .. 엄청 많이 사라 그러구…

2 막 그래가지구…

3 KF12A: 어. .. 굳이 그럴 필요 없는데. .. (예에) 그래. ..

4 KF12B: 포기했어요. 통신에서두 강좌 같은 거 많이 있으니까. .. 그런 거 보구 할려구. ..

5 KF12A: **어. .. 괜찮네.** 〈OI:K-FF〉

eo... gwaenchanh-ne.

[感嘆] … 大丈夫だ-[発見(平叙)].

1 KF12B: 語学学校でもダラダラするし、教材とかもすごい沢山買わされるし…。

2 それで…。

3 KF12A: ああ、そこまでする必要はないけですどね。(ええ)そう…。

4 KF12B: 諦めました。通信でも講座とか多いから、そういうの見ながらやろうと思って…。

5 KF12A: ああ、いいね。 〈OI:K-FF〉

(45)(初対面の二人が自己紹介をする場面)

1 K06AM: 예. 저 ○○대학교 다니는데, 거기 학교 앞에서 자취해요.

2 K06BM: 아. 서울이 집이 아니신가 보네요.

3 K06AM: 예. 집은 원래 ×× [지명] 데요. (웃음)

4 K06BM: **아, 머네요.** 〈K06-MM〉

a, meo-ne-yo.

[感嘆], 遠い-[発見]-[丁寧(平叙)].

1 K06AM: はい。私○○大学に通ってて、そこの学校の前で一人暮らししてます。

2 K06BM: あ、ソウルが家ではないんですね。

3 K06AM: はい。家は元々××［地名］ですけど。(笑)

4 K06BM: あ、遠いですね 。 〈K06-MM〉

(44) は (42) の談話状況と、(45) は (43) の談話状況とそれぞれ似ているが、韓国語の場合は、ハ文の日本語と違って、名詞句を取らない述部だけの文になっている。このような述部だけの文は、本書では主な観察対象ではないが、上記のような、相手からある情報を聞き「驚き」や「感嘆」などの感情を「相槌」を打つような形で表す談話においては非常に一般的なものである。(42) ～ (45) の談話状況では、「あ、いい」、「あ、近い／遠い」と形容詞を使った感情を表現しているが、日本語の方は「それは」という名詞句が入り、韓国語の方は名詞句そのものが現れないといった違いがあるのである。名詞句そのものが現れない現象については第2章で述べたが、それによると、以上の韓国語話者たちは日本語の「それは」に当たる部分を言語化する必要性を感じていないことになる。この違いについての具体的な分析は更なる自然談話の観察が必要だろうが、少なくとも、(42) ～ (45) のような談話状況において、日韓の言語間で違いがあることは明らかである*9。

一方、先行談話に登場している名詞句を取り上げ、述部でそれについて述べるという似たような文脈では、「それ」などの指示表現ではなく、名詞句がそのまま繰り返される場合がある。日本語ではこの場合でもハ文で現れることが多いが、韓国語では無助詞文として現れることが多い。次の日本語と韓国語の例は、相手から話を聞いた後、その話に登場した名詞句を取り上げ、述部で感想を述べるというものであるが、日本語はハ文で、韓国語は無助詞文で現れている。

(46)（共通の友人が最近一人暮らしになったという話題から独身寮などに関する話をしている）

1 J05BF: ええ。うちの夫も（ええ）独身時代1万円ぐらいで住んでて。

2 J05AF: あ、そうですか。

3 J05BF: ええ。いいなと…。

4 J05AF: 会社の寮みたい…。

5 J05BF: 会社の寮で。

6 J05AF: あ、1万円はいいですよね。

7 J05BF: そうですね。 〈J05-FF〉

(47)(先輩のK01AMがKATUSAについて説明している場面)

1 K01AM: 일단 주말에 쉬는 거야. 그리고 영어도 또 배울 수 있겠지.

2 아무래도 미국인이랑 같은 방 쓰니까, 내무실이 아니라.

3 그냥 두세 명이서 한방 쓴다던데.

4 K01BM: 와, 카츄사φ 좋다. 친구 중에 딱 한 명 됐는데 그거.

〈K01-MM〉

wa, kachyusa-φ joh-da.

[感嘆], KATUSA-φ 良い-[普通(平叙)].

1 K01AM: 一応週末は休みなんだよ。それから、英語も覚えられるだろうし。

2 どうしても、アメリカ人と同じ部屋使うから、内務班じゃなくて。

3 ただ2、3人で一部屋を使うそうだけど。

4 K01BM: わぁ、KATUSAφいいなあ。友達で、たった一人なったんだけど、それ。

韓国語の例においてeun/neunの使用は非常に不自然である。ここでeun/neun文を使うと、「KATUSA」と他の軍隊とを強く対比する意味が生じ、逆に「KATUSA」に対する話し手の感心や驚きといった感情が前面に出せなくなってしまうためと考えられる。これは、韓国語のeun/neunと日本語のハの最も異なる点であると思われる。要するに、韓国語のeun/neunは常に「対比」の意味を有するか、少なくとも日本語のハ以上に「対比」の意味が強いと考えられるのである。

以上のように、相手の直前の言葉に対する自分の感情を、相槌を打つような形で表す場合、韓国語では述語だけの文や無助詞文が多いのに対し、日本語はハ文を用いるといった違いを確認した。このような場合のハは、対比される候補も想定されず、韓国語ではeun/neun文になれないことから、明らかに「対比」の用法ではない。ハ文全体は、談話における働きとしては「相槌」のような役割を担っていると言うことができる。本書では、このようなハの用法を仮に「設定」と呼んでみる*10。eun/neunは「設定」の用法がないため、eun/neun文をもって相槌のような働きをすることは不可能である。

これまで述べてきた各助詞類の意味・用法を、その助詞類を主語に持つ発話文の談話における働きと共に表にまとめてみる（点線で分けられているセルの上段は助詞類の「意味・用法」で、下段は当該助詞類を主語として持つ文の「談話上の働き」である）*11。

表7–1　各助詞類の意味・用法

意味・用法（韓国語）		**助詞類**		意味・用法（日本語）	
特殊	共通	**韓国語**	**日本語**	共通	特殊
	指差	**無助詞**	**無助詞**	指差	
	喚起（存在述語）			喚起（存在述語）	
指定⇦	排他	**i/ga**	**ガ**	排他	指定×
導入	—			—	
設定×	対比	**eun/neun**	**ハ**	対比 ⇨	設定
	—			—	相槌

表7–1の説明をすると、まず無助詞は韓国語と日本語で「指差」用法を共に有する。さらに、無助詞主語と存在述語を持つ一部の無助詞文は、談話の中で「○○ 있잖아요 ○○ issjanhayo・○○あるじゃないですか」のような形として現れ、新しい話題を持ち込む際、聞き手にその話題と関わる何かを喚起させ話題にスムーズに入るための道具として用いられる。助詞i/gaとガは、どちらも「排他」用法を持つが、i/gaは時々無助詞に言い換えられるほど「排他」の意味が薄れ単に主語を指定するだけに見える「指定」用法を持つ場合がある。このようなi/ga文は、談話において新しい話題を導入する文として用いられることがある。しかし、日本語のガは「排他」の意味が薄れにくく、「指定」用法を持たない。一方、eun/neunとハは、「対比」用法を共に持つが、ハは時々「対比」の意味が薄れ

「設定」用法になる場合がある。この「設定」用法を持つハが主語に用いられた文は、談話において聞き手の発話に相槌を打つようなものとして用いられる場合がある。この用法はeun/neunには存在しない。

ガ・i/ga及びハ・eun/neunには、ここに挙げているもの以外にも、日韓で共通・相違する意味・用法が存在するであろうが、本書では無助詞と関わる部分を中心に取り上げた。i/gaが「指定」用法を持つような談話で日本語のガは現れず無助詞文になる場合が多く、ハが「設定」用法を持つような談話で韓国語のeun/neunは現れず無助詞文（あるいは述部だけの文）になることが多かった。i/gaの「指定」用法とハの「設定」用法は、それぞれ「排他」や「対比」の意味が薄れることによって派生したものと考えられるが、何故ガとeun/neunではこのような派生が起こらなかったのかは明確ではない。一つ考えられることは、「指定」のi/ga文と「設定」のハ文が果たす談話上の働きに注目すると、それぞれの談話状況における必要性から逆に助詞類の用法が生まれたものと見ることができる。要するに、韓国語と日本語では、それぞれ「導入」と「相槌」のような談話状況が発達し、一部の助詞類においてそのような談話に適するよう意味・用法の派生が起こったのだと考えられないだろうか。

第7章では、日韓共通の無助詞の意味・用法を確認しながら、日韓で異なる働きを見せるいくつかの場合を取り上げ、これまでの分析方法を応用して説明した。話し手を表す名詞句が主語になる場合、日本語は無助詞が多く韓国語はi/gaが多いという統計的な結果を踏まえた質的な分析を行い、日韓の違いを突き詰めた。どちらの言語とも、自分の属性について単発的に述べる際は無助詞文が自然に用いられるが、特に韓国語の場合i/gaの「指定」用法から生じるi/ga文の「導入」という特殊な談話上の働きによってi/ga文が相対的に多いということを述べた。また、韓国語では話し手を表す主語名詞句に比較的にeun/neunが多いことについては、単なる助詞類の用法の違いではなく、述べる内容によって言語ごとに助詞類の使用が異なることから、社会・文化的な違いが関わっている可能性について述べた。疑問詞疑問文における日韓の助詞類の違いにも言及し、韓国語のi/gaだけに存在する「指定」用法を再び確認した。一方、日本語には韓国語のeun/neunに存在しない「設定」の意味があり、韓国語ではeun/neun文が用いられないところに頻繁に現れることを見た。日韓で共通する部分が多い無助詞に対し、有形の助詞類においては、i/gaの「指定」とハの「設定」のように、日韓でずれる部分があることを確認した。ガ・i/gaやハ・eun/neunの意味・用法及びこれらの日韓対照についてはさらに細かい分析や記述が要求されるが、本書では無助詞と関わる部分を中心に取り上げ、その全体像については詳しく見ていない。これについては、今後別個の研究で論じることにしたい。

＊1 신창순（1975）、柳東碩（1984）ではi/gaには「指定叙述」と「選択指定」という意味があるとしており、これは概ね久野（1973）の提示した「中立叙述」と「総記」にそれぞれ当るような概念であるが、日本語のガとは異なる韓国語のi/gaの用法があることから、その区別は完全には一致しないものと考えられる。신창순（1975）や柳東碩（1984）では日本語との違いには言及されていないが、「指定叙述」には久野（1973）「中立叙述」に加え、（1）～（4）のような例におけるi/gaも含まれているのである。신창순（1975: 182）では、所謂「総記」（本書における「排他」）を「強調または指定の様態的意味」と説いている。ここでは「指定」という用語のみを借りることにする。

＊2 このi/ga文では、無助詞文と異なり、「도서관 - 을 doseogwan-eul（図書館 - ヲ）」のように副詞句に対格助詞が用いられているが、i/ga文の場合文の他の成分にも助詞を伴うのが一般的である。方向を表す「에 e（に）」ではなく、対格助詞の「을 eul（ヲ）」が用いられると、主語のi/gaと共に強調のニュアンスが生じる。単発的な無助詞文にはなりにくい。

＊3 当然のことながら、「指定」は、話し手を表す主語名詞句のみが有する意味・用法ではない。ここでは、最もその特徴が著しい例として1人称主語文を取り上げている。

＊4 どちらの言語においても主語名詞句が現れた場合に限る。当該構文全体においては、名詞句そのものが現れていない例ももちろんある。

＊5 例は鄭惠先（2002: 35）より引いている。原文には、自称詞に下線が引かれている。

＊6 元の資料に示してあった標識（抑揚表示など）はとり、会話の部分のみを載せている。発話者の標識も変更しており（J2 → JBF、J3 → JAF）、固有名詞は匿名処理している。

＊7　今回のデータでは特記すべき例がなかったものの、先行研究の指摘通り、日本語の疑問詞疑問文にハが用いられやすい印象はある。これは、ハそのものの特殊性というより、話し手主語で考察したような社会・文化的な要因から説明できる可能性があると思われる。あるいは、後述するような「設定」に近いような用法が働いているという説明も可能かもしれない。いずれにせよ、さらに豊富な自然データの分析による考察が求められる。
＊8　(43) の「それ（歩いて1分)」が先行談話の「徒歩30秒」と「対比」されているのではないかという疑問が当然出てくると思われる。しかし、話し手が当該名詞句に言及する際に「対比」の「候補」を認識していなければ「対比」用法とは言えない。もし、(43) のハ文の話し手が「徒歩30秒」を「候補」として認識しているならば、ハよりはモを使っていたはずである。なぜなら、談話の内容を観察すると、どちらも「学校―家間距離が近い」という内容で、むしろ「それ」が指す距離（徒歩1分）より先行談話に登場している距離（徒歩30秒）の方が近いからである。さらに、「「徒歩30秒」はどうであれ（または、近くないけど)「歩いて1分」は近い」という「対比」として捉えるとしたら、意味の矛盾だ生じてしまうので、このハ文の話し手は談話文脈を「対比」と捉えていないものと考えられる。
＊9　このような談話状況で、韓国語も相手の話（の一部）を「그거 geugeo（それ)」と受け述部で感想を述べることがあるが、その場合日本語と違って eun/neun は使えず無助詞文になると予想される。ただ、資料には使用例が現れていなかった。
＊10　この「設定」というネーミングは、あくまでも本書における記述の便宜を図るためであり、ハの特徴の一部を代表できるような精密な名称ではないことを断っておく。このことは、i/ga の「指定」も同様である。注意されたいことは、本書では、助詞類そのものの意味・用法（「排他」「対比」など）と、その助詞類が用いられた文の談話における機能（「導入」「相槌」など）を区別していることである。
＊11　表における「×」は、当該の意味・用法を持たないことを表し、「―」は本書で別途考察していないことを表す。

第8章
情報構造と主題

第5章から第7章では、第3、4章での統計結果を踏まえ、談話における無助詞の意味・用法について分析した。無助詞は発話の現場に存在するものを「指差すように取り上げ」、述部でそれについて述べる「指差」用法を持つことを見た。ところで、第1章で見たように、無助詞を論じた多くの先行研究では、無助詞を「主題」の機能を持つものと「単なる格助詞の省略」の二つに分けている（丹羽1989、長谷川1993、丸山1995, 1996、野田1996など）。従来、eun/neunやハが主題をマークする唯一の助詞とされることもあったが、近年はこのように無助詞やその他の助詞類についても主題との関連性について言及されるようになり、主題は助詞類の記述において一層重要な要素となってきているようである。しかし、例えば、無助詞には主題と主題ではないものがあるとする先行研究でも、無助詞の主題とはどんなものかについてはごく皮相的な記述にとどまっている。実際、発話の現場に存在するものを指差すように取り上げ、それについて何かを述べるといった無助詞の「指差」用法は、見方によっては所謂「主題―解説」と非常に類似しているように見えるが、「指差」用法を先行研究のように「主題の無助詞」などと言い切るのは、本書の立場からすると大変危険である。主題は文の情報構造などと関わる概念であり、助詞類の固有の意味・機能とは独立して存在しながらも、常に共存するものである。もし無助詞と「主題」が影響を与え合うことがあるとしたら、どのような形で関係しているのか、「指差」用法はどのように位置づけられるのかを追究しなければならない。このことを明らかにすることによって、無助詞の意味・用法に対する理解が深まり、ハ・eun/neunとガ・i/gaと無助詞の文法的な位置づけがさらに明確になると思われる。

本章と次章では、このような課題を調べるため、無助詞と主題及び情報構造との関係に焦点を当てたいと思う。本章で、助詞と情報構造との関係を論じた先行研究を検討した後、主題など情報構造に関わる概念の整理を行う。その上次章では、ハ・eun/neunやガ・i/ga、無助詞などの助詞類と情報構造の関係を、実際の例を観察しながら分析していくことにする。

1. 発話文の情報構造について

日本語において、ハとガを情報構造の問題として認識した代表的なものは三上（1960）であろう。三上（1960）では、ハを提題（題目の提示）助詞とし、その本務は題述の呼応（心理的、大きく係る）にあるとした。三上（1970: 56）では、Topic-Comment（主題 - 説明）関係について、「平叙文のかなりの部分は、あるモノ（something）について、あるコト（something）を述べている。このあるモノをtopicと言い、残りの部分をcommentと言う」と述べている。また、三上（1972: 81–82）では、主語と主題（及び主格）の問題を取り上げ、次のような問答において問と答に共通する成分が主題であるとした。

――扁理ハドウシタ？　　――扁理ハ到着シマシタ　（顕題）
――誰ガ到着シタ？　　――扁理ガ到着シタンデス（陰題）
――何カにゅうすハナイカ？　――扁理ガ到着シマシタ　（無題）

「扁理ガ」は「主格補語」となり、ガは主格助詞で、主格補語を述語と論理的に結ぶ（小さく係る）役割をするという。「はだしの名詞句」即ち、本書で言う無助詞名詞句も、その「実物に目くばせしたり、指で指さしたりすることに相当する効果」（三上1960: 175）の故に、しばしば提題の役割を果たすとしている。しかし、無助詞がどのような条件の下で提題の役割を果たすかという問題については次のように述べ、題目（主題）そのものの規定に困難があることを示している。「助詞が抜けている場合に、そこの名詞を題目と認めるか否かは、吟味を要する問題になります。（改行）残念ながら、この吟味もまだまだ不じゅうぶんで、題目の条件はいくらもわかっていません」（三上1960: 174）。同氏は、モにしても無助詞にしても、その形のものが全て題目であるとは限らないとし、提題の中心は「Xハ」であるとしている。

無助詞を提題（主題）と単なる格助詞の省略の二つに分ける見方は、第1章で紹介したように、その後の研究にも影響を与えている。三上の議論は、助詞が付かない題目態を「単説題目態」と見た松下（1928）と同様の観点に立ち、主題の問題を助詞の問題と密着させたと言える。このような情報構造と助詞の関係をさらに発展させたのが久野（1973、1978）である。久野（1973）は、ハを「主題」と「対照」（=「対比」）に、ガを「総記」と「中立叙述」に分け、それぞれの助詞に先行する名詞句の情報的性質について述べている。久野（1973: 229）は、無助詞については、「主文の主語をマークするガは会話文でも省略できない。主文に助詞を伴わないで現れる主語は、全てハの省略の例である」としており、無助詞文が場合によってハ文と同じような情報構造を帯びることを示唆している。

このような日本語における助詞の研究は、似たような助詞体系を持つ韓国語の助詞の研究にも多くの影響を与えた。無助詞を含めた助詞類の情報構造について論じたのは、第1章でも紹介したが、無助詞を含んだ助詞 eun/neun と i/ga を情報構造と関連付けた유동석（1984）が本格的であるように思われる。유동석（1984）は、eun/neun と i/ga の二項対立の構図から拡張し、「通報機能量（communicative dynamism: CD）」の高低で三つの助詞類の使い分けを説明しようとした。同氏によると、i/ga、eun/neun は様態辞（modalité）の一種で*1、通報・語用部で［i/ga］、［eun/neun］、［φ］を交替項目とする一つの体系をなし、これら助詞の前の項目の内容が後の項目のそれより CD が大きいときは i/ga が、小さいときは eun/neun が選択され、さらに前後の通報機能量が同じであるとき［φ］が選択されるという。この議論は、情報構造と韓国語の助詞の関係を文法的にまとめようとした点で評価され、本書とも通じるところがあると既に述べた。さらに、情報構造と助詞類を談話・語用論レベル（「通報・語用部」）で捉え、独自の文法体系を立てようとしたのは卓見だったと言える。しかし、この論文では、「通報機能量」の概念そのものが曖昧で、議論が理論的な説明にと

どまっており、実際の談話でどのようにこれらの概念が適用されるのかが明確に説明されていないなどの問題がある。助詞類と関わる情報構造が全て「通報機能量」で示されているので、結局「通報機能量」とはどのような情報なのかという原論的な問題に帰せられるのである。유동석（1984）は、「通報機能量（CD）」がプラーグ学派の提唱したそれと同じものであるとしているが、助詞の使用に関わる部分における具体的な検証は行われていない。

このように助詞類と情報構造を関連付けた先行研究を検討してみると、ハ・eun/neunや無助詞が「主題」をマークすることがあるという記述においても、助詞類は何らかの情報量によって使い分けられるという記述においても、「主題」とは何か、情報量はどうやって測定できるのか、ハの主題と無助詞の主題はどう異なるかといった問題は残ることが分かる。このような、助詞の問題に先立つ文の情報構造そのものについて比較的詳細に論じているものに박철우（2003）がある。박철우（2003）は、文の情報構造に関する様々な理論を検討した上で、Vallduví（1990）の理論を受け入れ、韓国語の助詞の問題に適用している。Vallduví（1990）は、文を焦点部（focus）と基盤部（ground）に分け、さらに基盤部を連結部（link）と尾部（tail）に分けており、結果的に文の情報構造は次の四種類が可能であるとしている（日本語訳は筆者）。

（1）a.　連結部（link）―焦点部（focus）
　　b.　焦点部（focus：全体焦点）
　　c.　連結部（link）―焦点部（focus）―尾部（tail）
　　d.　焦点部（focus）―尾部（tail）

この中で「連結部（link）」は、文が運ぶ情報を、聞き手の知識貯蔵庫内の特定の住所へと導く「住所指示者（address pointer）」のようなもので、文頭に位置しなければならないという点で、文の「主題」と通じる概念である。박철우（2003）は、韓国語においては、助詞eun/neunが「連結部（link）」を表すとしている。ただし、eun/neunが付いていない要素も、文の情報構造により（焦点が明示的な場合）「連結部（link）」になることがあるとしている。これは、文の情報構造と助詞がどのように関係しているかを比較的明ら

かにしているものであり、結果的に、ハの主題とハがない主題があるといった日本語の場合と類似した観察である。なお、同氏はi/gaが焦点を表すという見解については疑問を呈し、i/gaが付いている要素でも焦点ではない場合があることを指摘している。このことは、eun/neunは必ず当該文において前提された要素であるとしたことと対照的である。

久野（1973）及び高見・久野（2006）では、日本語の助詞類に先行する名詞句の情報構造について比較的詳細に述べている。高見・久野（2006）を引いてみる。この議論では、情報構造と関連する用語の概念について明確な区別を行うことを訴えて、名詞句とそれが取る助詞について次のように述べている。

（2）主題のハでマークされる名詞句の課される制約：主題のハでマークされる名詞句は、「指示対象既知」名詞句でなければならない。 （高見・久野 2006: 186）

（3）主文主語をマークするガの機能：主文主語をマークするガは、主文主語が「新情報／重要度が高い情報」を表すことを示す機能を果たす。 （Kuno1972、久野 1973）

［補記］上の規定での「新情報」とは、先行文脈から予測できない情報という意味であって、「指示対象未知」という意味ではない。 （高見・久野 2006: 187）

さらに、無助詞については次のような説明がある。高見・久野（2006）では、無助詞の情報構造についての直接的な言及はなく、助詞の現れない現象を助詞の省略と見て、主文主語をマークするハ・ガの省略条件を次のように提示している（下線は筆者）。

（4）主語をマークする「ハ・ガ」の省略条件：主語をマークする「ハ・ガ」は、次の条件1、条件2をともに満たすときにのみ省略できる。

［条件1］ 主語をマークする「ハ・ガ」の省略は、文全体が目に見えるシーンなどを私的感情（驚き、意外感などの感情）を込めて述べる、臨場感がある文に限られる。文が表す情報が知識化、抽象化されていればいるほど、「ハ・ガ」の省略が困難となる。

［条件2］　主語をマークする「ハ・ガ」の省略は、主語が表す新情報性・重要度が、述部が表す情報の新情報性・重要度より高くないときにのみ可能である。換言すれば、主語をマークする「ハ・ガ」は、主語が述部より古い情報・重要度が低い情報を表すか*2、その新情報性・重要度が述部のそれと同じときにのみ省略を許される。

［注記］　目に見えるシーンを感情（驚き、意外、不満などの感情）を込めて述べる臨場感のある文は、全文新情報の文であるから、自動的に上の制約を満たす。

［条件2］では「ハ・ガ」の省略と情報構造について示しているが、これによると、文の新情報性・重要度が「主語≦述部」である場合のみ無助詞文になることができることになる。これは유동석（1984）の通報機能量が「主語＝述部」の場合に［φ］が選択されるという説明と類似しているが、高見・久野（2006）は、上記の「指示対象未知・既知」の概念や「新情報性」と「重要度」の概念についてより詳しく述べている。特に「指示対象未知・指示対象既知」という概念と「新情報・旧情報」、「重要度が高い情報・重要度が低い情報」という概念との間に根本的な違いがあることを指摘している。高見・久野（2006: 185–187）によると、「指示対象未知／指示対象既知」とは「聞き手がその指示対象が何であるかを決定できない／聞き手がその指示対象が何であるかを決定できる」ことであり、「新情報／旧情報」とは「先行文脈から予測できない情報／先行文脈から予測できる情報」であるという。さらに、「重要度が高い情報／重要度が低い情報」とは「質問の中の疑問詞（例：誰、何、どれ、どこ、いつ、なぜ）に対応する要素が表す情報／質問の中の疑問詞に対応しない要素が表す情報」であるという。

박철우（2003）と高見・久野（2006）の議論は、先行研究で明確になっていなかった、助詞類と関連する情報構造の概念そのものを整理した点で大変有意義である。しかし、これらの概念が実際の発話文でどのように適用されるか、実際に発話された文の特定の要素が「連結部（link）」（＝主題）であるかどうかの判定はどのように行われるべきかについては、依然として明確な答えがない。例え

ば、박철우（2003）では、「対比」の意味を表す場合を含め、eun/neunが付いた全ての要素を主題としているが、果たしてこれは「連結部（link）」の定義に沿っているのか疑問が残る。高見・久野（2006）では、情報構造の議論から「対比」のハは論外にしている。また、高見・久野（2006）では助詞の使用や省略に関する条件を挙げているが、例えば、ハがマークする主題とハの省略された文とはどう異なるのか、条件だけでは明らかではない。その上、無助詞をハやガの省略としてしまっているため、無助詞文の固有の意味・用法には言及がなく、省略が起こる理由についても議論されていない*3。このように考えると、情報構造と助詞類の関係については、次の2点がポイントとなる。

(i) 「主題」（及びその他の概念）をどう規定するか

(ii) 異なる助詞類が主題と結合した場合の違いは何か

本章では、同じ情報構造を持つ文における助詞類がどのように異なるかについて、これらの助詞類を必要に応じて話し手が選択するといったこれまでの観点から論じ、実際の談話における発話文の情報構造を分析しながら助詞類との関係を探っていく。

2.「主題」について

前節では、情報構造と助詞類の関係について言及した先行研究を検討し、課題をまとめた。ここでは、「主題」をはじめ、文の情報構造と関連する概念を規定しておく*4。一言で主題と言っても、その規定は学者によって様々である。特に近年、主題と、他の様々な文法現象との関係に注目する研究（益岡2004など）や、主題と情報構造との関係に新たに目を向けようとする観点（井上2004など）など、「主題」を様々な角度から追究する動きが見られるようになっている。後者（井上2004）の議論は、主題を「文の表現類型」と「文の情報構造」という二つの側面で捉え、さらにそれが言語によってどちらかが浮彫にされやすいという斬新な議論を展開している。ただ、主題を二つの問題に分けて考えることができるからといって、二つの問題を完全に個別扱いするわけにはいかない。なぜなら、二つの側面は並列する同レベルのカテゴリーではなく、コインの表裏のように常に両立する次元の異なるカテゴリーであるためである。一方に限定して話を進めることはできるかもしれないが、それでも片方の問題は常に存在する。ということで、本書では、表現類型としての「主題—解説」構造の文と、その文の情報構造の両方に焦点を当てる。

「話題（topic）—評言（comment）」構造を初めて提案したHockett（1958）は、話し手は話題（＝主題）を伝えてからそれについて何かを述べるとし、表現形式としての主題に言及した。このような議論で重要になってくるのが、主題の「ついて性（aboutness）」である。Gundel（1974）やReinhart（1982）も主題の「ついて性」に注目している。서정수（2006: 184）では、主題を「談話の過程で重点を置いて言及し評言（comment）する課題」と規定しており、主題の特徴として、(1) 文頭に来てeun/neunが付くことが多い*5、(2) 限定性を持ち、既に話題になっているものである、(3) 単なる叙述の対象である主語に対し、主題は評言・議論の対象である、などを挙げている。「評言・議論の対象」というのは、主題の「ついて性」と関わっているものと見ることができる。砂川（2005: 14）は「ある談話の中で用いられた文が、ある指示対象について何かを叙述するという述べ方になっているときに、その指示対象を「文の主題」と呼ぶ」としており、ここでも「ある指示対象について何かを叙述する」と「ついて性」に言及している。しかし、数多くの議論にも関わらず、——「主題」そのものと同じく——「ついて性」に関するこれといった規定はないのが現状である。何かについて述べることとはどのようなことか。文が名詞句と述部からなっているとすれば、述部が当該の名詞句とは全く関係のないことを述べるということは通常考えられない。単に「関係がある」ということだけでは「ついて性」と言えないのである。西山（2003）は、このことについて、「属性」という用語で説明している。「主題—解説」構造の文における述部で述べられるものは、その主題たる名詞句の「属性」でなければならないというのである。西山（2003: 245）によると、「象は鼻が長い」という文

（主題文）と「魚は鯛がいい」という文（主題文ではない）は、文の後半が第1名詞句の「属性」を述べているか否かで本質的に異なるという。同氏は、「鼻が長い」というのは「象」の属性であり、「象が、鼻が長い」「鼻が長い象」などと言えるのに対し、「鯛がいい」というのは属性ではあり得ず、「?魚が、鯛がいい」「?鯛がいい魚」も奇妙であることなどを挙げ、「属性」を規定している*6。本書では、このような「属性」という概念を部分的に受け入れ、主題の判定を行うことにする*7。

さて、主題とは何かについて、文中の要素によって変わるスケール的なものとして「主題性」という用語で表す研究者もある。丹羽（1989）は、主題性の程度や格関係の制限、名詞の既知性と語順などが「φ」の適格性とどう関わっているかを論じ*8、次のように述べている。「「名詞φ」は、それが焦点の位置にある場合でなければ、名詞の既知性が高いほど、また、文頭に近い位置にあるほど主題性が高い。逆に、名詞の既知性が低いほど、また、文中深い位置にあるほど主題性が低く、格助詞の省略と考えて差し支えない」（丹羽 1989: 54）。つまり、「主題」を、一言で表せる概念ではなく、あるスケールを持った概念（「主題性」）として把握しているのである*9。この議論自体は、主題性と助詞類の関係を述べているものではないが、助詞類に先行する名詞句の主題性に関しての指摘として注目すべきものである。丹羽（1989）によると、「文頭」という場所と名詞句の「既知性」は主題を判断する重要な尺度である*10。

主題の重要な性質の一つである「既知性」の規定は簡単ではない。Chafe（1976）は、「与えられた（given）」情報について「聞き手の意識の中に与えられていると話し手によって仮定される」ものとし、その例として、既に発話された文全体を受ける場合、状況と関連した要素を受ける場合（話し手と聞き手の目の前に存在するものや、「I」、「you」、「now」、「here」など発話の方位を構成する要素）、実際に発話されたものを受ける場合など挙げている。また、Prince（1981）は旧情報性（givenness）を三つに分け、Chafe（1976）の定義と似たような、しかし、さらに詳しい規定をしている*11。これらは「与えられた（given）」情報の概念がどれほど客観的に規定しにくいかを示す。実際の問題として、ある情報が話し手によって聞き手の意識の中に与えられていると仮定されたのか、与えられていないと仮定されたのかについて、既に発話された文から正確に判別することは難しいものがある。しかし、例えば、ある名詞句が発話の現場に存在するものや直前の会話に出てきたものを指す場合などは、聞き手がその指示対象を分かっていると容易に仮定できるように、ある程度客観的判別をすることができると考えられる。本書では、Chafe（1976）の規定と高見・久野（2006）の「指示対象既知」という概念を受容し、主題の既知性を「主題名詞句の指示対象を聞き手が知っていると話し手が仮定すること」と見なすことにする。指示対象を聞き手が知っているということから、主題名詞句は「指示的名詞句」であることが分かる。西山（2003: 362）は、「主題を表す表現は、指示的名詞句でなければならない」としている。同氏によると、「ショパンコンクールの優勝者は誰だ」「ショパンコンクールの優勝者はあの男だ」、「誰がその会社の責任者か」「責任者は山田です」のような文の下線部は、たとえ先行文脈に登場しているとしても、指示的名詞句ではないため主題ではないという＊12。

これまでの議論をまとめると、「主題」とは次のようにまとめられる。

(5)「主題」とは、「主題―解説」（「名詞句―述部」）といった表現類型を持つ文形式において文頭に来る名詞句で、述部でそれについて述べるといった「ついて性」を持ち、その情報構造における性質は「既知性」である。

「ついて性」を持つためには述部の内容は名詞句の「属性」でなければならず、「既知性」のためには「指示対象を聞き手が知っていると話し手が仮定する指示的名詞句」でなければならない。

さて、主題の規定は、特定の助詞類の規定とは直接関係がない。即ち、このような定義に当てはまるところに用いられる助詞類は、自ずと主題をマークすることになるのである。実際の談話を観察した結果では、本書で主な研究対象としている三つの助詞類のうち、無助詞、ハ・eun/neun、i/ga は「主題―解説」構造で使われる。例を見ると次のようである。まず無助詞の例である。

(6) 걔 ϕ 혀가 손바닥만하잖아요？ 〈K07-FF〉

gyae- ϕ hyeo-ga sonbadag-manha-janh-ayo?

あいつ-ϕ 舌-ガ 手のひら-くらいだ（接尾辞）-［否定］-［丁寧（疑問）］？

（あいつϕ舌が手のひら位大きいじゃないですか。）

(7) 私ϕもう生粋の日本人です。 〈J08-MF〉

韓国語の（6）は、まさに「象は鼻が長い」のような意味構造を持つ文で、「걔 gyae（あいつ（ここでは犬種のベートーベンを指す））」に対して「舌が大きい」という属性を述べている。日本語の（7）では「私」の「日本人である」属性を述べている。「あいつ」は先行談話に何度も登場しているだけでなく、動物の好きな会話参加者がよく知っている対象である。また、「私」は話し手自身であり、その指示対象は相手が最もよく知っているはずである。eun/neun とハも、「主題―解説」構造で用いられる。

(8) 아후, 우린 담배 초심자들이야. 〈K03-MM〉

ahu, uli-n dambae chosimja-deul-i-ya.

［感嘆］, 我々-ハ タバコ 初心者-［複数］-［copl］-［普通（平叙）］.

（ああ、我々ハタバコの初心者達だな。）

(9) 保育園は保育をさぁ手助けする所じゃん。 〈J01-FF〉

韓国語の（8）では、話者である「우리 uli（我々）」の「タバコの初心者である」という属性を、日本語の（9）では、「保育園」の「保育を手助けするところ」という属性を述べている。「我々」の指示対象は、聞き手はよく知っているはずである。「保育園」は、先行談話に何度も登場しているだけではなく、児童教育を専攻する二人はよく知っている概念である*13。さらに、韓国語の i/ga も、次のように「主題―解説」構造で使われることがある。

(10) 근까 내가 ××역에 살잖아？ 〈K02-FF〉

geunkka nae-ga ×× yeog-e sal-janh-a?

だから 私-ガ ××駅［駅名］-ニ 住む-［否定］-［普通（疑問）］？

（だから、私ガ××駅に住んでるじゃない。）

(11) 근데 걔가 스릴러 장면을 그렇게 좋아하는 편이 아니야.

〈K03-MM〉

geunde gyae-ga seulilleo jangmyeon-eul geuleohge johaha-neun pyeon-i ani-ya.

ところで 彼女-ガ スリラー 場面-ヲ そんなに 好く-［連体］方-ガ［否定］-［普通（平叙）］.

（でも、彼女ガスリラーのシーンをそんなに好きじゃないのよ。）

(12) 아，그 사람이 장기자랑 되게 좋아하잖아？ 〈K05-MF〉

a, geu salam-i janggijalang doege johaha-janh-a?

［感嘆］，あの 人-ガ 自慢ごっこ とても 好く-［否定］-［普通（疑問）］？

（や、あの人ガ自慢ごっこすごく好きじゃない。）

(13) 그 후배분이 스무 살인가요？ 〈K10-MF〉

geu hubae-bun-i seumu sal-i-nga-yo?

あの 後輩-方-ガ 20歳-［copl］-［疑問］-［丁寧（疑問）］？

（あの後輩の方ガ20歳ですか？）

これらの例におけるi/gaの先行名詞句は、話し手自身か、先行談話に登場していて聞き手もその指示対象をよく知っているものである。さらに、述部の内容も、上で見た他の助詞類の場合と同じく、その指示対象の「属性」を述べて（あるいは、尋ねて）おり、「主題―解説」構造の文である。

以上のように、日韓の無助詞、ハ・eun/neun、i/gaは（5）で規定した「主題―解説」構造で使われることが分かる*14。ところで、ガを除いたこれらの助詞類が主題をマークするとしたら、これらは主題をマークするという役割と関わってどのような違いがあるのか、そして、主題の提示と助詞類の固有の意味・用法とではどのような関係があるのかといった疑問が生じる。松下（1928）は、ハの主題と無助詞の主題をそれぞれ「分節題目態」、「単説題目態」と呼び、後者を「異同を分合する意味のない題目態である」とし、分節題目態的意義だけ除いて題目的意義だけ残したものに等しい、としているが、このような説明では、実際の談話で話し手がこれらをどのような基準と意味で使い分けているかが分かりにくい。さらに、韓国語のi/gaはどのようにして主題をマークするようになるのか、主題をマークすることができないガとの違いはどのように説明できるかといった問題は、これまで詳しく議論されたことがない。次章では、これらの問題を中心に考えていくことにする。まず「文頭名詞句—述部」の構造を持つ文を抽出し、「主題—解説」をしているかどうかを確認する。そして、主題に現れる助詞類の例を観察しながら、助詞類と主題の関係を考えることにする。談話で実際に発話された発話文の情報構造について、文脈などを考慮して分析しながら、助詞類との関係を探るということは、これまで行われていない新しい研究方法である。特に、韓国語と日本語で著しく異なるi/gaとガの場合を取り上げ主題と関わる部分の違いを分析することは、それぞれの言語の助詞類を究明するためにも大変有効と思われる。以降、「文頭名詞句」の規定を行った後、日韓の助詞類と文の情報構造について論じていく。

3.「文頭名詞句」の定義

前節では、主題の規定を行った。ここでは「文頭名詞句」に関する規定を行う。一言で文頭名詞句といっても、談話には様々な形の発話文が登場し、常にきれいな形で分析できるわけではない。前章まで見てきた主語のうち文頭にあるものは文頭名詞句であるが、それ以外の名詞句については規定が必要である。本節では、「文頭名詞句—述部」構造の文頭名詞句と認めるものと認めないものを示す。なお、基本的に「主文」が対象となる。

(14)「文頭名詞句—述部」構造の「文頭名詞句」と認めるもの

A. 主語以外の文の他成分が文頭に現れた場合

〈主格以外の名詞句が文頭に出ている場合〉

【韓国語】

a) <u>그거는</u> 어떻게 이용하는 거예요? (<u>それハ</u>どうやって利用

するんですか） 〈K01〉

b） 취미는 기타 하시나 봐요？（趣味ハギターをやってらっしゃるんですね） 〈K05〉

c） 여기φ 시간 나오거든요（ここφ時間出るんですよ）〈K07〉

【日本語】

d） ドリンクはちゃんとみんな使ったけど 〈J01〉

e） それφ俺幹事やってたよ 〈J02〉

f） ○○［地名］とさ××［地名］ってどっちがキャンパス大きいの？ 〈J06〉

〈それ以外、格は断定しにくいが文頭に出ている名詞句〉

【韓国語】

a） 저φ 어깨 위에 손 올려요（私φ（飼っている犬が）肩の上に手載せますよ） 〈K05〉

b） 군대는 어디로 갔다 오신 거예요？（軍隊ハどこへ行ってきたんですか） 〈K06〉

c） 그게 한 장에 천 원씩 해서 벌써 삼천 원이 나간 거예요（それガ一枚に千ウォンずつやって既に三千ウォンが引かれたんですよ） 〈K06〉

【日本語】

d） 食べ放題って実は損してんの？ 〈J01〉

e） 私も友達が、大学の時の友達が行ってきたとか言って 〈J04〉

f） ○○○［人名］はなんか自己紹介覚えてないんだよね 〈J01〉

B.　二重主格文の第1名詞句＊15

【韓国語】

a） 영화φ 뭐가 재밌어요？（映画φ何が面白いですか？） 〈K08〉

b） 임상생리학자가 훨씬 레벨이 높대요（臨床生理学者ガもっとレベルが高いですって） 〈K08〉

c） 그건（요금은）일본이 싸죠（料金ハ日本が安いですよね） 〈K06〉

【日本語】

d) ○○［聞き手の名前］φ確かピアノ弾けんだよね 〈J01〉

e) その人がなんか英語がしゃべれないみたいで 〈J04〉

f) 私は授業ないよ 〈J07〉

C. 名詞句の前に副詞句が来ている「名詞句―述部」構造における名詞句*16

【韓国語】

a) 그런 경우 이력φ 보기 좋잖아요（そんな場合履歴φ良いじゃないですか） 〈K06〉

b) 그래서 내가 전부 다 하고 있어（それで俺ガ全部やってる） 〈K01〉

c) 원래 나는 그래（もともと私ハそうなの） 〈K02〉

【日本語】

d) 結構、人φ多かったね 〈J02〉

e) でそれで僕が英語でちょっと話してたんですよ 〈J04〉

f) 別にわたしは五円玉はふってませんよ 〈J09〉

D. 従属節に続くか従属節を包む主節における「名詞句―述部」構造の文の名詞句

【韓国語】

a) 이런 거 말하면 안 되는 거 같은데, 거기φ 주 이일제예요（こんなこと言っちゃダメっぽいですけど、あそこφ週二日制なんですよ） 〈K06〉

b) 같이 찍어가지고 앨범이 나와요（一緒に撮って、アルバムガ出るんですよ） 〈K06〉

c) 저는 고등학교 졸업하고 영어 공부를 해 본 적이 없어요（私ハ高校卒業してから英語を勉強したことがないんですよ） 〈K05〉

【日本語】

d) 焼肉の食べ放題でもとを取るって番組φあったの 〈J01〉

e) ○○先生は結婚したらしいっていう噂が回りましたよね 〈J05-FF〉

f) 私は、語学研修に行ったぐらいで、まだ留学の経験は

ないね 〈J07-MF〉

(15)「文頭名詞句—述部」構造の「文頭名詞句」と認めないもの

E. 従属節における「名詞句—述部」構造の文の名詞句＊17

【韓国語】

a) 그러니까 후배 φ 들어와도 별로 재미를 못 느끼겠어（だから後輩φ入ってもあまり面白くない） 〈K03〉

b) 제**가** 그쪽에서 왔기 때문에 지금…（僕**ガ**そっちから来たので今…） 〈K04〉

c) 형**은** 만화로 뽑아 왔는데 만화 내용이 그…（先輩**ハ**漫画で（例文を）取ってきたんだけど、漫画の内容がその…） 〈K05〉

【日本語】

d) これφ一日中つけて歩きたいなぁ 〈J01〉

e) 例えば部活で朝練とか**が**あるときは、ほぼジャージで行ってる 〈J07〉

f) だけど、全員**は**無理だから、あの、修論書く人だけ、まぁ、やって（後略） 〈J02〉

F. 「目的語—述語」、「補語—述語」、「副詞語句—述語」構造のみからなる文の名詞句＊18

【韓国語】

a) 그냥 월급 φ 받어（ただ月給φもらうよ） 〈K01〉

a) 좀 말이 안 되지 않냐?（ちょっと話にならなくない?＊19） 〈K02〉

a) 대학원은 안 가세요?（大学院ハ行かれないんですか?） 〈K08〉

【日本語】

d) 何φ話そっか 〈J01〉

e) ロールキャベツに例えるって 〈J01〉

f) でも補習は行かなかった 〈J10〉

G. 「述語」のみからなる文の名詞句

【韓国語】

a) 순수 한국 사람이야（生粋の韓国人だよ） 〈K01〉

b）　폐렴이 아냐, 혹시？（肺炎じゃないの、もしかして？）

〈K03〉

c）　오월이에요？（5月なんですか）　〈K08〉

【日本語】

d）　あれだよ　〈J01〉

e）　夏ですか？　〈J02〉

f）　あ、あ、知り合いなんですね　〈J08〉

H.「名詞句」のみからなる発話文*20

【韓国語】

a）　회비요？（会費ですか？）*21　〈K01〉

b）　베토벤！（ベートーベン！）　〈K07〉

c）　대장금이…（テジャングムガ…）　〈K07〉

【日本語】

d）　自己紹介…自己紹介ね　〈J01〉

e）　うちだけか？　〈J07〉

f）　あ、年代が？　〈J09〉

ここでは（14）における名詞句を「文頭名詞句」と呼び、文頭名詞句に現れる助詞類を、特に情報構造と主題という観点から分析することにする。さて、本章で観察する「文頭名詞句―述部」は、本書の第2章で紹介した資料の中から抽出する。当然、それは「主語名詞句―述部」を対象とした第7章までの例とは異なるが、主語名詞句が文頭に来る場合が多いということを考えると、「文頭名詞句―述部」構造の文と「主語名詞句―述部」構造の文は重なる場合が多い。しかし、二つの概念の間には、発話文の情報構造を表すものと、助詞類の働きを調べるために便宜の上で選択した統語構造といった大きな違いがある。従って、ここで示す数値は、第3、4章のそれとは、数値の意味も結果も異なる。

本書の資料で、このような「文頭名詞句―述部」構造の主文がどのように現れたかをここで示したいと思う。談話資料から、分析対象となる「文頭名詞句―述部」の構造を持つ発話文（主文）は、韓国語で1346文（全体の発話文8402文の16.0%）、日本語で1354文（全体の発話文7696文の17.6%）あり、日本語の方が若干多かった。表 8–1 に、発話文の文頭名詞句における三つの助詞類を示すが、談話を区別せずに、韓国語と日本語の資料全体の頻度を示す＊22。

表 8–1　韓国語と日本語の文頭名詞句における助詞類

韓国語	頻度	(%)
i/ga	480	(35.7)
無助詞	397	(29.5)
eun/neun	313	(23.3)
do	118	(8.8)
eul/leul	8	(0.6)
man	8	(0.6)
(i) myeon	8	(0.6)
bakke	4	(0.3)
(i) na	2	(0.1)
deul	2	(0.1)
その他	6	(0.4)
計（%）	1346	(100.0)

日本語	頻度	(%)
ガ	215	(15.9)
無助詞	467	(34.5)
ハ	368	(27.2)
ッテ	100	(7.4)
モ	98	(7.2)
トカ	42	(3.1)
ダト	10	(0.7)
ナラ	9	(0.7)
デモ	8	(0.6)
ダケ	5	(0.4)
ナンカ	4	(0.3)
シカ	4	(0.3)
マデ	3	(0.2)
デ	3	(0.2)
ナンテ	3	(0.2)
その他	15	(1.1)
計（%）	1354	(100.0)

「文頭名詞句―述部」の名詞句に用いられた助詞類を見ると、日韓で少し異なる傾向があることが分かる。主語全体における頻度に比べると、どちらもガ・i/ga の格助詞の頻度が減り（それぞれ 9.3%、14.0% 減少）無助詞とハ・eun/neun の頻度が高くなっているが、韓国語の場合、依然として i/ga の頻度が最も高いのに対し、日本語は、韓国語に比べガの頻度が著しく低くなり無助詞の頻度が最も高くなっている。無助詞の頻度は韓国語と日本語でそれぞれ 3.6%、5.6% 増えている。

eun/neunとハはどちらも頻度が増加しており、増加率も大きく変わらない（それぞれ6.8%、6.7%増加）。上位三つの助詞類以外の助詞類は、韓国語では割合が1.1%減少しているが、日本語では逆に1.6%増えている。このような結果から、日本語のガは、相対的に従属節に多く用いられるが、韓国語のi/gaは相対的に主節や単文に多く用いられるということが分かる。このことは、i/gaが、従属節には現れにくい主題に用いられることができることを裏付ける結果であると言える。

本章では、発話文の情報構造に関する先行研究を概観し、各助詞類との関連性を分析するための事前作業として「主題」の概念をまとめた。また、無助詞、ハ・eun/neun、i/gaはその意味上の特徴から主題名詞句に用いられることを見た。次章では、「文頭名詞句―述部」構造におけるこのような違いに注目しながら、発話文の情報構造と助詞ガ・i/ga、無助詞、ハ・eun/neun発話文の関係についてさらに詳しく考える。

---

*1　格助詞とされている「i/ga（ガ）」と「eul/leul（ヲ）」の格を表すという機能はこれら助詞ではなく文の中での位置によるものであると見る。なお、ここでは対格の「eul（ヲ）」については言及を避け、主格を中心に述べている。

*2　(4) の［条件2］では「古い情報」と示されているが、高見・久野(2006) では「古い情報」とは何かが明示されていない。恐らく、「古い情報」とは「旧情報」のことであろうと思うが、高見・久野 (2006) によれば「旧情報」とは「先行文脈から予測できる情報」となる。

*3　ただ、省略条件として「私的感情」や「臨場感」などに着目した点は、話し言葉の中でもより話し言葉的な表現で助詞の省略が起こりやすいことを指摘したもので、本書も無助詞の使用環境として認めている点である。

*4　本書で言う「主題」とは、談話の主題（話題）ではなく「文の主題」を指す。ただし、文の主題と言っても主題そのものは談話・語用論レベルにおける概念である。後述参照。

*5　しかし、文頭に来てeun/neunが付いても主題にならない場合――即ち、後述の (2) や (3) を満たさない場合――もあるので、eun/neunを主題標識と見なすことはできないとしている。

*6　「魚は鯛がいい」という文における「魚は」は談話の「話題」とされる。

*7　「ついて性」を「属性」と断定した西山 (2003) は、主題に関する一つの

概念を明確にした研究の一つと見ることができる。もちろん、これは「ついて性」を「属性」と限定してしまうことに全く問題がないと言っているわけではない。「属性」という概念に対しても議論の余地はある。このことについては、さらなる議論が必要であろう。

*8　同氏は、無助詞には主題を表す場合と、単なる格助詞の省略と考えてよい場合があるとした。

*9　本書では、「主題性」という用語を、同じ名詞句が文頭にある場合と文中にある場合で主題性の程度が変わるというものと捉えるのではなく、名詞句が文頭に来るほどその文の主題になる可能性が高いというような性質として把握している。

*10「連結部（link）」も文頭に位置しなければならないとされる（박철우 2003: 48）。

*11　박철우（2003）より。

*12　二つの文はそれぞれ、「あの男がショパンコンクールの優勝者だ」「山田が責任者です」という意味の文だという。

*13「保育園」のような名詞そのものは「指示的名詞句」とは言えない。しかし、談話に既に登場しているなど、聞き手がその概念を頭の中ですぐに思い浮かべるような状態になっていれば、その談話の中では「指示的名詞句」であると言える。Chafe（1976: 39）は、これを「聞き手の意識の中で活性化（activateable）する」のように説明している。さらに、話し手がこのように仮定することを「限定性（definiteness）」と呼び、主題の性質の一つであるとしている。「限定性（definiteness）」は「既知性」と相通ずる概念であると言える。

*14　当然ながら、これら以外の助詞類も「主題―解説」構造で用いられる場合がある。

*15　第3、4章の統計的調査では、多重主格文における全ての名詞句が調査対象になっている。

*16「図書館に（いる）」、「10月には（イベントが多い）」、「今日は（行きます）」のように、場所や時間を表す名詞句が副詞的に用いられたものが文頭に来た場合、その文は今回の調査から除外する。本書は無助詞及びそれと関わる有形の助詞類を追究することが目的である。ところが、これら副詞的に用いられた名詞句は文における格が明確であり、統語・意味論レベルにおいてガ・i/ga以外の助詞を取る――あるいは、どのような助詞も取らない――ことが明らかであるため、今回の研究対象からは外す。これら副詞的な名詞句における情報構造を調査するためにはニ・eやデ・eseoなど様々な格助詞を視野に入れて議論しなければならないが、本書ではそのような余裕がない。ただし、これらの名詞句も情報構造という観点からすると、本書で論じられる文頭名詞句のそれと同じ観点から考えることはできる。本書ではその可能性こそ認めるものの、研究方法の便宜の上、研究対象からは排除することにする。

*17「従属節」は、所謂従属度、即ち、主節に対する従属の度合（益岡・田窪 1992: 211）の高いものから低いものまで様々であり、従属度によって文の表現に制限があったりすることが知られている。例えば、「主題」が現れ得るのは主として、引用か関係するもの（引用節、内容節）と従属度の低い副詞節（「から」、「けれども」）である（益岡・田窪 1992: 212）。本書は、主題と助詞

類の関係を見ることが主な目的の一つであるため、主題が現れない可能性がある従属節はとりあえず検討の対象外とし、主文のみを観察する。このことは、全ての従属節に主題が現れないということではもちろんなく、議論の便宜のためである。

＊18　これらに名詞句は述語の働きを直接受けるもので、「述部」に含まれるものと見るのが妥当であると考えるため、文頭名詞句とは見なさない。「主語—述語」構造は、主語の特性上「文頭名詞句—述部」に含める。「目的語—述語」、「連用補語—述語」が一まとまりになっておらず、名詞句と述語の間に主語や副詞句、挿入句など別の発話が入っている場合は、文頭名詞句と認める。「目的語—述語」、「連用補語—述語」の中の名詞句も本書で言う「文頭名詞句」としての役割を果たしているように見える場合があるが、形式における統一性を持たせるために一括して研究対象から外す。

＊19「なる」という動詞の補語は、韓国語では「名詞句＋i/ga」、日本語では「名詞句＋に」になる。いずれ、このようなi/gaは本書の考察対象ではない。

＊20　本書で見ようとしている無助詞とは、本来（統語的に）助詞が現れるべきところに助詞が現れない現象である。名詞句だけの発話文の場合、本来助詞が現れるべきところであるかどうか判断できないため、これらの発話文は本書の対象としない。

＊21　Ha）は「行事に参加するのに会費が必要なのか」という質問に対して「会費ですか？」と聞き返す確認文のようなもので、日本語に訳すとGe）のような述語のみからなる文のように見られるが、「회비（会費）」に付いた「요yo」は指定詞（copula）ではなく補助詞であるため、述語からなる文とは見なせない。逆に、He）のような文を韓国語に訳すと「か」に対応する意味を表すために指定詞が必ず要るので述語からなる文になるが、日本語における「か」は終助詞であるため名詞句のみからなる文に当る。これらは日韓の文構造の違いによるもので、文の意味を考えると対照の基準に統一性を欠け問題となり得るが、このような議論は本書の論旨とは無関係なので、とりあえず形式面を優先して分類を行っている。

＊22「その他」の助詞類としては、韓国語では、「(이) 라도（i）lado（デモ）」「(이) 든（i）deun（デモ）」「마다mada（ゴトニ）」「부터buteo（カラ）」「(으) 로（eu）lo（デ）」「(이) 서（i）seo（デ）」などが1件ずつ現れてあり、日本語ではダッテ、ダッタラ、コソ、ジャが2件ずつ、ゾ、ヲ、バッカリ、トイウト、ニナルト、トモナレバ、ッテカが1件ずつ現れていた。主語の場合と同様、日本語は韓国語よりその他の助詞類が多様で豊富に用いられている。

第9章
助詞類と主題

1. 無助詞主題と「指差」

第8章では、無助詞とハ・eun/neun及びi/gaが主題をマークすると述べた。ここでは、これらの助詞類が主題に用いられた実例を観察しながら、実際に助詞類がどのような形で主題と結びついているのか、そして、それは助詞類の談話・語用論レベルにおける意味・用法とはどのように関係するかについて論じる。まず、ここでは韓国語と日本語の無助詞が主題に用いられた例を見てみる（(1), (3) は韓国語、(2), (4) は日本語の例）。

(1)（K05AMがある共通の先輩の近況を伝えると、K05BFが、K05AMの話しぶりがあの先輩とそっくりだと言い出す場面）

1 K05BF: ×× 오빠 말투랑 똑같아요.
2 ［듣고 있던 옆 친구（회화 비참가자）에게］진짜, 진짜 똑같지 ? 장난 아니다.
3 K05AM: 나 ϕ 흉내 좀 여러 명 낼 수 있어，막，허허헛.
na- ϕ hyungnae jom yeoleo myeong nae-l su iss-eo,
俺- ϕ 物真似 ちょっと 色々 名 出す-［可能］-［普通（平叙）］,
4 K05BF: 아，진짜 똑같아요. 〈K05-MF〉

1 K05BF: ××先輩の話しぶりとそっくりですよ。
2 ［聞いていた隣の友人（会話非参加者）に］本当、本当にそっくりだよね。すごい。
3 K05AM: 俺 ϕ ちょっと何人か物真似できるよ、とかいって。ハハハ。
4 K05BF: わ、ほんとそっくりですよ。

(2)（大学のピアノの授業について話している）

1 J01BF: ○○［J01AF の名前］ϕ確かピアノ弾けんだよね。

2 J01AF: 若干！

3 J01BF: どうしよ。あたしピアノ弾けないんだけどさぁ。

〈J01-FF〉

(3)（アルバイトをしてやりたいことを色々やるようにと A が話している）

1 K07AF: 핸드폰도 새걸로, 이렇게 신형으로. ..

2 K07BF: 어휴, 핸드폰 정말 새걸로 바꿔야 되는데.

3 K07AF: 바꾸고.

4 K07BF: 이거ϕ 통화 버튼이 안 눌려요. 〈K07-FF〉

igeo-ϕ tonghwa beoteun-i an nullyeo-yo.

これ-ϕ 通話 ボタン-ガ［否定］押せる-［丁寧（平叙）］.

1 K07AF: 携帯も新しいものに、こう新型に…

2 K07BF: もう、本当、携帯新しいのに変えなくちゃ。

3 K07AF: 変えたり。

4 K07BF: これ［手に持っていた携帯電話］ϕ通話ボタンが押せないんですよ。

(4)（再掲）(現在会話をしている部屋の設備について話している）

1 J09AM: けっこう設備いいよね。あのスピーカーほしいな。

2 J09BM: フッ。ほしいまで行くか。

3 J09AM: え、絶対あれϕすごい音質よ s-、よさそうじゃない、あの木製のやつ。

4 J09BM: そうかなあ。いや、ほしいまで行かないだろう。

〈J09-MM〉

(1) ～ (2) は、話し手あるいは聞き手を指す名詞句が文頭に来ている無助詞文で、どの無助詞文も文頭名詞句の指す対象の能力について述部で述べている典型的な「主題―解説」構造の文である。(3) ～ (4) は、発話の現場に存在するものを指す名詞句が文頭になって、述部でそれの属性が述べられている例である。発話の現場に存在しているものは、その指示対象が先行談話に登場していなくても*1、話し手と聞き手の目の前に存在するので、話し手は、聞き手がその指示対象を知っていると容易に仮定できる。これらの無助詞文は、文頭名詞句が発話の現場に存在する人やものを指差すように取り上げ、述部でそれについて述べるといった無助詞文の「指差」用法が、「主題―解説」構造と密接な関係があることを示している。これは文頭名詞句が発話の現場に抽象的に存在するものを指す無助詞文の場合も同様である（(5) は韓国語、(6) は日本語の例)。

(5) (会話が始まるとすぐに現在の状況について話し始める)

1 K01BM: 흠, 삼십 분당 만 오천 원.

2 K01AM: 근데 꼭 삼십 분 할 필요도 없고. (중략)

3 K01BM: 아무튼 이거ϕ 시급으로 치면 삼만 원이에요, 그럼.

〈K01-MM〉

amuteun igeo-ϕ sigeub-eulo chi-myeon samman won-i-eyo, geuleom.

とにかく これ-ϕ 時給-デ 換算する-［仮定］3万 ウォン-［copl］-［丁寧（平叙)］, それでは.

1 K01BM: フーン、30分当り1万5千ウォン。

2 K01AM: でも絶対30分やる必要もないし。(中略)

3 K01BM: とにかく、これϕ時給に換算したら3万ウォンですよ、それじゃ。

(6) (J07BMが行っていた水族館にジャンプなど運動ができないイルカがいるという話題が続き、J07AFが、できない子はイルカ肉にして売られるのかと話した後)

1 J07BM: イルカは食べる？クジラは聞いたことあるけど。

2 J07AF: うーん。いやイルカ食べられんのかな。なんか売ってるんだけど。

3 ［空白］ まぁでも、そのなんかダメな子が食われなくてよかったね。

4 J07BM: そうそうそうそう。食われないでしょ。

5 だってあれϕ、なんかマスコットになってんだよ。

〈J06-MF〉

(5) では、現在話題となっている発話の状況そのものを取り上げ、「時給に換算したら(報酬が)3万ウォンである」という属性を述べている。(6) では、現在談話で活性化している対象の「その運動ができないイルカ」が文頭名詞句になって、「マスコットになっている」という属性を述べている。これらは、その指示対象が先行談話に何度も登場し話題となっている場合で、このような場合でも話し手は、聞き手がそれを知っていると容易に仮定できると考えられる。これらの例も、「指示対象既知」の名詞句を文頭に取り上げ述部でその属性を述べる「主題—解説」構造を成していると言える。

先行談話に登場していなくても、指示対象を聞き手が知っていると仮定できる名詞句が文頭に来ている無助詞の主題文もある((7)は韓国語、(8) は日本語の例)。

(7) (今年の新入生はあまり遊ばないという話題で、自分たちのときを思い出す場面)

1 K03AM: ×, ××이랑 ○○이랑 △△이랑 □□이랑 나랑 너랑 그 여섯 명이서

2 당구장 가고 피씨방 가고 술 먹으러 가고 그랬었는데. (기침 소리)

3 아, ◇◇이 형φ 그러고 보니까 잘 지내나?
a, ◇◇ i hyeong-φ geuleo-go bo-nikka jal jinae-na?
[感嘆], ◇◇ i [人名] 兄-φ そう言う-[連用] みる-[理由] よく 過ごす-[普通(疑問)]?

4 K03BM: 아, 내려가셨지. 〈K03-MM〉

1 K03AM: ×, ××と○○と△△と □□と、俺とお前の、あの6人で

2 ビリヤードとかゲームセンターとか飲みに行ったりしてたんだけど。(咳の音)

3 あ、◇◇[人名] 先輩φそういえば元気かな。

4 K03BM: ああ、[教育実習に] 行ったんだよね。

(8) (J04AMが学会で海外に行ってきた話をしている場面)

1 J04BF: なんかそうやって色んなとこにいけるのが、いいよね。
2 J04AM: そうそう。学会があるとね。
3 J04BF: いいとこでやってもらって。
4 J04AM: そうそうそう。いいとこでやってくれたらね。
5 J04BF: ね。××××××× [学会の場所となった都市名] ϕ何にも無かったよ。
6 J04AM: あらら。 〈J04-MF〉

(7) では、話し手が自分の新入生のときを話していて「◇◇이형 ◇◇i hyeong (◇◇先輩)」のことを思い出し、それを文頭に取り上げ、述部では疑問の形式でを述べている。「◇◇先輩」は、K03BMの4行目の答えからも分かるように、二人ともよく知っている人物である。(8) の「××××××× [都市名]」も、J04BFが学会でその都市に行っていたことをJ04AMはよく知っていることが談話文脈から分かる。J04BFは、それを文頭に取り上げ、述部では「何もなかった」という属性を述べているのである。(7) ~ (8) の無助詞文は、5章の説明によれば、話し手がある対象を思い出し、まるで目の前に見ているような感覚で「指さすように取り上げ」、述部でそれについて述べるといったものである。このような無助詞文も、「主題―解説」構造を作ることがあるのである。

以上のように無助詞文は、その「指差」用法を生かし、発話の現場に具体的・抽象的に存在するものを指す名詞句が主題となり、述部でそれの属性を述べるような「主題―解説」構造を作ることが分かる。このように無助詞文が「主題―解説」構造で主題に用いられる場合、これを仮に「現場主題」と呼んでみよう。これまで見てきたように「指差」用法は、主題と深い関係があるが、「指差」用法を持つ全ての無助詞文が「主題―解説」構造であるわけではない。次のような無助詞文は「指差」用法を持つが、第8章 (5) の主題の規定から外れる ((9) は韓国語、(10) は日本語の例)。

(9) (再掲) (K04AMが最近大学生たちはどんなオンラインゲームをするのかと聞き、K04BMが色々なゲームを挙げながら話している場面)

1 K04BM: 그거 정도? 나머진 뭐 제나도 그렇고, 뭐 루니아 전기도 그렇고,
2 뭐 새로 나오, 나오긴 많이 나왔는데.
3 K04AM: 재미가 없어?
4 K04BM: 예. 차라리 이제, 그런 거 ϕ 있잖아요.
5 온라인 게임 붐 마악 일었을 때 하던 거 ϕ 있잖아요?
onlain geim bum maag il-eoss-eul ttae ha-deo-n geo iss-janh-ayo?
オンライン ゲーム ブーム まさに 起こる－［過去］－［連体］とき する－［回想］－［連体］もの－ϕ ある－［否定］－［丁寧（疑問）］?
6 그게 오히려 계속 가는 것 같애요. 그러니까 리니지 투나 …

〈K04-MM〉

1 K04BM: それ位?他には、ゼナもそうだし、何か、ルニア伝記もそうだし、
2 何か、新しく出て、出てることは沢山出てるんですけど。
3 K04AM: 面白くないの?
4 K04BM: はい。むしろ、こう、そんなのϕあるじゃないですか。
5 オンラインゲームのブームが起きはじめた頃やってたのϕあるじゃないですか。
6 それがむしろ続いてるようですね。だから、リニジ・ツーとか…。

(10)(再掲)(J04AMが参加してきた学会について話している場面)

1 J04AM: いや、多分今回相当でかいです。
2 だって発表ジェネラルセッションだけで三百ありましたからね。
3 J04BF: うそー。
4 J04AM: 意味分かんないですけど。
5 J04BF: じゃ、三パラレルぐらいで。

6 J04M:　いや、六パラレルくらいで。

7 J04BF:　すごい。へえー。

8 J04AM:　そうそう。

9 J04BF:　そうなんか。

10 J04AM: えらい人φ仰山来てましたしね。　〈J04-MF〉

（9）の無助詞文における「オンラインゲームのブームが起きはじめた頃やってたの」は、話し手がそのゲームを思い出しながら「指さすように取り上げ」てはいるものの、実際に何を指しているかを聞き手が知っているとは仮定していない。さらに、「ある」という述語を「属性」と見なすには無理がある。このような存在文の場合「存在が承認されるのと同時に主語として措定される（尾上1987）」ことから*2、「映画を見る」「学校に行く」のような「名詞句＋述語」で「述部」を成す場合と類似している。本書では、構造的に「主題」となりにくい場所ということで、述語の働きを直接受ける名詞句を文頭名詞句から外しているが、存在表現（及びそれに類似する述語表現）の場合は、主語そのものが述語の働きを直接受けることになるので、文頭名詞句でありながら「主題」とはなりにくいという特殊性を有すると言うことができる。丹羽（1989）など、「主題性」という概念に言及した議論では、「文中深い位置にあるほど主題性が低い」としているが、述語の直前にあり述語の働きの対象として述語と強く結ばれている場合、位置として文頭にあっても主題にはなりにくいのである。（10）の無助詞文も主題文とは言えない。文頭名詞句である「えらい人」は談話に始めて登場しており、聞き手がその指示対象を知っているとは言えず「指示的名詞句」ではない。「来ていた」という述部そのものは、もし「(二人のよく知っている）○○先生、その学会に来てましたよ」のような文に用いられると「属性」となり得る。

このように、無助詞の「指差」用法は主題と深い関係を持つが、主題そのものではない。「指差」用法の「取り上げた対象について述べる」という性質における「ついて述べること」は「主題」における「属性」とはズレがあり、「属性」よりもさらに範囲の広い「関連性」のようなものであると見ることができる。無助詞文を

「主題」と「単なる格助詞の省略」などと二分する従来の見解は、このような無助詞の性質を考慮したものと言えよう。しかし、主題ではない無助詞文を単なる格助詞の省略と見ることは本書の考え方ではない。(9)～(10)のような文にガ・i/gaなどの格助詞を入れても、その談話・語用論レベルにおける意味は無助詞文とは一致しないのである。本書は、無助詞文の意味・用法としての「指差」用法を認めた上、発話文の情報構造の面においては「主題—解説」構造になる場合もあると見るのが妥当であると考える。以上、無助詞文が「主題—解説」構造を成す場合における「現場主題」について述べた。

2. eun/neun・ハ主題と「対比」

無助詞と同様、韓国語のeun/neunや日本語のハも「主題—解説」の構造に用いられる場合がある。ここでは、ハ・eun/neunの主題について、5章の結果を参照しながら論じる。eun/neunとハ文の「主題—解説」構造は次のように現れる((11),(13)は韓国語、(12),(14)は日本語の例)。

(11)(K06AMが、実家が地方にあると話すとK06BMが聞く)

1 K06BM: 집에는 자주 내려가세요?
2 K06AM: 네, 일 년에 두 번 내려가요.
3 K06BM: 일 년에 두 번이 자주예요? 하하.
4 K06AM: 설날하고, 추석하고. 킥킥… -중략-
5 K06BM: 아… 저도 집이 예전에, (중략) (아) ××이었었거든요.
6 K06AM: 예.
7 K06BM: 전 주일마다 갔었어요. 〈K06-MM〉
jeo-n juil-mada ga-ss-eoss-eoyo.
私-ハ 日曜日-ごとに 行く-[過去]-[過去]-[丁寧(平叙)].

1 K06BM: 実家にはしょっちゅう帰られますか。
2 K06AM: はい。年に2回帰ります。
3 K06BM: 年に2回でしょっちゅうですか。

4 K06AM: お正月とお盆。クスクス…。- 中略 -
5 K06BM: あ、僕も以前実家が、(中略) (あ) ×× [地名] だったんですよ。
6 K06AM: ええ。
7 K06BM: 僕ハ毎週末帰ってましたね。

(12) (中高時代の登下校の時間について話していて、J10AM が最近の小中高生は寝るのが遅くなったと話すと)
1 J10BM: あの、10時に寝てる高校生は本当いないと思う。(フフ) あの、大学生。
2 J10AM: だろうな。
3 J10BM: 10時に寝ようと思ったってやることがドンドンドンドン出てきちゃってさ。
4 もう、昨日だって…。
5 J10AM: (笑) まずいな。それだけ俺は勉強してないってことか。 〈J10-MM〉

(13) (K07BF が飼っている2匹のペットについて話している)
1 K07BF: 아빠가 산을 되게 좋아하시고 등산을 하시고 그래서 가끔 저도 같이 가면
2 래브라도 리트리버는 풀러 놓으면 바로 없어져요. (중략)
laebeulado liteulibeo-neun pull-eo noh-eumyeon balo eobseojy-eoyo.
レブラドリトリバー-ハ 放す- [連用] おく- [仮定] すぐに いなくなる- [丁寧 (平叙)].
3 골든 리트리버는 (중략) 이렇게 뒤돌아보고 계속 서 있어요. 〈K07-FF〉

1 K07BF: 父が山をとても好きで、山登りをするので、たまに私も一緒に行くと、
2 レブラドリトリバーハ放しておくとすぐにいなくなるんですよ。(中略)
3 ゴールデンリトリバーは (中略) こう振り向いてずっと立ってるんです。

(14) (J10BM が最近野球の K チームを応援しなくなったと話し

た後のJ10AMの発話。Hチームを取り上げ二つのチームのファンを比較している）

1	J10AM:	やっぱり、それはあれかな。あの、鍋常の存在だとか、あるいは、あの、うん。
2		よーく言われるのはとってばっかっていう、ま、これは仕方ないと思うんだけどな。
3		K［野球チームの名称］ファンは基本わがままだから、ってのは、あの、
4		H［野球チームの名称］は例えば四年連続最下位とかあったわけだけど、（うん）
5		それでもHファンはちゃんと応援し続けた、Hを愛し続けた。
6		でも、Kファンはそうはいかない。ってのは、
7		Kファンはあくまで強いKしか望んでないから
8		そういう弱い時期ってのを許さないわけよ。

〈J10-MM〉

（11）～（12）は話し手を指す名詞句が文頭に来ており、述部では話し手の経験や現在の状態などの属性を述べているので「主題―解説」構造を成している。このようなeun/neunとハの主題は、情報構造の面では無助詞の主題と変わらない。これらが無助詞の主題と異なるのは、主題となっている名詞句の指示対象が、談話・語用論レベルにおいて同類の別のものと「対比」的に捉えられている点である。（11）では、「（実家に）毎週末帰った」「나na（僕）」が、「（実家に）年に2回帰った」聞き手と対比的に提示されており、（12）でも「毎晩遅くまでやること（話し手はこれを「勉強」と受け止めた）がある」相手に対し、「俺」は「勉強していない」ことを対比的に表している。さらに、文頭名詞句が話し手を指す場合でない（13）～（14）の例も同様である。（13）の話し手は、自分が飼っている2匹の犬の性格について述べており、正反対の性格を持つ2匹の犬の性質をそれぞれeun/neunで取り上げている。（14）の話し手も、傾向の対照的な二つの野球チームとそのファンについて述べており、ハでそれぞれのチームのファンを主題として取り上

げている。

このように、無助詞が発話の現場に存在するものを主題として「主題—解説」構造を作るとしたら、eun/neunとハは、主題の指示対象と別のものとの対比を前面に出した「主題—解説」構造を作ると言える。前節で見た無助詞文の主題とハ・eun/neunの主題は、発話文そのものの構造は「主題—解説」で同じであるが、主題に当る名詞句が文の外、即ち、談話の一部として談話の別の要素とどのように関わっているかという面で異なっているのである。無助詞文の主題は、談話が行われる現場と結びついており、ハ・eun/neun主題は、談話の別の要素と対比的な関係で繋がっている。これは、ハ・eun/neunが談話・語用論レベルで意味・用法として持つ「対比」用法が、これらの助詞類を有する主題にもそのまま現れるのだと考えられる。このようなハ・eun/neunの主題は、無助詞の「現場主題」に対し「対比主題」と呼ぶことができるだろう。

ハ・eun/neunの「対比主題」は、主題の指示対象と「対比」される別の対象を想定するという意味で、無助詞のそれに比べて有標的であると言うことができる。無助詞の「指差」用法は、発話の現場に存在するものを取り上げ、それについて述べるというものだった。「発話の現場に存在するもの」とは、「発話の現場に具体的・抽象的に存在するもの」「直前の談話に登場しているか活性化しているもの」「話し手が目の前で見ているかのように思い浮かべるもの」と規定したが、これらは、談話そのものが発話の現場を中心に成り立っていることを考えれば、談話では最も基本的な「無標」の要素であると言える。このような要素が文頭名詞句に取り上げられ「主題—解説」構造を作る場合、それは談話における無標の主題と言えるだろう。一方、「対比」の用法を持つハ・eun/neunが「主題—解説」構造を作る場合、発話の現場に存在しているかどうかとは関係なく、談話内の別の要素との比較が前提となることから、その主題は有標の主題であると見ることができる。要するに、談話では、話し手は、聞き手が知っていると思われる対象を取り上げ、それの属性を述べるといった行為を行う場合、その対象を他の何かと対比的に取り上げる場合でなければ無助詞文で表現するのが最も無難であるということになる。このような考え方は、野田（1996）で、典型的な話しことばでは、対比的な意味があるときはハが使われ、単なる主題を表すときは主題性の無助詞になりやすい、としていることと相通ずる。同氏は「主題性の無助詞」とは何かについては具体的に述べていないが、「（ア）話の現場に存在するものを指す名詞、（イ）質問文の主題を表す名詞」（野田 1996: 269）は主題性の無助詞になりやすいとしていることから、本書で言う無助詞の「指差」用法が「主題—解説」構造に用いられる場合と一致することが分かる。

ハ・eun/neun が主題に用いられると「対比主題」となるが、無助詞文と同様ハ・eun/neun も主題ではない使い方が存在する。次の韓国語と日本語の例における eun/neun やハは、主題をマークしているとは言い難い（(15),（17）は韓国語、(16),（18）は日本語の例）。

(15)（社会人の K09BF が学生の K09AF に生活などについて聞いている場面）

1 K09BF: 연수 같은 것도 가고 싶은 거 많겠어요.
2 K09AF: 에, 진짜 가고 싶어요. 에에. 그래서 많이 계획도 세워 놓고…
3 근데, 항상 문제는 돈이죠. 〈K09-FF〉
geunde, hangsang munje-neun don-i-jyo［ji-yo］.
ところで, いつも 問題-ハ お金-［copl］-［確認］-［丁寧（平叙）］.

1 K09BF:（語学）研修とかも行きたいとこ多いでしょうね。
2 K09AF: ええ、ほんと行きたいです。ええ。それで、沢山計画も立てておいて…。
3 でも、いつも問題ハお金ですよね。

(16)（高校の話をしていて J09BM が実家に帰ると話し出している場面）

1 J09BM: ふーん。で、いつこっちに戻るん？
2 J09AM: 9月の20日か、あれ、いつからだっけ。
3 J09BM: 知らないよ。

4 J09AM: ていうか、まだちけっ、帰りのチケットはとってないんだけど。

5 J09BM: とれないだろう。まだ、とれる？

6 J09AM: 帰りはスカイマークで来る。 〈J09-MM〉

(17)(現場にあったパソコン見てオンラインゲームの話に移っている)

1 K03AM: 너 와우 할 생각 없냐?

2 K03BM: 그거 유료잖아?

3 K03AM: 그건 그래, 그건 그래.

4 K03BM: ××××. 유료는 싫어요. 〈K03-MM〉

yulyo-neun silh-eoyo.

有料-ハ 嫌いだ- ［丁寧（平叙)］.

1 K03AM: お前、ワウ［オンラインゲーム名］やりたくない？

2 K03BM: それ有料でしょ。

3 K03AM: それはそうだ、それはそうだ。

4 K03BM: ××××。有料ハ嫌です。

(18)(オリンピックと食品問題などについて話している)

1 J07AF: そう。段ボールとか入ってたらやばいよね。

2 J07BM: そうそう。いや、あれ、でも、どうだったの、結局。

3 J07AF: あ、そっか。あれは…。

4 J07BM: 真実は分かんないんだよね。 〈J07-MF〉

(15) のeun/neun文は、文頭に「문제 munje（問題)」という名詞が来ているが、これは指示的名詞句とは言えない。さらに、「돈이죠 donijyo（お金ですよね)」という述部も、「문제 munje（問題)」の属性を述べているとは言えない。(16) のハ文も同じである。「帰り」は指示的名詞句とは言いにくく、「スカイマークで帰る」は「帰り」の属性とは言えない。(15) のような発話文は、西山（2003）の見方に従えば、「お金が問題だ」という意味の主題を持たない文で、(16) は「帰りについて言えば、俺はスカイマークで来る」という文で、「帰り」は主題ではなく談話の「話題」であることになる。(17) のeun/neun文における「유료 yulyo（有料)」

も「指示的名詞句」ではない。その上、「싫어요 silheoyo（嫌です）」という述部は「유료 yulyo（有料）」の属性ではない。(18)のハ文における文頭名詞句「真実」も、指示的名詞句ではない。さらに、「分からない」という述部も「真実」の属性を述べているとは言い難い。(17)～(18)のハ・eun/neun文の文頭名詞句は、文頭とはいえ述語の直前に位置しており、述語の働きを直接受けるガ・i/ga格名詞句である。これは、無助詞の説明のところでも述べた「文中深い位置にある」名詞句に当る。また、存在文の主語が「存在が承認されるのと同時に主語として措定される（尾上1987)」とすれば、これらは、述語の働きが承認されるのと同時に名詞句のあり方が決まってしまう場合であると言えるであろう。

このように、主題に用いられるハ・eun/neunとそうでないハ・eun/neunがあることから、これらの助詞を「主題」と「対比」に二分する見方もあるが（久野1973など)、上述のように、「主題―解説」構造を持ちながら「対比」の意味も同時に表す場合が多いことから、「主題」と「対比」を同レベルの別の意味として二分することはできないと考えられる。どちらか一つを取る立場では、eun/neunを主題標識と見る意見（박철우2003など）もあるが、本書ではハ・eun/neunの意味・用法を「対比」と見て、情報構造の上で主題をマークする場合もあるという考え方を取る。日本語のハに対して寺村（1991: 41）は、「文中のある要素をとくに際立たせ、ある対比的効果を生じさせる働きを基本と見、それがある条件下で、対比の相手である影の存在が認識させず、単にそこに聞き手の注意をとくに惹きつけて、あとの陳述と結びつけるだけの場合を、「(単なる）主題」を表すものとする*3」と述べ、「対比」をハの基本的意味と見ている。韓国語のeun/neunに対しても서정수（2006）などは、その基本意味を「対照」（＝対比）と見る。このような見方は概ね、助詞そのものが有する固有の意味要素を基本意味と据え、それが使用される談話状況によって主題という機能を持つという考え方で、意味・用法としての「対比」と情報構造としての「主題」を異なるレベルの問題と見る本書の立場と一脈相通する。本書は、特定の助詞類が主題名詞句に後続することがある（できる）ことと、

その助詞類が主題を表す役割を果たすこととは区別すべきであり、無助詞とハ・eun/neunは、それぞれ「指差」と「対比」という意味・用法を持ちながら、主題をマークすることができると記述しなければならないと考える。

さて、これまで、無助詞文が示す「主題─解説」構造とハ・eun/neunが示す「主題─解説」構造を見てきたが、同じような情報構造を持っていても、無助詞文は発話の現場に存在するものを指差すように取り上げ「主題─解説」文を作るのに対し、ハ・eun/neunの主題文はそれが表す内容と「対比」されるものがある談話に多く用いられることを見た。このようなことから、「対比」の意味・用法を持つハ・eun/neunの主題を「対比主題」、無助詞文が表す主題は「現場主題」と呼ぶことを提案した。発話の現場に存在するものや発話の現場と空間的・時間的に近い（発話の直前など）ものを文頭名詞句に取り上げ、それについて述べるということは、談話そのものを持続させる最も基本的なことである。このことから、無助詞の「現場主題」は談話・語用論レベルにおいて無標的な主題であると言える。話し言葉においては所謂主題標識の役割を無助詞が担当し、eun/neunは対比の意味が現れる文脈で使われるように「再配置」されると考えられるのである。

3. i/ga主題とガについて

これまで無助詞とハ・eun/neunが「主題─解説」構造に用いられ主題をマークすることを見た。第8章では、韓国語のi/gaは日本語のガと異なり、主題に後続することがあると述べたが、ここでは、これらのi/gaの主題がどのように現れるか、無助詞やハ・eun/neun主題との違いは何か、さらに、情報構造の問題においてi/gaとガの共通点と相違点は何かという問題を中心に論じる。i/gaとガは韓国語と日本語で主格などを表す格助詞として知られているが、談話・語用論レベルではしばしば格助詞に加わった特殊な働き（「排他」）を見せることを第5章でも確認した。日本語のガを情報構造の面から考察した久野（1973）及び高見・久野（2006）では、ガは常に新情報をマークし「総記」と「中立叙述」の用法があるとしている。韓国語のi/gaも同じように考えることができることが認められているが、ここでその内容を少し概観する。高見・久野（2006: 187）では、Kuno（1972: 232）を補正しガとその情報構造を次のように示している。

(19) a. 総記の「X ガ」

太郎が	このクラスで一番背が高い。
新情報	旧情報
重要度が高い情報	重要度が低い情報

b. 中立叙述の「X ガ」

おや、	黒い雲が	出てきたぞ。
	新情報	新情報
	重要度が高い情報	重要度が高い情報

(20) 新情報：先行文脈から予測できない情報
旧情報：先行文脈から予測できる情報

(21) 主文主語をマークするガの機能：主文主語をマークするガは、主文主語が「新情報／重要度が高い情報」を表すことを示す機能を果たす。 (Kuno1972、久野1973)
［補記］上の規定での「新情報」とは、先行文脈から予測できない情報という意味であって、「指示対象未知」という意味ではない。 (高見・久野2006: 187)

ガは、その情報構造の面から「新情報＋旧情報」の「総記」と、「新情報＋新情報」の「中立叙述」があるが、どちらにしてもガに先行する名詞句は「新情報」である。「総記」と「中立叙述」は、i/gaとガで共通するものである。談話で見られるi/gaとガの「総記」と「中立叙述」の例を少し見てみることにする。まず「総記」の例である（(22), (24) は韓国語、(23), (25) は日本語の例）。

(22) (オンラインゲームについて話している)

1 K04BM: 그러니까, 장비 같은 거 한 처음에 싹 갖춰 놓으면은,
2 이제 초기 자본 투자하면 그 다음엔 안 해도 되는 거. (웃음)
3 그런 게임이면 하겠는데.

4 K04AM: 그런 건 뭐가 있는데요?

5 K04BM: 골프 게임**이** 그런 게 많죠. 〈K04-MM〉

golpeu geim-i geuleon ge [geos-i] manh-jyo [ji-yo].

ゴルフ ゲーム-ガ そんな もの-ガ 多い-[確認]-[丁寧(平叙)].

1 K04BM: だから、装備なんか最初に揃えておけば、

2 こう、初期資本を投資すれば、後は何もしなくてもいいような。(笑)

3 そんなゲームだったらやりたいんですけど。

4 K04AM: そういうのは何があるんですか。

5 K04BM: ゴルフゲームガそういうのが多いですよね。

(23)(J04AMがある国の○○○○というところに言ってきた話を始める)

1 J04BF: じゃ○○○○[町の名前]の話をしてよ。

2 J04AM: ○○○○の話をじゃあしましょうか。大変だったんですね、いろいろ。

3 J04BF: 全体的に。

4 J04AM: 全体的にです。

5 J04BF: 何日間行ってたの?

6 J04AM: 4日…4泊だったんですけど、予定は。

7 J04BF: が5泊。

8 J04AM: 5泊になって。フライトのキャンセル**が**一番大変でしたね。 〈J04-MF〉

(24)(K05BFが、他の先輩が間違えたと言っていた試験問題をK05AMに聞いてみる場面)

1 K05AM: 그거 맞아.

2 K05BF: 그럼 내**가** 맞는 거잖아요? (응)

geuleom nae-ga maj-neun geo-janh-ayo?

それでは 私-ガ 合う-[連体]もの-[否定]-[丁寧(疑問)]?

3 애들이 다 틀렸네, 그러면. 〈K05-MF〉

1 K05AM:それ合ってるよ。

2 K05BF: じゃ、私ガ合ってるんじゃないですか。(そう)

3 みんなが間違えたんだ、じゃ。

(25)(J09AMが、防音ルームがほしいと言い出し、その話をしている)

1 J09AM: 防音ルームっていくらするんだろう。けっこうする?

2 J09BM: まあ、頑張って。防音ルームどこに作るかにもよるよ。

3 J09AM: 地下なら安いかな。

4 J09BM: 普通地下だろう。地下なら安いのか。安くはないと思うぞ。

5 J09AM: 地下室高いか。あ、地下室が高いな。 〈J09-MM〉

(22)は、文頭名詞句が、聞き手の予測できない全く新しい情報で、質問に対する答えであるので、「新情報」であると同時に「重要度が高い情報」である。その上、述部は先行談話や質問に出ている「旧情報」なので、このi/ga文は「総記」に当る。(23)のガ文も、旅行であった色々な大変な出来事を話している中で、「何が最も大変だったか」の答えとして「これが最も大変だった」と言っているような状況と考えることができ、文頭名詞句の「フライトのキャンセル」は「新情報」である言える。(24)の「나na(私)」は、会話の参加者で発話の現場に存在しているから、その指示対象を参加者の誰もが知っている名詞句であるが、このことは「新・旧情報」とは関係がない。この発話文において、「나na(私)」は、「誰が合っているが」を言うような状況で、その答えとして話し手が選択したもので、「先行文脈から予測できない情報」(=「新情報」)なのである。さらに、(25)でも、文頭名詞句の「地下室」は先行談話に登場しているが、「地下と地上でどちらが高いか」という問いに対し、話し手が発話の際に選択した答えとしての「地下」ということで、「先行文脈から予測できない情報」(=「新情報」)となる。これらの例におけるガ・i/ga文の情報構造は「新情報—旧情報」で、全て「総記」と見ることができる。

この「総記」の文頭名詞句は、「その答えは他の何でもなくまさにこれ」という意味を表すことから、本書で言う「排他」の用法と関係が深い。「排他」が、談話における使用を考慮した意味・用法的な観点からの用語であるとしたら、「総記」は、談話の情報構造を考慮した言い方であると言えるのである。高見・久野（2006）などによれば、i/ga とガと関わる情報構造には、これ以外に「中立叙述」がある。例を見ると次のようである（(26)，(28) は韓国語、(27)，(29) は日本語の例)。

(26)（アルバイトに関する話をしている）

1 K07AF: 그래도 아직까지는 뭐 아직 보조로… 이제 일하는 게 힘드니까.

2 K07BF: 네.

3 K07AF: 옆에서 같이 아르바이트하는…

4 K07BF: 얼마 전에요, 교수님이 저희 선배님한테 그, 번역 알바를 시키신 거예요.

gyosu-nim-i jeohui seonbae-nim-hante geu, beonyeog alba-leul siki-si-n geo-yeyo.

教授-［尊敬］-ガ うちの 先輩-［尊敬］-ニ あの, 翻訳 バイト-ヲ させる-［尊敬］-［連体］もの-［丁寧（平叙)］.

5 그러니까 교수님 논문 쓰신다고. 〈K07-FF〉

1 K07AF: でもまだ補助で…こう働くのは大変だから。

2 K07BF: はい。

3 K07AF: 横で手伝うバイトみたいな…。

4 K07BF: この間ですね。先生ガうちの先輩に、その、翻訳のバイトをさせたんですよ。

5 だから、先生が論文を書かれるということで。

(27)（入試に関する話の途中、J10BM が別の話題を取り出す場面）

1 J10AM: 二次はそんなに悪くはなかったと思うんだけどな。

2 J10BM: あー。○○先生の授業**が**あった、去年。

3 J10AM: お、これは。

4 J10BM: 史料、バルカン諸国の共通歴史副教材を読むとか。

〈J10-MM〉

(28) (アルバイトについて話していて、K02BFはバイトを見つけるのが苦手という話の後)

1 K02AF: 서울 나와서 하면은 자리는 많은데.

2 K02BF: 서울은 되게 많지.

3 K02AF: 응.

4 K02BF: 근데 내 친구**가** 어제, 그, 백화점 주변의 ×××××에서 일을 해.

geunde nae chingu-ga eoje, geu, baeghwajeom jubyeon-ui ××××× -eseo il-eul ha-e.

ところで 私の 友達-ガ 昨日, あの, 百貨店 周辺-ノ ×× ××× [店名] -デ 仕事-ヲ する- [普通 (平叙)].

5 그래서 딱 갔는데, 걔는 막 알바를 되게 잘 구한다.

〈K02-FF〉

1 K02AF: ソウルまで出たらバイトは多いけどね。

2 K02BF: ソウルはすごく多いよね。

3 K02AF: そう。

4 K02BF: でも、私の友達ガ、昨日、あの、デパート周辺の××××× [店名] で働いてるの。

5 それで行ったんだけど、彼女はバイトをすごく良く見つけるのね。

(29) (芸能人を見た経験などを話している)

1 J06AM: 渋谷の人込みスルスルスルスル抜けていったもん。

2 よくまああいついけるなぁと思ったけど。

3 J06BF: すごいよね〜。そっかそっか。それまえ…。

4 J06AM: あと前あれいた。○○○○ [芸能人の名前] の家があったから、

5 ×××× [アイドルグループ] **が**お祭りにきた、祐

天寺の。

6 J06BF:　うそ。〈J06-MF〉

これらの例におけるガ・i/ga 文は、情報構造が「総記」の（22）〜（25）と異なる。(22）〜（25）は、述部の内容が聞き手の予測できる旧情報だったが、(26）〜（29）は名詞句も述部も聞き手が予測できない新情報である。(26）では「先生が先輩に翻訳バイトをさせた」ことを、(27）では「去年○○先生の授業があった」ことを、聞き手が全く知らない事実として提示している。(28）の「私の友達がデパートで働いている」ことと、(29）の「××××［アイドルグループ］がお祭りにきた」ことも、文全体が全く新しい情報として提示されている。これらは、相対的に文頭名詞句より重要度の低い述部を持つ「総記」と異なり、名詞句と述部が同じような重要度を持つと見ることができる。これらのガ・i/ga 文は、発話時までの話題と異なる新しい事柄を導入するような談話状況や、現在の話題と関連する新しい事柄を述べる際に用いられていることが分かる。このような「中立叙述」のガ・i/ga については、本書では詳しく見ていない。ただ、新しい話題を導入する際に用いられるガ・i/ga 文については次のように考える。ガ・i/ga の統語・意味論レベルにおける格助詞として持つ機能は、談話・語用論レベルにおいても連続的に現れ、主語と述部の内容を論理的に強く結び、文全体を一つのまとまった出来事として表す働きをすると見ることができる。一つのまとまった出来事を表す文は、新しい話題の導入など、談話に新しい事柄を盛り込む様々なところに用いられる。ガ・i/ga の談話・語用論レベルの意味・用法としてこれまで論じてきた「排他」の意味は、程度の差はあるものの所謂「総記」にも「中立叙述」にも存在すると考える。「排他」を談話・語用論レベルにおける基本意味とするガ・i/ga を情報構造との関係で分類すると、「総記」と「中立叙述」のように分けられるのである。「総記」における「排他」の意味は、文の情報構造と相まって、より強く感じられる。

さて、「総記」と「中立叙述」はそれぞれ、「新情報―旧情報」と「新情報―新情報」といった情報構造を持っており、i/ga とガは共通してこのような情報構造の文に用いられ、常に「新情報」をマークすることになる。ところが、韓国語のi/gaはこれだけではなく、無助詞とeun/neunで見たような「主題―解説」構造に現れることがある。i/gaが「主題―解説」構造に用いられた例を見てみると次のようである。

(30)（二人で部屋にいた猫を見ている）

1 K07BF: 와, 되게 이쁘다.

2 K07AF: 쟤가 육 키로래, 육 키로.

jyae-ga yug kilo-lae［lago ha-e］, yug kilo.

あの子-ガ 6 キロ-［引用］-言う-［普通（平叙)］, 6 キロ.

3 K07BF: 정말요？(웃음) 〈K07-FF〉

1 K07BF: わあ、すごく可愛い。

2 K07AF: あの子ガ6キロだって、6キロ。

3 K07BF: 本当ですか？（笑）

(31)（結婚の話題で、K10AMの友人が年上の女性と結婚した話をしている）

1 K10AM: 여자가 그때 스물일곱인가？스물아홉이었나？

2 K10BF: 그렇게 연상이요？

3 K10AM: 네.

4 K10BF: 하긴 나 예전에 직장 동료도 여섯 살 연상하고 결혼하더라고요.

5 쉬운 건 아닌데, 여섯 살 연상이면.

6 K10AM: 걔는 뭐 사고 쳤으니까 결혼한 거죠.

7 K10BF: 잘 살아요？

8 K10AM: 얘가 열심히 살더라고요. 〈K10-MF〉

ae-ga yeolsimhi sal-deola-go-yo.

やつ-ガ 熱心に 生きる-［回想］-［引用］-［丁寧（平叙)］.

1 K10AM: 女性があの時27だっけ、29だっけ。

2 K10BF: そんなに上ですか。

3 K10AM: はい。

4 K10BF: そういえば、私の昔の同僚も6才年上と結婚しましたね。

5 大変だったと思うけど、6才上は。

6 K10AM: あいつは、できちゃったんで結婚したんですよ。

7 K10BF: 上手くやってますか?

8 K10AM: やつガ頑張ってるんですよ。

(32)(軍隊の話をしている)

1 K01BM: 나 의무 소방대 서울로 지원했다가 떨어져가지고. ..

2 K01AM: 아, 그거? 나도 알고 있었는데.

3 K01BF: 진짜 그거만 됐으면은 벌써 이제 이, 아. ..

4 K01AF: 근데 **그게** 진짜 경쟁률이 세대. 〈K01-MM〉

geunde geu-ge jinjja gyeongjaenglyul-i se-dae [dago ha-e].

ところで あれ-ガ 本当 競争率-ガ 強い-[引用] -言う-[普通(平叙)].

1 K01BM: 僕、義務消防隊ソウルの方へ志願したんだけど落ちちゃって。

2 K01AM: あ、あれね。俺も知ってたけど。

3 K01BM: 本当、あれさえ出来てたらもう、今頃、もう…

4 K01AM: でも、あれガ本当に競争率が高いらしいよ。

(33)(サッカー選手の話題)

1 K08BF: 저는 ○○○ [축구선수 이름] 을 진짜 싫어해요.

2 K08AM: 아, 왜요?

3 K08BF: 못하잖아요?

4 K08AM: ○○○ 잘하는데.

5 K08BF: ○○○**이** 못하죠. 〈K08-MF〉

○○○ -i mosha-jyo [ji-yo].

○○○ [人名] -ガ できない-[確認] -[丁寧(平叙)].

1 K08BF: 私は○○○ [サッカー選手の名前] が本当に嫌いです。

2 K08AM: え、どうして?

3 K08BF:　できないじゃないですか。

4 K08AM:　○○○できますけど。

5 K08BF:　○○○ガできないでしょう。

（30）は、発話の現場で話し手と聞き手が同時に見ている猫を「쟤 jyae（あの子）」と取り上げ、「（体重が）6キロである」という属性を述べているものであり、無助詞の主題文と似たような構造を見せている。（31）は、年上の女性と結婚したK10AMの友人が「活性化」している中で、その人は上手くやっているのかという質問に対する答えとして、その人を「あいつ」と取り上げ述部では「頑張っている」という属性を述べており、（32）も、文頭名詞句「그거 geugeo（あれ）」は現在話題の中心となっている「義務消防隊」のことで、述部では「競争率が高い」という属性を述べている。さらに、（33）でも先行談話で登場しているサッカー選手を取り上げ、「（サッカーが）できない」という属性を述べている。これらのi/ga文は、述部が新情報であることから「総記」とは言えず、文全体で新しい事柄を提示する「中立叙述」とも言いにくい。これらは、文頭で「指示対象既知」の名詞句を取り上げ、述部でそれの属性を述べるもので、第8章（5）で規定した「主題―解説」構造の文なのである。i/gaのこのような使い方は、日本語のガ文には見当たらない。日本語のガ文にも、以下の例のように、文頭名詞句が指示的な名詞句で、述部ではそれの属性を述べているようなものがあるが、これらは、（30）～（33）とは情報構造が根本的に異なる。

（34）（○○○という日本の学園都市の話題）

1 J05BF:　あの、夫の出身、は×××［地名］なんですけど、（ああ）

2　あの、中学生の頃にお父さんの仕事の都合でやっぱり学園都市に引越しをして、

3 J05AF:　ああ、そうなんですか。

4 J05BF:　そこが、あの、××［都市名］市って言うんですけど、（ええ）

5　ちょうど×××と○○［都市名］の中間ぐらいにある市なんですけど、（うーん）

6　　　その市がすごく○○○［都市名］市と似てるんですよ。

7 J05AF: あ、そうなんですか。へえー。　〈J05-FF〉

(35)（J08AMが自分の住んでいた国の受験科目（数学）について話している場面）

1 J08AM: ××××［国名］の数学知ってますか。聞いたことありますか。

2 J08BF: 無いです。-中略-

3 J08AM: Geometryだから、幾何学か。

4 J08BF: はい。

5 J08AM: 幾何学の、あれなんだっけ、三角形の。なんか、直角三角形の。あ、三平方の定理。

6 J08BF: あーはい。

7 J08AM: あれが高校2年の範囲なんです。　〈J08-MF〉

(36)（将来何をするかという話題でJ08BFが公務員になりたいという話の後）

1 J08AM: しがない博士課程に入ると、博士でなにやろうかな。

2 J08BF: ふふふ。なんか、私中国にいたころから、中国にいたころに、

3 J08AM: はい。

4 J08BF: 父が外務省やってたんですよ。

5 J08AM: ああ、お父さんが外務官。

6 J08BF: そう。　〈J08-MF〉

これらのガ文は、指示的名詞句の属性を述部で表していることから、一見文頭で「指示対象既知」の名詞句を取り上げ、述部でその属性を述べるといった第8章（5）の主題の規定に当てはまるように見えるが、実際にはそうではない。(34)の「その市（韓国のある都市）」は、話し手が「韓国のある市が日本の×××市（聞き手の出身地）と似ている」という情報（文全体的に新しい情報）を提示するために、当該の発話の直前に始めて「韓国に××という市がある」ということを言った後、「その市」と指しているものである。従って、この名詞句は、「聞き手がその対象を知っていると話し手

が仮定している」場合とは言えない。さらに、属性のように見える述部についても、聞き手のよく知っている対象を提示しそれについて述べるというよりは、上述のように、「韓国のある市が日本の×××市（聞き手の出身地）と似ている」という新しい情報を文全体で運んでいるものと考えられる。(35) も、全く同じである。「あれ（三平方の定理）」は、当該発話の直前に話し手が提示した名詞句「三平方の定理」を指しているもので、話し手は、「(日本では中学校で学ぶ）三平方の定理が（自分が住んでいた国では）高校２年の範囲である」という新しい情報を提示しているのである。この談話で話し手は、「三平方の定理」がすぐに思い出せず、「幾何学の、あれなんだっけ。三角形の。なんか、直角三角形の。あ、三平方の定理。」のような発話の過程を経ていることから、「あれ」は自分が直前に発話したものを指しているだけで、聞き手がその指示対象を知っていると仮定しているわけではないことが分かる。これらの二つの例におけるガ文は、上述の「新情報—新情報」構造を持つ「中立叙述」に他ならない。また、(36) は、「父が外務省やってたんですよ」という相手の発話に続いて発話されたもので、話し手が相手の「お父さん」について述べているというよりは、意外性や驚きなどを表すために相手の言葉を繰り返しているものと見ることができる。

さて、このような (34) ～ (36) の文は皆「のだ」文であることが分かる*4。「説明のムード」（益岡・田窪 1992）などと呼ばれる「のだ」は、「ある事態に対する事情・背景の説明を述べる形式」（益岡・田窪 1992: 131）とされる。「のだ」文は、「あいつはきっとデートをしているんだ」のように、既に会話の場や文脈上で提示されている事態を前提として取り上げ、その原因や理由や背景的事情を新情報として付け加えるといった使い方を持ち、「主題—解説」構造を成す場合がある。しかし、(34) ～ (36) における「のだ」文は、「主題」に当る部分を言語化していない。即ち、これらの例では「その市がすごく○○○［都市名］市と似てるんですよ」、「あれが高校二年の範囲なんです」、「お父さんが外務官」という内容全体を新情報として述べているだけで、既に会話の場や文脈上で提示されている事態を前提として取り上げている部分がないのである。以上のようなことから、(34) ～ (36) のガ文は、(30) ～ (33) のi/ga文の情報構造とは異なり、「主題―解説」構造とは言えないことが分かる。これらにおけるガは、「主題」をマークするのではなく、「のだ」で包まれる一つの新しい事柄を示す際に、当該事柄の主体を表す助詞として用いられているのである。

(34) ～ (36) のガ文のような使い方は、韓国語のi/gaにも多く見られる。しかし、i/gaの (30) ～ (33) のような使い方はガ文には見られない。(30) ～ (33) のi/ga文を日本語に訳そうとしても無助詞文やッテなどのその他の取り立て助詞にはなっても、ガにはならない。実際、(30) ～ (33) のi/ga文は、無助詞文に言い換えても不自然ではない。しかし、無助詞文の場合と比べると、これらのi/ga文は、「強調」「意外性」「驚き」など話し手の感情・態度が強く出ているといった違いがある。談話の内容を観察しても、(30) は、「あの子 (＝猫)」が6キロもするという「驚くほどの事実」として伝えており、(31) では、「チンピラみたいなやつで、できちゃった結婚で急いで結婚した」わりにはよく頑張っているという意外さを込めていると言える。(32) でも、「義務消防隊の試験で落ちた」相手に対して「それもそのはず、あの試験というと本当に競争率が高い」というような、話し手の情報に対する態度が感じられる。(33) の話し手は、自分が「できない」と思っているサッカー選手について、相手から「できる」と異見を出されると「彼はできない」ことを強調しているのであると見ることができる。このように、i/gaの用いられた「主題―解説」構造の文は、他の助詞類の主題文に比べて何かしら話し手の感情や態度を表しているような場合が多い。

さて、第7章ではガにはないi/gaの「指定」用法について論じた。そこで見た「指定」用法は、話し手を表す名詞句、あるいは、発話の現場に存在するものや相手の直前の言葉などを主語とし、述部でその属性を述べるか疑問詞を含む疑問文として発するような文において、無助詞文でも不自然ではない主語に用いられるi/gaの使い方だった。「指定」用法は、主語を排他的に捉えるのではないのに、主語を何となく強調するようなニュアンスを生じさせることから、（30）〜（33）のi/ga文と相通ずるものがある。さらに、話し手や、疑問詞疑問文の主語となる発話の現場に存在するものや相手の直前の言葉などは、本書で言う「発話の現場に存在するもの」で、その多くが「指示対象既知」の名詞句である。このように考えると、i/gaの主題は「指定」用法と深い繋がりがあることが分かる。「指定」をi/gaの談話・語用論レベルにおける意味・用法と位置づけるなら、このようなi/gaが用いられる「主題―解説」構造の文は「指定主題」と呼ぶことができそうである。

これまで、i/gaとガに共通する情報構造とi/gaだけが持つ「主題―解説」構造について論じた。i/gaとガは、どちらも「新情報―旧情報」(「総記」)、「新情報―新情報」（「中立叙述」）という情報構造を持つ文で新情報の名詞句をマークするが、i/gaは、無助詞やハ・eun/neunと同様、第8章（5）で規定した「主題―解説」構造にも用いられることを見た。無助詞の「現場主題」やハ・eun/neunの「対比主題」に対し、i/gaは情報に対する話し手の意外さや驚き、強調などを伴う「指定主題」であると述べた。「指定主題」において、主題そのものは、新しいことを述べている述部に比べて「重要度の低い情報」という点で強調されているとは言えない。i/gaの主題で意外性、驚き、強調などの対象となるのは、文全体の内容であると言える。この点では、主語と述部を論理的に強く結ぶといったi/gaの本来の機能を失っていないと見ることができる。ところが、そこに「排他」の意味は存在しない。無助詞の「指差」用法やハ・eun/neunの「対比」用法は、「主題―解説」という情報構造と共存できるが、ガ・i/gaの「排他」用法は、「他ではなくこれ」と名詞句を重要度の高い情報として取り上げることから、新情報ではありえない「主題」の本質とは相反するものと言える。このような意味で、ガは「総記」にしても「中立叙述」にしても「排他」の意味を完全に失っていないのに対し、i/gaは「指定主題」が可能なことから「排他」の意味を殆ど失ってしまう場合があると言うことができる。以上、本節では、日本語のガは「主題―解説」構造に用いられず常に新情報をマークするのに対し、韓国語のi/gaは新情報をマークしない場合もあり、「主題―解説」構造で主題に後続することもあるといった大きな違いが存在することを確認した。

4.「文頭名詞句」の情報構造と助詞類

これまで無助詞、ハ・eun/neun、そしてi/gaが「主題―解説」構造に用いられる例を見てきた。ここでは、談話資料からこれらの主題がどれ位の頻度で現れたかを概観し、助詞類と情報構造の関係をもう一度考えてみることにする。

「文頭名詞句―述部」構造の発話文を、第8章（5）で述べた「主題」の規定に当てはまるものとそうではないものに分け、どのような助詞類が主題を取りやすいかを調べた結果を以下の表に示す。表9–1〜2における縦線（点線）の左側は、当該の助詞類が「主題―解説」構造と判断できる文の主題に用いられているものである。主題がどのような名詞句であるかを、指示対象が話し手を指す場合、聞き手を指す場合、話者以外に発話の現場に具体的・抽象的に存在するものを指す場合（「現場」）、先行談話などに登場している場合（「既出」）、先行談話に登場していないが「指示対象既知」の場合（「初出」）に分けて示している。縦線の右側の「疑問詞」とは、「여기가 몇 평이지? yeogiga myeoch pyeong-iji?（ここ**ガ**何坪かな）」〈J02-FF〉、「おたまじゃくしと普通の違い**は**なんですか。」〈J01-FF〉のように、述部が疑問詞を含んでいる発話文における文頭名詞句である。「非主題」は、助詞類に先行する名詞句が明らかに主題ではない場合や、判断が難しい場合も含めている。

表9–1と9–2の「主題」のところの数値を比べると、日韓の違いが明らかである。最も異なるのは、i/gaの主題で、前節で見たようなi/gaの「指定主題」は主題全体の11.4%を占めている。ただし、i/gaは他の助詞類に比べ主題ではない使い方がずっと多いことから、主題をマークすることはi/gaの周辺的な使い方であることが分かる。無助詞やハ・eun/neunは、これまで見てきた通り主題をマークする頻度が高い。特に、韓国語では、主題全体の中で無助詞やeun/neunがほぼ同率で用いられるに対し、日本語では、主題全

表 9–1　韓国語における文頭名詞句の主題可否

文頭名詞句	話し手	聞き手	現場	既出	初出	主題（%）	疑問詞	非主題	計（%）
i/ga	9	0	3	27	6	45（11.4）	19	416	480（35.7）
無助詞	34	21	23	59	7	144（36.4）	21	232	397（29.5）
eun/neun	59	6	4	62	16	147（37.1）	26	140	313（23.3）
その他	21	1	4	25	9	60（15.2）	4	92	156（11.6）
計	123	28	34	173	38	396（100.0）	70	880	1346（100.0）

表 9–2　日本語における文頭名詞句の主題可否

文頭名詞句	話し手	聞き手	現場	既出	初出	主題（%）	疑問詞	非主題	計（%）
ガ	0	0	0	0	0	0（ 0.0）	0	215	215（15.9）
無助詞	69	3	10	78	9	169（43.6）	30	268	467（34.5）
ハ	19	6	2	82	8	117（30.2）	17	234	368（27.2）
その他	32	3	2	48	17	102（26.3）	27	175	304（22.5）
計	120	12	14	208	34	388（100.0）	74	892	1354（100.0）

体の中で無助詞の割合が特に高い。また、日本語にはその他の助詞類による主題も韓国語に比べて多い。

　述部に疑問詞を含む発話文を見ると、韓国語では eun/neun と無助詞が、日本語では無助詞とその他の助詞類が多く用いられるが、実際の例を見ると、聞き手の言葉を「それ」あるいは「あれ」と取り上げ、それがどのようなものなのかを尋ねるような疑問文が日本語には韓国語より若干多かったのがその原因と思われる。述部に疑問詞を含む発話文に用いられるその他の助詞類は、殆どがッテだった（ッテが 25 件、トカが 2 件）。一方、韓国語ではその他の助詞類は少なく、i/ga がかなりの使用頻度を占めているのが興味深い。実際、このような i/ga を日本語に訳そうとするとッテが自然な場合が多いが、韓国語はその他の特殊助詞（日本語の取り立て助詞）が日本語ほど発達していない分、i/ga がその一部を担当するようになっているのだと考えることができる。述部に疑問詞を含む発話文については、第 7 章でも述べたが、i/ga 特有の「指定」という意味・用

法だった。述部に疑問詞を含む発話文の中でも、「主題―解説」構造の文やそうでない文が存在するが、i/gaの疑問詞疑問文は、「K03BM : EPS 토익이네. EPS toigine（EPS TOEICだね）K03AM: EPS가 뭐야? EPS-ga mwoya?（EPSガ何？（EPSって何？））」〈K03-MM〉のように、必ずしも「主題―解説」構造とは言えないものも多い。

「非主題」のi/gaとガは、「新情報」に付くものと見ることができる。「新情報―旧情報」の構造を持つ「総記」は、i/gaでは416件の内68件（16.3%）、ガでは215件の内46件（21.4%）あり、日本語の方が、助詞類全体的にガの使用が少なく、「総記」のガの使用率が高いことが分かる。「総記」はその情報構造から「排他」の中でもさらに排他的であると考えられる。日本語に「総記」のガが多いのは、日本語の方が排他的な談話が多いということなどではなく、「排他」の意味が比較的強いところにガを用い、そうでないところでは別の助詞類を用いるということの傍証であると考えられる。それに対し、韓国語は比較的「排他」の意味が弱い場合でもi/gaを使用するものと見ることができる。「指定」用法の存在はその最も明らかな証拠であろう。「非主題」の無助詞は、韓国語と日本語でそれぞれ35.8%（83件）、23.9%（64件）が「存在表現」だったが、これは他の助詞類に比べてかなり高い割合である*5。これは、第6章で論じた、「X 있잖아 issjanha・Xあるじゃない」及び類似表現で「聞き手にこれからの話題における重要な概念を喚起させるという機能」を果たす無助詞文が多いことを示すものと考えられる。「非主題」のハ・eun/neunについては、2節で述べた（例（15）〜（18）とその説明参照）。「非主題」のハ・eun/neunの中では、西山（2003）の言う「話題」と見られる例が多く存在し、主題とも話題とも言えないような例も多い。ハ・eun/neunとガ・i/gaなど有形の助詞類については、今後さらに詳しい研究が必要であろう。

さて、本章の1節では、無助詞文が表す「現場主題」は談話・語用論レベルにおいて無標の主題表現であると述べたが、表9–1〜2からもこのことが確認できる。典型的な書きことばで無助詞主題が現れにくいことを考慮すれば、どちらの言語でも無助詞主題の割合は相当高いものである。韓国語では、eun/neun主題が無助詞主題より多いが、これは第7章でも論じた「1人称主語」における特殊性のためと考えられる。第7章では、韓国語と日本語で1人称主語をマークする助詞類が著しく異なることについて論じたが、主題の中でも話し手を指す名詞句は多く、全体の数値に影響しているのだろう。表9–1〜2の「話し手」のところを見ると、韓国語と日本語では、話し手を表す主題がそれぞれeun/neunと無助詞に集中していることが分かる。このことを考慮すると、日韓共に無助詞主題が最も高い頻度で用いられていると言える。頻度の面でも「無標」の主題であると言うことができるのである。

本節では、韓国語と日本語の「文頭名詞句—述部」構造の文において、各助詞類がマークする文頭名詞句がどのような情報構造を持つかについて、これまでの議論の結果を参照しながら計量的に検討した。どちらの言語においても、「主題—解説」構造では無助詞文が最も高い頻度で用いられ、談話・語用論レベルでは無助詞主題が無標主題であることが確認できた。第8章と第9章を通して、「主題—解説」構造を中心に、情報構造と助詞類の関係について論じてきたが、発話文の情報構造は、一次的には助詞類とは関係なく存在すると言える。「主題—解説」構造そのものは、第8章（5）で規定したような情報構造の問題であり、特定の助詞類を想定しているわけではないのである。一方、助詞類の「指差」、「対比」、「排他」、「指定」、「設定」などの意味・用法は情報構造と独立して存在する。話し手は、発話の際に助詞類の意味・用法からどの助詞類を用いるかを選択するものと考えられる。「主題—解説」などの情報構造は、発話され出来上がった文が談話の中で位置づけられると同時に持つようになるもので*6、助詞類が文の情報構造の決定に直接繋がるものではない。ところが、助詞類の意味・用法そのものが、本質的に「主題—解説」構造と共存しやすい性質または相容れない性質を持つ場合、主題をマークする頻度が多い助詞類とそうでない助詞類が現れるものと考えられる。無助詞やハ・eun/neunは、「指差」と「対比」という意味・用法が本質的に主題と共存できるようなものであるため、それぞれ「現場主題」、「対比主題」のように用いられるが、「排他」の意味・用法が優勢なガは主題に用いられない。ガに比べて「排他」の意味・用法が弱まることが多いi/gaは、「指定主題」というユニークな主題を作るものと考えられるのである。

第9章では、韓国語と日本語の談話・語用論レベルにおける助詞類が情報構造とどのように関連しているかを調べた。特に、第8章でまとめた主題の概念をベースとし、各助詞類が「主題—解説」構造の発話文においてどのように現れ、どのような特徴を持つかについて分析した。本章で論じたことをまとめると次のようである。

(i) 韓国語と日本語の無助詞は「主題—解説」構造に用いられるが、発話の現場に存在するものを取り上げ、その属性を述部で述べることから、無助詞の主題を「現場主題」とした。これは、談話・語用論レベルにおける無標の主題である。

(ii) 韓国語のeun/neunと日本語のハも主題をマークするが、主題として取り上げられるものと「対比」される別の対象を想定することから「対比主題」とした。

(iii) 韓国語のi/gaは常に新情報を取る日本語のガと異なり、「主題—解説」構造に用いられることがある。その場合は、発話文の内容に対する話し手の意外性や驚きなどの感情が強調的に現れることから、i/ga主題を「指定主題」とした。

(iv) 文頭名詞句の情報構造を主題と非主題に分け計量的に調べ、韓国語でも日本語でも無助詞の主題が無標の主題であることを再び確認した。

(v) 無助詞の「指差」用法とハ・eun/neunの「対比」用法は、その基本的な性質が「主題—解説」という情報構造と矛盾しないことから、「現場主題」や「対比主題」という主題に用いられる。i/gaの「指定」用法も同様である。しかし、ガは「排他」の意味・用法が優勢で主題とは相容れないため、主題に用いられない。

*1　ここで挙げている例では、指示対象が先行談話にも登場している。
*2　尾上（1987）は、第1章で紹介したとおり、これを、存在の質問文およびそれに類似のものが無助詞文になりやすい理由として述べている。
*3　「（単なる）主題」とは、談話上に主題名詞句と対比される別のものが明示的ではない場合を指すが、寺村（1991）はこのようなハにも根本的には「対比」の意味があると指摘している。
*4　（36）の「お父さんが外務官」は名詞句で終わっているが、意味構造的には「お父さんが外務官なんだ」という「のだ」文であると考えられる。
*5　日本語の「その他」だけが、25.7%（45件）で無助詞より存在表現の割合が高い。韓国語のi/gaが19.1%（80件）、eun/neunが10%（14件）、その他が22.8%（21件）で、日本語のガが15.3%（33件）、ハが13.2%（31件）だった。
*6　もちろん、第8章で述べたように、「主題―解説」構造には「表現形式」としての面もある。なお、文の主題といっても、名詞句が「指示対象既知」かどうかといった問題は談話の中で決まるものである。

第10章
課題と展望

1. 全体の要約

本書では、現代韓国語と日本語の談話における無助詞について、特に主語に現れる無助詞、格助詞ガ・i/gaそして助詞ハ・eun/neunを中心に論じた。本書の目的は、談話におけるこれら助詞類を実際の談話資料から量的・質的に分析し、ハ・eun/neunとガ・i/gaの特徴を再検討しながら汎言語的な現象としての無助詞の特徴を明らかにすることである。全体の議論を通し日韓の無助詞は、「現場性」を有する名詞句を指差すように取り上げそれについて述部で述べるといった「指差」用法を共通して持つことを明らかにした。本書は主に主語と一部の助詞類に限って論を進めており、無助詞全体を究明したとは言いがたい。しかし、主語における無助詞は、無助詞の中でも最も中心的なものと考えられ、日韓の助詞類の中でも最も関心度の高い2種類の有形の助詞を無助詞と対照しながら論じることができた点では有意義な議論であると思われる。特に、実際の談話を用いた計量的な調査と日韓対照など、情報構造と助詞類の関係についてもこれまで行われていなかったアプローチができたことは、助詞類の研究に新たな可能性を提示したものと考えられる。

本書のベースとなる基本的な考え方は、言語のレベルを統語・意味論レベルと談話・語用論レベルに概念的に区別し、ガ・i/gaなどの所謂格助詞は統語・意味論レベルで統語機能を担う助詞類で、ハ・eun/neunや無助詞は談話・語用論レベルで固有の意味・用法を持つ助詞類として位置づけることである。また、無助詞と関わる「省略」という問題については、言語要素が現れないことを省略と見なさず、伝達の必要に応じて話し手が選択する言語表現であるという考え方が基本となっている。このような考え方の上で、本書では実際の談話データを用い、文を単位とした計量的な調査を行った。第3、4章では、助詞類の使用に関わる要素として主語名詞句や文の述語の種類、文のタイプと主語以外の成分と助詞類の関係を中心に調べた。ハ・eun/neunはどちらかというと無助詞に近い分布を見せ、ガ・i/gaは一般名詞句や動作他動詞文の主語に現れやすいという共通点もあるが、全体的に韓国語においてはi/gaの頻度が非常に高い特徴があった。韓国語も日本語も、無助詞は比較的に代名詞句、特に発話の現場に存在するものを指す名詞句に用いられやすく疑問文に現れやすいという結果から、無助詞は「発話の現場」と関連性を持つことを突き詰めた。

第5章以降では、この関連性の中身を「現場性」と見て、資料における談話の例を取り上げながら談話の無助詞及び無助詞と関わる部分における有形の助詞類の意味・用法を本格的に探った。現場性とは、発話の現場に具体的・抽象的に存在することを指し、現場性を有する名詞句とは、発話の現場に物理的に存在するもの、直前の発話で登場したもの、談話で活性化しているものを指す名詞句である。これ以外にも、話し手は発話時に様々な概念を頭に浮かべながら談話を進めるが、その次々と浮かべる概念を指す名詞句も「限定的現場性」を持つ。現場性は、無助詞の最も強力な特徴であり、使用条件でもある。即ち、無助詞は現場性のあるものを指差すように取り上げ、それについて述べるといった「指差」用法を有するのである。この無助詞の特徴は日韓共通であるが、ガ・i/gaやハ・eun/neunはそれぞれ「排他」や「対比」という共通の意味・用法を持ちながら、日韓で異なる部分もある。特に、i/gaの「指定」用法とハの「設定」用法は日韓の助詞類の違いを生み出す主因と言える。

助詞類と関わるもう一つの大きな問題は、主題と情報構造との関係である。本書では、主題と情報構造は助詞類の意味・用法とは独立して成り立つが、その基本的な性質から主題をなり得る助詞類とそうでないものがあると主張した。無助詞の「指差」用法は「現場主題」を作ることができる。ハ・eun/neunも「対比主題」に現れる。一方、韓国語のi/gaはガにはない「指定主題」を作り、ガは「指定」用法を持たないため主題にはなれない。このような議論は、各助詞類の特徴をより明確にすることができ、ハ・eun/neunとガ・i/gaと無助詞の文法的位置付け及び体系化に貢献するものと思われる。

2. ヲ・eul/leul格について

本節以降では、本書で扱えなかった二つの論点について述べ、今後の課題にしたいと思う。一つは、本書で考えてきた主格ガ・i/ga格ではない他の格における無助詞についてである。もう一つは、会話参加者の年齢や性別、発話のフォーマリティなど社会言語学的な観点から無助詞をどう見るかということである。以下、順に見ていく。

本書ではガ・i/ga格を中心に、談話・語用論レベルにおける無助詞及びその他の助詞類の働きを調べてきた。ところが、無助詞の定義を「文構成要素の中で名詞句に助詞が現れない現象を、談話・語用論レベルにおいて指すもの」と規定する場合、ガ・i/ga格以外にも無助詞は十分現れ得る。例えば、統語・意味論レベルにおけるヲ・eul/leul格やニ・e格、デ・eseo格など、所謂文法格（構造格）を含め意味格と呼ばれる格においても無助詞は現れる。このようなガ・i/ga格以外の格に対しても、本書で主張してきた無助詞の意味・用法が適用されるかといった問題は重要であろう。

目的語に助詞が現れない現象について論じた先行研究も、統語的観点から何らかの助詞省略システムを探ろうとするものと、情報構造の観点から無助詞を見ようとするものがある。프로스트（1981）は、目的語が助詞なしで現れるためにはそれが予測可能な伝達内容でなければならず、予測不可能な目的語の場合動詞も予測不可能なものでなければならないと主張した。同氏は、日本語のヲに言及し、韓国語のeul/leulよりは日本語のヲの方がこの予測可能性の規則に沿っているとした。申鉉淑（1982）も、無助詞について、話し手と聞き手の共通領域の中にある情報を伝えるもので「注意集中」が要らないことを示すと述べた。それに対し、eul/leulの使用は注意集中が必要であることを表すとしている。吉田（1999）は、ガと

同じくヲの省略も独自の機能を持つ独立したものとみなし、省略に関わる制約として意味役割制約と脱焦点化制約を提示している。これは韓国語のeul/leulの省略に関する先行研究の記述と類似している。Mori & Givon（1987）は、ヲの使用・不使用は格式（formality）、指示関係（referentiality）、意味的曖昧さ（semantic ambiguity）などの要因と関係があり、さらに、これらは予測可能性（predictablity）と、談話における指示物の重要さという上位の要因に包括されるとした。Fujii & Ono（1994）も、ヲの使用と不使用は談話・語用論レベルにおいてシステマチックに起こると主張した。同研究では、ヲは名詞句が示す情報を談話に定着させる（establish）認知的努力を聞き手に要求するものであるとしており、申鉉淑（1982）と相通ずるところがある。

本書の立場では、ガ・i/ga格以外の格に対しても、無助詞の意味・用法は一貫していると考える。即ち、無助詞はどの格に用いられても基本的には「会話の現場に存在するものを指差すように取り上げ、それについて述べる」といった「指差」用法を持つと考えられる。ここでは、本書の資料を用いてヲ・eul/leulについて少し考えてみることにする*1。まず、ガ・i/ga格の場合と同じく、資料に現れているヲ・eul/leulに先行する名詞句の種類を調べてみると、興味深いことにガ・i/ga格における助詞類の分布と非常に類似していながら、どちらの言語も無助詞の頻度が非常に高くなるといった結果が得られた。以下、韓国語と日本語の結果を順に提示する。

韓国語の場合、格助詞i/gaが圧倒的に多かった（45.0%）主語の場合に対し、目的語名詞句においては無助詞の頻度が50%を越

表10–1　助詞類の分布：各名詞句に対する助詞類の割合【韓国語】

名詞句の種類	一般名詞句	代名詞句	形式名詞句	固有名詞句	計（%）
eul/leul	482（38.1）	62（29.7）	51（20.1）	20（20.8）	615（33.7）
無助詞	607（48.0）	110（52.6）	161（63.4）	43（44.8）	921（50.5）
eun/neun	44（ 3.5）	12（ 5.7）	17（ 6.7）	8（ 8.3）	81（ 4.4）
その他	132（10.4）	25（12.0）	25（ 9.8）	25（26.0）	207（11.3）
計（%）	1265（100.0）	209（100.0）	254（100.0）	96（100.0）	1824（100.0）

表10–2　助詞類の分布：各名詞句に対する助詞類の割合【日本語】

名詞句の種類	一般名詞句	代名詞句	形式名詞句	固有名詞句	計（%）
ヲ	203（31.1）	32（28.3）	34（29.8）	15（26.3）	284（30.3）
無助詞	291（44.6）	61（54.0）	60（52.6）	30（52.6）	442（47.2）
ハ	53（ 8.1）	11（ 9.7）	11（ 9.6）	2（ 3.5）	77（ 8.2）
その他	106（16.2）	9（ 8.0）	9（ 7.9）	10（17.5）	134（14.3）
計（%）	653（100.0）	113（100.0）	114（100.0）	57（100.0）	937（100.0）

えるほど高い。名詞句別では、相対的に格助詞 eul/leul は一般名詞句に最も多いことは主語の場合と類似している。さらに、無助詞と eun/neun の場合代名詞句に多いことについて論じたが、目的語の場合も同じであることが分かる。日本語の場合は、ガと無助詞とハ、そしてその他の助詞類がそれほど頻度の違いを見せていなかった主語の場合と異なり、目的語では無助詞の頻度が 50% 近くまで高くなっている。日本語の場合も、主語の場合と同じく無助詞は相対的に代名詞句に多いことが分かる＊2。

このような先行名詞句の種類による傾向が主語と目的語で一致することは、主語か目的語かに関係なく名詞句の種類が助詞類の現れ方に影響を与えることを示す。無助詞について言うと、指示表現を含む代名詞句に無助詞が現れやすいということは、本書で見てきた「現場性」のある名詞句は、文における機能的な面とは関係なく無助詞を取りやすいということなのである。次の例からも、直観的に主語の場合と変わらない用法で無助詞が用いられていることが分かる（例は韓国語、日本語の順）。

(1)（会話の録音時間が予定より長くなり K01AM が焦っている）

1 K01AM: ○○○ 형한테 전화했어？

2 K01BM: 아니요. 해야죠, 이제.

3 K01AM: 아, 나 수업 들어가야 되는데.

4 K01BM: 수업요？그거 ϕ 말할게요, ○○○ 형한테.

〈J01-MM〉

sueob-yo? geugeo-ϕ malhal-ge-yo, ○○○ hyeong-hante.

授業-［丁寧］？それ-φ 言う-［意志］-［丁寧］,
○○○［人名］兄-に.

1 K01AM:○○○先輩に電話した？

2 K01BM:いいえ。これからします。

3 K01AM:もう、俺授業に行かないとな。

4 K01BM:授業ですか？ それφ言いますよ、○○○先輩に。

(2)（初対面の二人が会話を始めて間もない場面）

1 J08AM: あのー、僕、これφ実はあのー、やったことがあるんです。

2 J08BF: あっ、いや実験をですか？

3 J08AM: 実験です。 〈J08-MF〉

韓国語の例（1）では、聞き手が直前に発した言葉を指差すように取り上げ、それを伝えると言い表しており、日本語の例（2）では、現在行っている録音作業を指差しながら、これをやったことがあると述べている。目的語においても無助詞の「指差」用法はそのまま働いているのである。目的語が文頭に現れる「主題―解説」構造の無助詞文においても、主題がガ・i/ga格名詞句の場合と全く変わらない「現場主題」を示す（例は韓国語、日本語の順）。

(3)（バイトなどの話の途中K03BMがいきなりそこにあったパソコンを見て言い出す場面）

1 K03BM:이 컴퓨터 φ 내가 가져가고 싶어. 〈K03-MM〉
i computer nae-ga gajyeoga-go sip-eo.
この コンピューター 私-ga 持ち帰る-［希望］-［普通（平叙）］.

1 K03BM:このパソコンφ俺が持ち帰りたいな。

(4)（「HERO」というタイトルの映画の話題が続いた後）

1 J07BM: HEROって。

2 J07AF: いやあー、ねぇ。(J07BM笑)

3 J07AF: っていうか、HEROって言ったらさあ、

4 だってほら、もうすぐ北京オリンピックとかあるし。

5 J07BM: うん。

6 J07AF: あれφ同じ人がやってんでしょ。 〈J07-MF〉

（3）では、発話の現場に具体的に存在するものを指差しながら、それについて述べる無助詞文で、情報構造的に「主題—解説」構造を成している。（4）の無助詞文も、直前の話に出た北京オリンピック（の開催式）を指差しながら、それについて述部で述べる「主題—解説」構造の文である。これらの主題はどれも当該の文においては、述語に対する目的語となっているが、主題が主語の主題文と情報構造や表現類型の面では全く変わらないのである。さらに、ハ・eun/neunも、目的語についても「対比」用法をそのまま持ち、格助詞ヲ・eul/leulについても、ガ・i/gaと似たような「排他」的な用法があると考えられる。それが付く名詞句が統語・意味論レベルでどのような格を占めるかという問題と、助詞類が談話・語用論レベルでどのような用法を持つかという問題は別なのである。当該名詞句が統語・意味論レベルでどのように位置づけられるかに関わらず、無助詞は会話の現場に存在するものを指差すように取り上げ、それについて述べる「指差」用法を持ち、ヲ・eul/leulは「排他」用法を、ハ・eun/neunは「対比」用法をそれぞれ持つと考えられるのである。ヲ・eul/leulは、統語・意味論レベル寄りの助詞類で

表10–3　文のタイプと目的語名詞句における助詞類【韓国語】

文の類型	平叙文	疑問文	その他
eul/leul	169（46.4）	54（23.4）	7（20.0）
無助詞	132（36.3）	125（54.1）	21（60.0）
eun/neun	23（ 6.3）	18（ 7.8）	1（ 2.9）
その他	40（11.0）	34（14.7）	6（17.1）
計（%）	364（100.0）	231（100.0）	35（100.0）

文の類型	並列節	従属節	連体節	計（%）
eul/leul	108（25.3）	228（37.2）	49（31.8）	615（33.7）
無助詞	223（52.2）	325（53.0）	95（61.7）	921（50.5）
eun/neun	28（ 6.6）	10（ 1.6）	1（ 0.6）	81（ 4.4）
その他	68（15.9）	50（ 8.2）	9（ 5.8）	207（11.3）
計（%）	427（100.0）	613（100.0）	154（100.0）	1824（100.0）

表 10–4　文のタイプと目的語名詞句における助詞類【日本語】

文の類型	平叙文	疑問文	その他
ヲ	52（23.7）	37（23.9）	8（30.8）
無助詞	108（49.3）	80（51.6）	15（57.7）
ハ	35（16.0）	10（ 6.5）	1（ 3.8）
その他	24（11.0）	28（18.1）	2（ 7.7）
計（%）	219（100.0）	155（100.0）	26（100.0）

文の類型	並列節	従属節	連体節	計（%）
ヲ	10（14.3）	134（36.0）	43（45.3）	284（30.3）
無助詞	27（38.6）	169（45.4）	43（45.3）	442（47.2）
ハ	16（22.9）	13（ 3.5）	2（ 2.1）	77（ 8.2）
その他	17（24.3）	56（15.1）	7（ 7.4）	134（14.3）
計（%）	70（100.0）	372（100.0）	95（100.0）	937（100.0）

あることから、目的語を示すなどの機能的役割を有するということも、ガ・i/ga と似たような特徴である。

さらに、主語の助詞類における調査では、文のタイプの中でも疑問形に無助詞が多く現れていたが、興味深いことに、目的語においても非常に類似した結果が得られる。結果を韓国語と日本語の順に提示すると表 10–3、10–4 の通りである。

韓国語においても日本語においてもこの結果は、第 3 章と第 4 章で見た主語のそれとそれぞれ大変類似している。韓国語の場合 eul/leul が平叙文と従属節に多いことは i/ga と一致する。無助詞は i/ga の場合と同じく疑問形とその他に多く、eun/neun は平叙文と並列節に多いところが主語の場合と似ている。日本語も、主語の場合と同様、無助詞は平叙文、疑問文、その他に多い。ガとヲは共に従属節と連体節に多く、ハも主語の場合と同様平叙文と並列節に多い。このように、目的語の助詞類が、それが現れる文のタイプにおいて主語の場合と同様な結果を見せることは、助詞類の現れ方と文のタイプで何らかの関係があることを示すものであると言える。特に、疑問文において無助詞の主語と目的語が現れやすいことは、既に論じた通り、「現場性」との関連性が強いのである。

第3章と第4章の2節では、主語の助詞類と述語の種類との関係について調べ、無助詞は動作他動詞述語の主語には現れにくい傾向性に言及したが、目的語の場合、述語は全て他動詞であり、動作他動詞か状態他動詞かという区別と無助詞の関係は不明確で、主語の場合の結果とも一致しない。

表10–5からも分かるように、目的語そのものの出現は韓国語の方がずっと多いが、どちらの言語でも目的語の出現は動作他動詞に圧倒的に多く（韓国語81.6%、日本語81.8%）、相対頻度から無助詞を見た場合、韓国語は状態他動詞の方が若干高いが日本語は逆である。無助詞は、韓国語では状態他動詞に多く、日本語では動作他動詞に多い。主語の場合も述語の種類と主語助詞類の間には有意味な特徴が見られなかったが、目的語の場合も同様のようである。このように、述語の種類と目的語の助詞類の関係は不明であるものの、目的語に対しても主語の場合と同じような説明をつけることができると思われる。本書では、基本的には目的語に対してもその他の名詞句に対しても、助詞類の意味・用法は主語の場合と同様の説明が

表10–5　述語動詞の種類と目的語の助詞類【韓国語と日本語】

韓国語	動作他動詞	状態他動詞	小計（%）
eul/leul	528（35.5）	87（26.0）	615（33.7）
無助詞	743（49.9）	178（53.1）	921（50.5）
eun/neun	61（ 4.5）	20（ 6.0）	81（ 4.4）
その他	157（10.5）	50（14.9）	207（11.3）
計（%）	1489（100.0）	335（100.0）	1824（100.0）

日本語	動作他動詞	状態他動詞	小計（%）
ヲ	225（29.4）	59（34.5）	284（30.3）
無助詞	374（48.8）	68（39.8）	442（47.2）
ハ	62（ 8.1）	15（ 8.8）	77（ 8.2）
その他	105（13.7）	29（17.0）	134（14.3）
計（%）	766（100.0）	171（100.0）	937（100.0）

可能であると考える。

ところが、目的語の無助詞について論ずる場合、主語の場合と全く同じような説明をそのまま適用しようとするといくつかの問題が出てくる。一つは、韓国語も日本語も、主語に比べ目的語は統語・意味論レベルにおいて、より述語に近い位置にあるということから生じる問題である。「目的語＋述語」は、意味的に述語と固く結びつき一つのまとまった意味を形成することが多く、第2章で言及したような「慣用表現」の問題や「하다 hada（する）」などの動詞との結合と関わる語彙的問題も絡んで、より複雑な様相を帯びることが多いのである。従って、少なくとも主語の場合とは少し異なった説明が必要に思われる。もう一つは、一つ目の問題とも関係があるが、一見現場とは関係ないように見える名詞句が、無助詞の形で述語と結びついて次々と発話に登場するため、これまで論じてきた「現場性」と無助詞を結びつけることが困難であるといった問題がある。このことを主語と同じように説明しようとすると、主語のところで取り上げた「限定的現場性」を大変広く適用することになるが、そうなると無助詞の使用で最も重要な条件である「現場性」の意味が薄れてしまう可能性があるのである。

しかし、このような問題があるにもかかわらず、本書の立場では、ヲ・eul/leul及びニ・e格やデ・eseo格などその他の意味格に対しても、基本的にはこれまで論じてきたガ・i/ga格の場合と同じような原理であると考える。上述した一つ目の問題については、次のように考えることができる。「目的語＋述語」で意味的に高く結びついている表現は、本書の第2章で述べた「主語＋述語」が慣用表現として用いられる場合と同様のメカニズムであると思われる。慣用表現は「名詞句＋述語」で一つの述語のようなまとまった意味を表すもので、ほぼ語彙化の直前の段階にあるものである。その述語に先行する名詞句は、述語の性質によって主語となったり目的語となったりするが、それはそのまとまった意味を分析的に見た場合設定可能な機能であって、「名詞句＋述語」そのものは発話文の述語として用いられる予備軍として話者たちの心的空間に存在するものと見るべきである。それが、実際の発話で何らかの理由で、話し手によって分析的に認識され名詞句に有形の助詞を伴うことがあり、そのときはなぜ話し手が有形の助詞を用いたのかを考える方が合理的であると考えられるのである。実際、多くの先行研究では、特に目的語においては助詞の省略の方ではなく、格助詞の実現の方に関心を向けている。本書の観点からすると、助詞ヲ・eul/leulを用いる理由は「排他」の意味を表すためということになる。もう一つの問題、「現場性」の適用範囲については次のように考えられる。本書で言う「現場性」は、必ずしも具体的なものが発話の現場に存在することを示すものではなく、「限定的現場性」を認めることからも分かるように、発話の現場で行われる話し手の認知作用を含み、現場と関わる幅広い「存在」を提示している。従って、上述の慣用表現を除くとしても、実際に多くの発話で「限定的現場性」が適用されると思われる。しかし、これは本書の主張を裏返すものではない。本来実際の発話では、「現場性」が適用される名詞句は多いはずである。なぜなら、話し手は発話の現場に在り、次々と出てくる発話を絶えず認知領域に入れ換えながら談話を進めていくからである。今現在その認知領域に入っているものは、発話の現場に抽象的に存在するものである。話し手はそれを指差しそれについて話しながら談話を作っていくのである。このような意味で、談話・語用論レベルの典型的な実現体とも言える話し言葉では、無助詞の出現は必然的と言える。有形の助詞類は、とりあえず現場から目を外して当該名詞句に特別な論理的意味を与えるための手段であると言うことができる。

以上、本書は基本的に、名詞句の格と関係なく談話・語用論レベルにおける助詞類の用法は同様である考えを保持すると述べた。統語・意味論レベルの特徴が実際の発話で連続的に現れる場合、それぞれの統語的特徴を考慮しながら記述する必要はあるものの、談話・語用論レベルにおける助詞類の意味・用法は本質的に名詞句の統語機能にはとらわれないと考える。いずれにせよ、目的語に関する細かい考察と分析は今後の課題である。

3. 社会言語学的な観点

本書では、実際の談話資料を用いて統計的な分析を行うに当り、談話参加者の年齢、性別、職業などの身上情報や、発話のフォーマリティ、丁寧さなど、対人関係に関わる情報など、社会言語学的な観点は排除し論を進めてきた。しかし、社会言語学的な要素が無助詞の使用に影響を与える可能性は十分ある。ここでは、このような可能性について簡単に述べておきたいと思う。

Shibamoto（1985）は、ハとガが現れない頻度が男女で異なる（男11%、女23.9%）ことを示している。Shibamoto（1990）は、この結果を踏まえその理由を探っているもので、同氏は、先行研究で言及されていた、助詞が脱落する様々な要因（語順、話者間の距離、NPの認知度、照応関係、NPに対する話者の態度、強調要素条件、名詞の順番、一般的叙述、予測可能な情報、NPと聞き手との距離、共有情報、発話の機能、フォーマリティなど）を細かく分析し、助詞の省略における男女の頻度の差は、女性の省略志向（ellipsis-promoting）と男性の省略抑制（ellipsis-inhibiting）傾向によるものであると主張している。Takano（1998）も、様々な言語学的・社会学的要素を基準に無助詞を分析し、性別による無助詞の使用頻度に違いがあることを指摘している。同氏は、性別の組み合わせを女性同士、男性同士、男女の三種類に分けて調査し、女性同士の組み合わせの場合無助詞が最も活発に用いられ、その次が男女の組み合わせで、男性同士の場合最も無助詞の使用が少ないという結果を提示した。これらの議論は、具体的な研究方法は異なっているものの、性別による無助詞の使用に違いがあると認めていることで一致している。ところが、本書で用いた談話資料では、性別による無助詞使用の目立った違いは見られなかった。主語名詞句における無助詞使用率を性別の組み合わせごとに示すと表10–6のようである（数字は%、括弧内は談話名、イタリックは初対面の会話）。

韓国語の場合、日本語における先行研究の結果とは異なり、女性同士のグループより男性同士のグループでむしろ無助詞の使用率の平均が高い。男女のグループは男性同士のグループと類似している。

表 10-6　日韓の談話における無助詞の使用率と性別

性別	男男		女女		男女	
韓国語	34.8	(K01)	21.7	(K02)	37.9	(K05)
	38.0	(K03)	18.2	(*K07*)	24.4	(*K08*)
	17.7	(*K04*)	17.9	(*K09*)	19.2	(*K10*)
	21.2	(*K06*)				
平均	27.9		19.2		27.2	
日本語	25.3	(J02)	50.0	(J01)	24.4	(J04)
	38.6	(J09)	25.9	(J03)	37.2	(J06)
	14.8	(J10)	17.5	(J05)	19.9	(J07)
					38.1	(*J08*)
平均	26.2		31.1		29.9	

日本語の場合、平均は男性同士より女性同士のグループの方が、無助詞の使用率が若干高いが、談話ごとに見ると男性同士のグループよりむしろ低いものもあり、どちらが高いとは断言できないことが分かる。韓国語も日本語も、性別と無助詞の使用率が深い関係を持つとは言い切れない結果であると言える。この表から気になるところは、性別よりは――特に、韓国語の場合における――「親密さ」である。韓国語の場合、少しばらつきはあるが、初対面の会話における無助詞の使用率がかなり低いことが分かる。日本語の場合は、初対面の会話が一つしかなく（J08）無助詞の使用率は低いとは言えないが、大学の友人同士という親密な関係にある話者同士の会話（J01、J06、J09、J10）における無助詞使用率の平均が相対的に高い（J10を除いて）ことから、「親密さ」は無助詞の使用と何らかの関係があるように思われる。このことと関連して、藤原（1991: 77）は「"familiarity" が高くなれば、省略が容易になる」とし、フォーマルな場では無助詞が現れにくいことに言及している。さらに、楠本（2002: 23）は「無助詞文は、フォーマリティや丁寧さが高いほど表れにくく低いほど表れやすくなる」としており、「親密さ」と無助詞を関係付ける議論はしばしばある。楠本（2002）は、話し手が語りかける相手が特定して、物理的または心理的に身近に

存在する場合に無助詞の文が現れるとしており、聞き手との「距離」が近いほど無助詞文を多く用いることを強調している。上述したShibamoto (1990) も、話者間の距離やフォーマリティなどがハとガの省略に関わるとしている。野田 (1996: 267) は、「典型的な話しことば、つまり、親しい人同士が、インフォーマルに、話の現場に密着した具体的な話をするような文体に近づけば近づくほど、無助詞になりやすい」と述べており、「距離」を聞き手との距離だけではなく「話の現場との距離」とも解釈している。

「親密さ」を「話の現場との距離の近さ」と見るなら、親密さの高い談話で無助詞が用いられやすいことは、本書で明らかにした無助詞の「指差」用法で説明ができる。「指差」用法は、発話の現場に具体的・抽象的に存在するものを「指差すように取り上げ」、それについて述べるというものだった。発話の現場に抽象的に存在するものは、話し手が今目の前に見えていると感じることが重要であるといった「限定的現場性」を持つことから、聞き手や話そのものを心理的に近く感じれば感じるほど無助詞が用いられやすいことは、本書の考え方からすれば当然の結果である。その上、話の現場に具体的に存在するものが話題となるということは、それ自体、会話参加者の親密さを表すものと考えられる。

ところが、このように会話参加者の「親密さ」が無助詞の使用と深く関わっているとしても、その「親密度」を測るような基準は明確ではない。本書で用いた談話資料の中では、初対面の会話や大学の先輩と後輩など知り合い同士の会話、同い年でクラスメート同士の会話などが含まれているが、初対面だからといって親密さが低いとか同級生だから親密さが高いというように機械的に判断することはできないのである。初対面でも、同じ年代、または、同じ職業の人同士の会話などでは、最初は丁寧でフォーマルな言動をとっていても、すぐに共通の話題を見つけ出したりして、友人同士の会話とさほど変わらないものになってしまうという現象もよく見られる。他方、同級生同氏の会話でも、話者の性格によって最初から最後まで距離を置くような話し方をするといった場合も存在するのである。このようなことから、無助詞を調べるために「親密さ」や「距離」、

「丁寧さ」、「フォーマリティ」などの社会言語学的な要素を取り入れる場合は、データの収集の段階から会話参加者の様々な身上情報や会話の場所、時期、話題など全ての面で細かい調整が必要であることが分かる。本書のデータはこのようなことを考慮の上集められたものではなく、社会言語学的な要因がどのように働くかといった点を調べるには不足なところが多い。しかし、無助詞や有形の助詞類そのものが談話においてどのような意味で用いられるかを調べるには、一般的な話し言葉による会話という点で問題がなく、初期の課題もある程度達成できたと思われる。いずれにせよ、社会言語学的な要素と無助詞の関係については、まだ解明すべきところが多く、今後の課題である。

---

*1　ヲ・eul/leul格と示しているが、ここでは「対格」を中心に論じ、「야산<u>을</u> 올라가다 yasan-<u>eul</u> ollagada（野山<u>ヲ</u>登る）〈K05-MF〉」、「ホテル<u>を</u>出る〈J04-MF〉」のような例におけるヲ・eul/leul格については調査の対象としていない。

*2　この結果は、日本語のヲについて数量的調査を行い、指示詞（demonstratives）、不定・疑問代名詞（indefinite/interrogative pronouns）は無助詞になりやすいとしたFujii & Ono（1994）の結果と一致する。

参考文献

(1) 韓国語で書かれたもの

고석주 (2004)『현대 한국어 조사의 연구 I ―'격 개념'과 조사 '-가'와 '-를'을 중심으로―』연세대학교 언어정보연구원, 한국문화사

고영근 [高永根] (1968)「主格助詞의 한 種類에 대하여 ―數表示語의 品詞定立―」 南基心・高永根・李翊燮編『現代國語文法』啓明大學校出版部 (1975)

구헌철 (1996)「담화구조적 생략현상」『釜山大學校人文論叢』49–1, 釜山大學校, pp.301–310

국립국어원편 [國立國語院編] (1999)『표준국어대사전 (標準国語大辞典)』두산동아

권재일 (1989)「조사의 성격과 그 생략 현상에 대한 한 기술방법」『어학연구』25–1, 서울 대학교 어학연구소, pp.129–139

김미령 (2006)「국어의 격표지 교체와 의미역 연구 ― {처격/대격 표지} 교체 동사를 중심으로―」고려대학교 박사학위논문

김민수 [金敏洙] (1960)「國語文法論研究」通文館刊, 金敏洙・河東鎬・高永根編『歷代韓國文法大系』1–97 (1983), 塔出版社

김성훈 (1993)「텍스트에서의 생략현상에 대한 연구」『텍스트 언어학 I』서광학술자료사, pp.387–420

김승곤 (2004)『국어 토씨 어원과 용법』도서출판 역락

김영희 (1974)「한국어 조사류어의 연구」『문법연구』1, 문법연구회, pp.271–311

김영희 (1997)「한국어의 비우기 현상」『國語學』29, 國語學會, pp.171–197

김영희 (2000)「보족어와 격표시」『한글』244, 한글학회, pp.75–109

김영희 (2005)『한국어 통사현상의 의의』도서출판 역락

김용석 (1979)「목적어 조사 '을/를'에 관하여」『말』4, 연세대 한국어학당, pp.29–54

김재욱 (1999)「격조사의 기능과 전형성에 관한 연구 ―주격조사와 대격조사를 중심으로―」『한국어문학연구』9, 한국외국어대 한국어문학연구회, pp.343–360

김정남 (1999)「국어의 생략 현상에 대한 한 반성」『국어학』32, 국어학회, pp.201–215

김지은 (1991)「국어에서 주어가 조사없이 나타나는 환경에 대하여」『한글』212, 한글학회, pp.69–87

김지현 (2007)「한국어 주어의 무조사 현상 연구 ―담화・화용 층위의 정보성을 중심으로―」『우리어문연구』28, 우리어문학회, pp.7–31

남기심 (1972)「主題語와 主語」『語文學』26, 韓國語文學會, pp.128–131

남기심・고영근 (1985)『표준국어문법론 개정판』탑출판사

남기심 (1987)「국어 문법에서 격 (자리) 은 어떻게 정의되어 왔는가?」『애산학보』

5, 애산학회, pp.57–71
남윤진［南潤珍］(2002)「現代韓國語 助詞‘-은/는’의 分布와 機能 —初等學校 國語 教科書를 中心으로—」第 187 回 朝鮮語硏究會發表要旨
노마히데키［野間秀樹(1996)］「한국어 문장의 계층구조」『언어학』제 19 호, 한국 언어학회, pp.133–180
노마히데키［野間秀樹］(2002)『한국어 어휘와 문법의 상관구조』태학사
류구상 (1985)「국어 조사 연구의 문제점」『語文論志』4–5, 忠南大學教 文理科大學 國語國文學科, pp.405–429
목정수 (2003)『한국어 문법론』月印
민현식［閔賢植］(1982)「現代國語의 格에 대한 硏究 —無標格의 定立을 위하여—」『國語硏究』49, 서울대학교 國語硏究會
민현식［閔賢植］(1999)『국어 문법 연구』도서출판 역락
박만수 (1983)「토씨‘-을/를’에 대한 연구」『국어국문학』5–1, 동아대학교 국어국문학과, pp.157–182
박병선［朴炳善］(2003)「국어 공기관계의 계량언어학적 연구」고려대학교 박사학위논문
박병선［朴炳善］(2006)「한국어 주어 출현의 실제적 양상 고찰 —구문분석 말뭉치를 활용한 계량적 고찰—」『韓國學報 第 19 期』中華民國韓國硏究學會, pp.455–475
박승빈［朴勝彬］(1931)『朝鮮語學講義要旨』普成專門學校
박승빈［朴勝彬］(1935)『朝鮮語學』朝鮮語學硏究會
박승윤 (1983)「생략에서의 동일성 조건」『언어』8–1, 한국언어학회, pp.131–144
박영순 (1999)「조사의 인지의미론적 고찰」한국어학회 편『국어의 격과 조사』月印, pp.207–225
박철우 (2003)『한국어 정보구조에서의 화제와 초점』도서출판 역락
서정수 (2006)『국어문법』한세본
서태길 (1993)「助詞 硏究史」김민수 편『현대의 국어 연구사』, 서광학술자료사, pp.102–120
성광수［成光秀］(1974)「國語 主語 및 目的語의 重出現象에 대하여 —格文法論的 考察을 中心으로—」『문법연구』1, 문법연구회, pp.209–235
성광수［成光秀］(1978)『國語 助詞에 對한 硏究』螢雪出版社
성광수［成光秀］(1999)『격표현과 조사의 의미』月印
성광수［成光秀］(2001)「목적어 구성 : 목적격과 조사‘-를’의 관계」『한국어학총서 1 한국어의 목적어』月印, pp.79–101
성기철［成耆徹］(1983)「助詞‘-는’에 대하여」『論文集』17, 서울市立大學校, pp.333–346
성기철［成耆徹］(1994)「주격조사‘-가’의 의미」『先淸語文』22–1, 서울대학교 국어교육과, pp.277–302
손남익 (1999)「국어 부사격 연구」한국어학회 편『국어의 격과 조사』月印, pp.776–796
손인호 (1995)「국어 조사‘을/를’의 실현 조건」『한글』228, 한글학회, pp.159–179
시정곤 (1994)「‘X를 하다’와‘X하다’의 상관성」『國語學』24, 國語學會,

pp.231–258
시정곤（1999）「조사의 형태론적 연구」한국어학회 편『국어의 격과 조사』月印, pp.265–287
시정곤（2001）「{를} 의 정체는 무엇인가？」『한국어학총서 1 한국어의 목적어』月印, pp.179–201
신서인（2006）「구문 분석 말뭉치를 이용한 한국어 문형 연구」서울대학교 박사학위논문
신영화（1992）「조사의 문법성과 어휘성 연구」부산대 교육대학원 석사학위논문
신창순［申昌淳］（1975）「국어 助詞의 硏究」『국어국문학』67，국어국문학회, pp.1–21
신창순［申昌淳］（1976）「國語 助詞의 硏究（Ⅱ）—格助辭의 意味記述—」『국어국문학』71，국어국문학회，pp.175–215
신현숙［申鉉淑］（1982）「목적격 표지 /-를 / 의 의미 연구」『언어』7–1，한국언어학회，pp.119–139
안병희［安秉禧］（1966）「不定格의 定立을 위하여」南基心・高永根・李翊燮編『現代國語文法』啓明大學校出版部（1975）
오충연（1997）「국어 조사의 격표지 기능에 관한 소고 —주격표지를 중심으로—」『崇實語文』13，崇實語文學會，pp.285–304
유동석［柳東碩］（1984）「樣態助詞의 通報機能에 대한 硏究 — {이}，{을}，{은} 을 중심으로—」『國語硏究』60，서울대학교 國語硏究會
유동석［柳東碩］（1988）「시간어에 대한 量化論的 解釋과 助詞 {에}：ϕ」『周時經學報』1，탑출판사，pp.153–181
유동석［柳東碩］（1990）「조사생략」서울大學校 大學院 國語硏究會編『국어연구 어디까지 왔나』東亞出版社，pp.233–240
유동석［柳東碩］（1998）「국어의 격중출 구성에 대하여」『국어학』31，국어학회, pp.307–337
유형선（2001）「이중목적격에 관한 일고」『한국어학총서 1 한국어의 목적어』月印, pp.123–145
이강로（1971）「현대 국어의 토씨（助詞）에 대한 기초연구 —"우리말본"과 13 종류의 문법서를 대상으로—」『논문집』6–1，仁川教育大學校，pp.99–138
이관규（1999）「조사의 통사론적 연구」한국어학회 편『국어의 격과 조사』月印, pp.289–317
이근영（1996）「임자자리 토씨 연구사」김승곤 편『한국어 토씨와 씨끝의 연구사』박이정，pp.3–57
이기동（1981）「언어와 의식」『말』6，연세대 한국어학당，pp.29–50
이기백［李基白］（1975）「國語 助詞의 史的 硏究」『어문론총』9/10 합병호，경북대학교，pp.7–98
이기백［李基白］（1977）「格助詞의 省略에 對한 考察」『어문론총』11，경북대학교，pp.17–28
이남순［李南淳］（1988）『國語의 不定格과 格表示 省略』탑출판사
이남순［李南淳］（1998a）『格과 格標識』月印
이남순［李南淳］（1998b）「격표지의 비실현과 생략」，『국어학』31，국어학회，pp.339–360

이석규 (1992)「현대국어 도움토씨의 의미 연구」김승곤 편『한국어의 토씨와 씨끝』박이정, pp.279–298
이석주 [李奭周] (1980)「國語의 格 形態와 意味」『論文集』4–1, 漢城大學校
이소령 (1995)「중세 국어 토씨 생략 연구」부산대학교 석사학위논문
이숭녕 [李崇寧] (1953)「격의 독립품사 시비」『국어국문학』4, 국어국문학회, pp.49–51
이윤표 (2001)「목적어의 표지 문제」『한국어학총서 1 한국어의 목적어』月印, pp.169–178
이익섭・채완 (1999)『국어 문법론 강의』學硏社
이익섭 (2005)『한국의 탐구 33 한국어 문법』서울대학교출판부
이춘숙 (2000)「토씨 {가} 와 {는} 의 의미기능 —자리개념과 영역개념에서 본—」『한글』243, 한글학회, pp.177–209
이필영 [李弼永] (1982)「助詞 '가/이' 의 意味分析」『冠嶽語文硏究』7–1, 서울대학교 국어국문학과, pp.417–431
이희승 [李熙昇] (1975)「單語의 定義와 助詞・語尾의 處理 問題」南基心・高永根・李翊燮編『現代國語文法』啓明大學校出版部 (1975)
이희자・이종희 (1999)『(사전식) 텍스트 분석적 국어조사의 연구』연세대학교 언어정보 개발연구원, 한국문화사
이희자・이종희 (2001)『한국어 학습용 어미・조사 사전』한국문화사
임홍빈 [任洪彬] (1972)「국어의 주제화 연구」『國語硏究』28, 국어연구회
임홍빈 [任洪彬] (1974)「主格重出論을 찾아서」『문법연구』1, 문법연구회, 탑출판사, pp.111–148
임홍빈 [任洪彬] (1998)『국어문법의 심층 2 명사구와 조사구의 문법』태학사
임홍빈 [任洪彬] (2006)「한국어 무조사 명사구의 통사와 의미」『國語學』49, pp.69–106
장경희 (2002)「대명사」『새국어생활』12–2, 국립국어연구원, pp.147–161
정동환 (1992)「현대국어의 도움토씨 연구」김승곤 편『한국어의 토씨와 씨끝』박이정, pp.299–316
정렬모 (1946)『신편고등국어문법』, 한국문화사, 金敏洙・河東鎬・高永根編『歷代韓國文法大系』塔出版社, pp.1–61
정희자 (1993)「주제에 관하여: 담화의 기능 개념으로서」『外大語文論集』9, 釜山外國語大學校語學硏究所, pp.191–227
정희자 (1997)「생략의 담화기능적 연구」『外大論叢』17–1, 釜山外國語大學校, pp.59–83
주시경 [周時經] (1910)『국어문법』박문서관 (이기문 編 (1976), 주시경전집 下)
주학능 (1990)「국어 체언의 격과 조사 관계에 관한 연구」『현대영미어문학』7, 한국영어영문학회 경남지부, pp.171–218
채완 [蔡琬] (1986)「特殊助詞」『국어생활』5, pp.91–101
채완 [蔡琬] (1999)「특수조사」,『문법연구와 자료』(이익섭 선생 회갑 기념 논총), 태학사, pp.115–138
최남희 (1996)「부림자리 토씨 연구사」김승곤 편『한국어 토씨와 씨끝의 연구사』박이정, pp.15–57

최수영（1984）「주제화와 주격조사 —조사‘는’과‘가’를 중심으로—」『어학연구』 20–3，서울대 어학연구소，pp.233–250
최용주（2003）「2~3 세 한국아동의 주격조사 생략과 출현에 관한 연구」단국대학교 석사논문
최재희（2000）「국어의 격표지 비실현 현상과 의미해석」『한글』245，한글학회，pp.49–78
최호철（1999）「조사의 의미론적 연구」한국어학회 편『국어의 격과 조사』月印，pp.319–359
최현배（1929）『우리말본』열여덟번째 펴냄，정음문화사（1999）
탁성희［卓熙星］（1993）「國語의 主語와 主題 考察」『崇實語文』10–1，崇實語文學會，pp.77–105
프로스트，마르띤（1981）「조사 생략문제에 관하여」『한글』171，한글학회，pp.153–180
한용운（1996）「國語의 格과 助詞에 對한 一考」『東岳語文論集』31，동악어문학회，pp.135–152
한정한（1999）「의미격과 화용격 어떻게 다른가？—형태〈가〉,〈를〉의 두 가지 기능—」한국어학회 편『국어의 격과 조사』月印，pp.361–392
한정한（2002）「‘가’，‘를’의 연결이론」『語學硏究』38–3，서울대학교 어학연구소，pp.827–850
홍기문［洪起文］（1927）『朝鮮文典要領』現代評論社
홍기문［洪起文］（1947）『朝鮮文法硏究』서울신문사
홍사만［洪思滿］（1983）『國語特殊助詞論』學文社
홍사만［洪思滿］（2002）『국어 특수조사 신연구』도서출판 역락
홍양추（1984）「우리말의 격（case）과 토씨」『언어와 언어교육』1–1，동아대학교 어학연구소，pp.117–143
홍윤표［洪允杓］（1990）「격조사」서울大學校 大學院 國語硏究會編『국어연구 어디까지 왔나』東亞出版社，pp.221–232.
홍종선（1999）「생성문법과 국어의 격」한국어학회 편『국어의 격과 조사』月印，pp.83–112

(2) 日本語で書かれたもの
青木伶子（1982）「格と格助詞」『成蹊大学文学部紀要』18、成蹊大学文学部、pp.50–61
青木伶子（1992）『現代語助詞「は」の構文論的研究 笠間叢書 249』笠間書院
庵功雄（1997）「「は」と「が」の選択に関わる一要因—定情報名詞句のマーカーの選択要因との相関からの考察—」『国語学』188、国語学会、pp.124–134
因幡哲男・栗田宣義（2000）「省略されたメッセージはどのようにして補完されるのか」『ソシオロジスト』2、武蔵大学社会学部、pp.21–39
井上優（2001）「日本語研究と対照研究」『日本語文法』1–1、pp.53–69
井上優（2002）「「言語の対照研究」の役割と意義」『日本語と外国語の対照研究 10 対照研究と日本語教育』くろしお出版、pp.3–20
井上優（2004）「「主題」の対照と日本語の「は」」益岡隆志編『シリーズ言語

対照5　主題の対照』くろしお出版、pp.215–226
今井邦彦（2001）『語用論への招待』大修館書店
惠谷容子（2004）「主題の省略に関する一考察―「連続型省略」における容認度の観点から―」『日本語教育』123、日本語教育学会、pp.46–55
大谷博美（1995a）「ハとガとφ―ハもガも使えない文―」宮島達夫・仁田義雄編『日本語類義表現の文法（上）』くろしお出版、pp.287–295
大谷博美（1995b）「ハとヲとφ―ヲ格の助詞の省略―」宮島達夫・仁田義雄編『日本語類義表現の文法（上）』くろしお出版、pp.62–66
大野晋（1977）「日本語の助動詞と助詞」『岩波講座 日本語7 文法Ⅱ』岩波書店、pp.1–28
奥田靖雄（1962）「に格の名詞と動詞のくみあわせ」（言語学研究会編（1983）所収）
奥田靖雄（1968–72）「を格の名詞と動詞のくみあわせ」（言語学研究会編（1983）所収）
奥村悦三（1998）「ことばのなかの合理性―省略をめぐって―」『奈良女子大学文学部研究年報』42、pp.27–43
生越直樹（1989）「文法の対照的研究―朝鮮語と日本語―」山口佳紀編『講座日本語と日本語教育　第5巻日本語の文法・文体（下）』明治書院
尾上圭介（1973）「省略現象の理解」『言語』2–2、大修館書店、pp.91–97
尾上圭介（1987）「主語に『は』も『が』も使えない文について」『国語学』150、国語学会、p.48
尾上圭介（2004）「主語と述語をめぐる文法」尾上圭介編『朝倉日本語講座6 文法Ⅱ』朝倉書店、pp.1–57
甲斐ますみ（1991）「『は』はいかにして省略可能となるか」『日本語・日本文化』17、大阪外国語大学研究留学生別科、pp.113–127
甲斐ますみ（1992）「話者が「は」「が」なし文を発するとき」KLS12、pp.99–108
影山太郎（1993）『文法と語形成』ひつじ書房
加藤重広（1997）「ゼロ助詞の談話機能と文法機能」『富山大学人文学部紀要』27、富山大学、pp.19–82
加藤重広（2003）『日本語修飾構造の語用論的研究』ひつじ書房
神尾昭雄（1990）『情報のなわ張り理論』大修館書店
神尾昭雄（2002）『続・情報のなわ張り理論』大修館書店
北原保雄（1976）「文の構造」『岩波講座 日本語6 文法Ⅰ』岩波書店
北原保雄・北原博雄（2003）「文の構造」北原保雄編『朝倉日本語講座6 文法Ⅰ』朝倉書店、pp.11–51
金智賢（2002）「現代韓国語の談話における「無助詞」の機能について」東京大学大学院総合文化研究科言語情報科学専攻修士論文
金智賢（2008a）「韓国語の文頭名詞句における無助詞現象と情報構造について―「主題―解説」構造における「은/는 eun/neun」、「이/가 i/ga」との比較を中心に―」『日本語と朝鮮語の対照研究Ⅱ』、東京大学21世紀COEプログラム「心とことば―進化認知科学的展開」研究報告書Ⅱ、pp.247–266
金智賢（2008b）「韓国語と日本語の談話における「無助詞」の対照研究―現場

性と主題を手がかりに―」『言語情報科学6』、東京大学総合文化研究科言語情報科学専攻紀要、pp.71–87
金智賢(2009)「現代韓国語の談話における無助詞について―主語名詞句を中心に―」『朝鮮学報』210、朝鮮学会、pp.(37)–(84)
金珍娥(2004)「韓国語と日本語のturnの展開から見たあいづち発話」『朝鮮学報』191、朝鮮学会、pp.(1)–(28)
木村鈴子(1995)「省略」『大阪学院大学外国語論集』32、大阪学院大学外国語学会、pp.1–17
金水敏・工藤真由美・沼田善子編(2000)『日本語の文法2時・否定と取り立て』岩波書店
楠本徹也(2002)「無助詞文における話し手の情意ネットワーク」『日本語教育』115、日本語教育学会、pp.21–30
工藤真由美(1995)『アスペクト・テンス体系とテクスト―現代日本語の時間の表現―』ひつじ書房
久野暲(1973)『日本文法研究』大修館書店
久野暲(1978)『談話の文法』大修館書店
黒木睦子(1998)「話しことばに見る助詞の省略」『日本語教育論文集』8、福岡YMCA、pp.37–50
言語学研究会編(1983)『日本語文法・連語論(資料編)』むぎ書房
近藤泰弘(2003)「名詞句の格と副―格助詞と副助詞の性質―」北原保雄編『朝倉日本語講座5　文法Ⅰ』朝倉書店、pp.52–69
三枝令子(2005)「無助詞格―その要件―」『一橋大学留学生センター紀要』8、pp.17–28
笹栗淳子(1999)「名詞句のモダリティとしてのコト―「Nのコト」と述語の相関から」アラム佐々木幸子編『言語学と日本語教育』くろしお出版、pp.161-173
佐治圭三(1991)『日本語の文法の研究』ひつじ書房
柴谷方良(1978)『日本語の分析』大修館書店
城田俊(1993)「文法格と副詞格」『日本語の格をめぐって』くろしお出版、pp.67–94
須賀井義教(2003)「中期朝鮮語における対格―対格語尾の有無と文の階層構造、単語結合―」『朝鮮学報』187、朝鮮学会、pp.(1)–(45)
鈴木孝明(2000)「言語習得における格助詞の省略可能性について」『言語』29–5、大修館書店、pp.98–103
砂川有里子(1990)「主題の省略と非省略」『文芸言語研究言語篇』18、筑波大学、pp.15–33
砂川有里子(2005)『文法と談話の接点―日本語の談話における主題展開機能の研究』くろしお出版
高見健一(1995)「日英語の後置文と情報構造」高見健一編『日英語の右方移動構文―その構造と機能―』ひつじ書房、pp.149–165
高見健一・久野暲(2006)『日本語機能的構文研究』大修館書店
田窪行則(1989)「名詞句のモダリティ」『日本語のモダリティ』くろしお出版、pp.211–233

田窪行則（1990）「対話における知識管理について―対話モデルからみた日本語の特性―」『アジアの諸言語と一般言語学』三聖堂、pp.837–845
田窪行則・金水敏（1996）「対話と共有知識―談話管理理論の立場から」『月刊言語』25–1、大修館書店、pp.30–39
田窪行則・金水敏（2000）「複数の心的領域による談話管理」坂原茂編『認知言語学の発展』ひつじ書房、pp.251–280
田窪行則・西山佑司・三藤博・亀山恵・片桐恭弘（2004）『言語の科学７　談話と文脈』岩波書店
鄭惠先（2002）「日本語と韓国語の人称詞の使用頻度―対訳資料から見た頻度差とその要因―」『日本語教育』114、日本語教育学会、pp.30–39
筒井通雄（1984）「「ハ」の省略」『言語』13–5、大修館書店、pp.112–121
角田太作（1991）『世界の言語と日本語』くろしお出版
寺村秀夫（1982）『日本語のシンタクスと意味Ⅰ』くろしお出版
寺村秀夫（1984）『日本語のシンタクスと意味Ⅱ』くろしお出版
寺村秀夫（1991）『日本語のシンタクスと意味Ⅲ』くろしお出版
時枝誠記（1950）『日本文法口語篇』岩波書店
永井三千緒（1983）「現代朝鮮語の格の諸問題」『広島大学文学部紀要』43、広島大学文学部、pp.339–355
西山佑司（2003）『日本語名詞句の意味論と語用論―指示的名詞句と非指示的名詞句―』ひつじ書房
仁田義雄（1993）「日本語の格を求めて」『日本語の格をめぐって』くろしお出版、pp.1–37
日本語教育学会編（1998）『日本語教育ハンドブック』大修館書店
丹羽哲也（1989）「無助詞格の機能―主題と格と語順」『国語国文』58–10、京都大学文学部国語国文学研究室、中央図書出版社、pp.38–57
丹羽哲也（2004）「主語と題目語」尾上圭介編『朝倉日本語講座６文法Ⅱ』朝倉書店、pp.255–278
沼田善子（1986）「とりたて詞」『いわゆる日本語助詞の研究』凡人社、pp.105–225
沼田善子（1989）「とりたて詞とムード」仁田義雄・益岡隆志編『日本語のモダリティ』くろしお出版、pp.159–192
野田尚史（1995）「文の階層構造からみた主題ととりたて」益岡隆志外編『日本語の主題ととりたて』くろしお出版、pp.1–35
野田尚史（1996）『新日本語文法選書１「は」と「が」』くろしお出版
野間秀樹編著（2007）『韓国語教育論講座　第１巻』くろしお出版
野間秀樹編著（2008）『韓国語教育論講座　第４巻』くろしお出版
野村眞木夫（2004）「談話における話題の導入と形成の方法」『上越教育大学国語研究』18、pp.1–14
萩原由貴子（2003a）「話し言葉における無助詞―話し言葉コーパスに基づく分析―」名古屋大学大学院国際言語文化研究科修士論文
萩原由貴子（2003b）「話し言葉における無助詞―形式的側面を中心に―」『名古屋大学日本語教育研究集会予稿集』pp.46–49
朴在權（1997）『現代日本語・韓国語の格助詞の比較研究』勉誠社

長谷川ユリ（1993）「話しことばにおける「無助詞」の機能」『日本語教育』80、日本語教育学会、pp.158–168
畠弘巳（1993）「第9章　文章・談話」『日本語要説』ひつじ書房、pp.239–255
東森勲・吉村あき子（2003）『関連性理論の新展開―認知とコミュニケーション』研究社
藤原雅憲（1991）「話し言葉における助詞省略の効果」『平成3年度日本語教育学会秋季大会予稿集』日本語教育学会、pp.73–78
堀口純子（1990）「談話における省略の復元のストラテジー」『文藝言語研究言語篇』18、筑波大学文藝・言語学系、pp.35–52
前原かおる（2000）「呼びかけの特徴―題目との接近可能性―」『広島大学日本語教育学科紀要』10、広島大学教育学部日本語教育学科、pp.57–64
益岡隆志・田窪行則（1987）『日本語文法セルフマスターシリーズ3格助詞』くろしお出版
益岡隆志（1995）『日本語の主題と取り立て』くろしお出版
益岡隆志・田窪行則（1992）『基礎日本語文法―改訂版―』くろしお出版
益岡隆志（2004）「日本語の主題―叙述の類型の観点から―」益岡隆志編『シリーズ言語対照5　主題の対照』くろしお出版、pp.3–17
松下大三郎（1928）『改撰標準日本文法』（1974年復刻版）勉誠社
丸山直子（1995）「話しことばにおける無助詞格成分の格」『計量国語学』19–8、計量国語学会、pp.365–380
丸山直子（1996）「助詞の脱落現象」『言語』25–1、大修館書店、pp.74–80
三上章（1960）『象は鼻が長い』くろしお出版
三上章（1970）『文法小論集』くろしお出版
三上章（1972）『正　現代語法序説　シンタクスの試み』くろしお出版
宮田幸一（1980）「格助詞と取り立て助詞」『月刊言語』9–12、pp.68–77
桃内佳雄（1986）「文章における主題構造と省略」『計量国語学』15–7、計量国語学会、pp.267–285
矢田部修一（1996）「現代日本語における三種類の主格助詞省略現象」郡司隆男編、日文研叢書10『制約に基づく日本語の構造の研究（国際日本文化研究センター共同研究報告）』国際日本文化研究センター、pp.223–239
吉田幸治（1999）「無助詞格について―「が」と「を」を中心に―」菅山謙正編『現代言語学の射程』英宝社、pp.315–332
渡辺実（1996）『日本語概説』岩波書店

(3) 英語で書かれたもの

Bak, Sung-yun (1981) Studies in Korean Syntax: Ellipsis, Topic and Relative Construction. Ph.D. Dissertation. University of Hawaii.
Chafe, Wallace L. (1976) Givenness, Contrastiveness, Definiteness, Subjects, Topics and Point of View. In Charles N. Li (ed.) *Subject and Topic*. Academic Press.
Clancy, P. M. (1980) Referential Choice in English and Japanese Narrative Discourse. W. Chafe. (ed.) *The Pear Stories : Cognitive, Cltural, and*

Linguistic Aspects of Narrative Production. Norwood: Ablex Publishing Campany.

Gundel, Jeanette K.(1974) The Role of Topic and Comment in Linguistic Theory. University of Texas at Austin. Ph.D. Dissertation.

Fry, J. (2003) Ellipsis and wa-marking in Japanese conversation, L. Horn(ed.) *Outstanding dissertations in linguistics*. New York : Garland Pub.

Fujii, N. & Ono, T. (1994) The occurrence and non-occurrence of the Japanese direct object marker o in conversation. University of California, Santa Barbara, pp.1–31.

Grice, P. (1967) Logic and conversation. In Grice P. (ed.) (1989) *Studies in the way of works*. Cambridge: Harvard University Press.

Hockett, Charles F.(1958) *A Course in Modern Linguistics*. New York: MacMillan.

Iwai, C. (1986) Discourse Analysis of Postposition '-wa' and '-ga' Deletion in Spoken Japanese. 安田女子大学 (ed.),『安田女子大学紀要』15. 安田女子短期大学. pp.189–208.

Kartunen, L. and Peters, S. (1979) Conversation Implicature. Ch.Oh & D. S. Dinneen(eds.) *Syntax and Semantics 11: Presupposition*. Academic Press, pp.1–56.

Kato, M. (2000) Functions of Japanese *Ga*-clefts in Discourse: A Relevance-theoretic Approach. *UCL Working Papers in Linguistics* 12. pp.97–122.

Kadmon, N. (2001) *Formal Pragmatics*, Blackwell Publishers, Inc.

König, E. (1991) *The Meaning of Focus Particles*. Routledge.

Kuno, Susumu. (1972) Functional Sentence Perspective: A Case Study from Japanese and English. *Linguistic Inquiry* 3. pp.269–320.

Lee, Hyo-sang & Thompson, S. A. (1989) A Discourse Account of the Korean Accusative Marker. *Studies in Language* 13–1. Amsterdam: John Benjamins Publishing Company, pp.105–128.

Lee, K. Y. (1969) A SYNTACTIC ANALYSIS OF/-nin/ AND /-ka/. 論文集 11. 全北大學校, pp.177–209.

Lee, Y. J. (2004) The Syntax and Semantics of Focus Particles. Thesis(doctoral) Massachusetts Institute of Technology: Department of Linguistics and Philosophy.

Masunaga, K. (1988) Case deletion and discourse context. In W. J. Poser (ed.) *Papers from the Second International Workshop on Japanese Syntax*. Stanford, CA: CSLI. pp.145–156.

Matsuda, K. (1992) Accusative case marker -o deletion in Tokyo Japanese. In C. P. Canakis, G. P. Chan, & J. M. Denton (eds.) *Proceedings of the 28th Regional Meeting of the Chicago Linguistic Society* 1, pp.356–366.

Mori, T. & Givon, T. (1987) Zero object-marking in colloquial Japanese. *The pragmatics of 'optional deletion'*. Ms., University of Oregon.

Ohori, T. (1997) Framing Effect in Japanese Non-final Clauses: Toward an Optimal Grammar-Pragmatics Interface. *BLS* 23, pp.471–480.

Perlmutter, David. (1978) Impersonal Passive and the Unaccusative Hypothesis. *BLS* 4, pp.157–189.

Prince, Ellen F. (1981) Toward a Taxonomy of Given/New Information. In P. Cole (ed.) *Radical Pragmatics*. New York: Academic Press. pp.223–255.

Ramstedt, G. J. (1939) *A Korean Grammar*. Helsinki: Suomalais-ugrilainen seura.

Reinhart, Tanya.(1982) Pragmatics and Linguistics: An Analysis of Sentence Topics. *Philosophica* 27. Reproduced in the IULC(1982).

Shibamoto, J. S. (1985) *Japanese Women's Language*. Orlando, FL.: Academic Press.

Shibamoto, J. S. (1990) Sex-related variation in the ellipsis of wa and ga. In S. Ide & N. H. McGolin (eds.) *Aspects of Japanese women's language*. Tokyo: Kurosio. pp.81–104.

Sohn, Ho-min (1980) Theme Prominence in Korean. *Korean Linguistics*. Washington, D.C.: International Circle of Korean Linguistics. 2, pp.1–19.

Sperber, D. and Wilson, D. (1995) *Relevance: Communication and Cognition*. Blackwell Pub. [(内田聖二・中逵俊明・宋南先・田中圭子共訳)『関連性理論—伝達と認知—』研究社出版].

Takano, S. (1998) A quantitative study of gender differences in the ellipsis of the Japanese postpositional particles *-wa* and *-ga*: Gender composition as a constraint on variability. *Language Variation and Change* 10. Cambridge University Press, pp.289–323.

Tsutsui, M. (1983) Ellipsis of *ga*. *Papers in Japanese Linguistics* 9, pp.199–244.

Tsutsui, M. (1984) *Particle ellipses in Japanese*. Ann Arbor, Mich. University Microfilms International.

Vallduví, Enric (1990) *The Informational Component*. University of Pennsylvania. Ph.D. Dissertation.

Watanabe, Y. (1986) Two kinds of ellipsis in Japanese discourse: A quantitative text study. *Studies in Language* 10, pp.337–351.

Yang, Dong-whee(1975) *Topicalization and Relativization in Korean*. Seoul: Pan Korea.

Yang, In-seok (1973) Semantics of Delimiters. 語學研究(*Language Research*) 9–2. 서울대학교 어학연구소, pp.84–122.

Yatabe, S. (1999) Particle ellipsis and focus projection in Japanese. *Language, Information, Text*, 6. Department of Language and Information Sciences. University of Tokyo, pp.79–104.

資料文献

奥山洋子 (2004)『こんなに違う!韓国人と日本人の初対面の会話』奥山洋子著、報告社、ソウル「奥山洋子・泉千春資料」

伊集院郁子 (2004)「母語話者による場面に応じたスピーチスタイルの使い分

け一母語場面と接触場面の相違一」『社会言語科学』第6巻第2号、pp.12–26

付録 I
（例文のグロスについて）

本書の例文におけるグロスは次のように付けられた。

[普通（ ）] 普通体を作る形態素（語尾など）、又は、普通体であることを表す
[丁寧（ ）] 丁寧を表す形態素（語尾など）、又は、丁寧体であることを表す
→（ ）内に疑問、平叙、命令など文のタイプを明記
[原因] 原因・理由を表す連結語尾
[義務] 義務・必然を表す連結語尾
[程度] 前の内容が後の内容の目的・結果・方式・程度になることを表す連結語尾「게 ge」
[根拠] 前の内容を後の内容の理由・根拠として挙げることを表す連結語尾「ㄴ다고 ndago」
[仮定] 仮定・条件・根拠などを表す連結語尾
[転換] 状況の転換・中断などを表す連結語尾「다가 daga」（‘ていて’）
[尊敬] 尊敬を表す先語末語尾
[推測] 推測を表す先語末語尾
[回想] 回想・報告を表す先語末語尾
[意志] 意志・未来を表す先語末語尾
[過去] 過去・完了を表す先語末語尾
[現在] 現在・進行を表す先語末語尾
[確認] 確認・決意を表す終結語尾
[発見] 発見・驚きを表す終結語尾
[理由] 理由・わけを表す終結語尾
[報知] 何かを知らせるということを表す終結語尾（自慢・感嘆などのニュアンスを帯びる場合が多い）
[疑問] 疑問を表す終結語尾
[引用] 引用を表す語尾
[否定] 否定を表す様々な形態（語尾、副詞、複合形など）
[不可能] 不可能を表す副詞「못 mos」
[名詞化] 動詞・形容詞を名詞化する転成語尾
[連接] 動詞・形容詞の連接形「고 go」（‘て’）
[連用] 動詞・形容詞の連用形「아 a/ 어 eo/ 여 yeo」（‘て’）
[連体] 動詞・形容詞の連体形「ㄴ n/ 은 eun/ 는 neun」
[進行] 現在・過去の進行形を表す表現（連接形 +「있 - iss-」）（‘（し）ている）’）
[希望] 希望を表す表現（連接形 + 補助形容詞「싶 - sip-」）（‘（し）た（い）’）
[婉曲] 婉曲を表す接続語尾（‘けれど’、‘が’）

［感嘆］　感嘆詞
［複数］　名詞の複数形（接尾辞）
［copl］　copula. 指定詞

※　グロスは、形態・意味を問わず、なるべく元の意味が伝わりやすくつけた。
※　本書で扱う、主語及び主題の場所に現れる i/ga、eun/neun、無助詞（ϕ）や、ほとんど日本語の場合と平行すると判断される助詞については、日本語の助詞をそのままつけた。
※　縮約または省略され表現されていない形態素については、(　) 内に縮約または省略される前の形態を示し、グロスをつけた。

付録Ⅱ
（資料における発話文の分析（Coding）基準について）

【1】基本原則

1. 基準
   (1) 韓国語と日本語で統一性が図れる独自的な基準。
   (「21世紀世宗計画構文分析コーパス」の分析の基本原則を参考)
   (2) 表層構造を中心に分析するが、名詞句と述語の下位カテゴリーは意味を考慮し分析。
   (3) 補語と付加語を区別しない。
   (4) 一つの主語が主文を従属文両方に関わっているときは、主文の主語と処理。
2. 方法
   文の構成要素に「形態タグ」と「機能タグ」、「文末タグ」をつける（表1、2、3を参照）。
3. 分析対象
   基本的に、述語を持つ文。
4. 形態的に述語を持つが分析対象ではないもの
   主語などが想定されにくく、固まった表現として感嘆詞のように使われる表現。
   (1)「안녕하세요?」、「こんにちは」などの挨拶
   (2)「그래」、「맞아, 맞아」、「그렇지」、「そうそう」、「だよね」、「だね」など相槌の表現
   (3)「아니야」,「違う」など相手の言葉を一言で否定する表現
   (4)「그래?」,「そうなの？」,「그렇구나」、「そうなんだ」など相手の言葉を確認する表現
   (5)「뭐랄까?」、「뭐지?」、「뭐야?」、「なんだっけ」、「なんだ」など言おうとする言葉を思い出しながら発する表現
   (6)「맞다」、「そうだ」など何かを思い出したときの表現
   (7)「라식요?」、「夏ですか？」など相手の言った名詞句を繰り返しながら聞き返す表現
   (8) 名詞句を修飾する形容詞は主語が現れていなければ述語と見なさない
   (9) 名詞句が倒置された場合も語順が正常の場合と同様に分析する
   (10) 引用表現内の文も同じ基準で分析する

付録 - 表1　形態タグ

	タグ	範疇	備考
名詞句	NG	一般名詞句 *1	人/사람、学校/학교、時間/시간、8月/8 월、「전차 한 열 대」「30」「帰り」
	NB	形式名詞句	の/것、ところ/데、文全体（「어느 정도 도달하기까지가 힘들지」「누구랑 일을 같이 하게 되느냐도 중요하고」「何をしゃべるかは関係ないですか」「まずいが売りの食べ物だからね」）
	NN	固有名詞句	太郎/철수、東大/동경대、日本語/일어、アメリカ/미국、「고양 시」「北海道」
	NP	代名詞句	これ/이것、彼/그이、あいつ/걔、あの方/저분、誰/누구、どこ/어디
述語	VTA	動作他動詞 *2	する/하다、食べる/먹다、飲む/마시다、読む/읽다（보다）、言う/말하다（그러다, 이러다）、やる/하다、話す/이야기하다、会う/만나다、乗る/타다、持つ/기다리다、付き合う/사귀다、使う/쓰다、払う/내다、勉強する/공부하다、受ける/보다
	VTS	状態他動詞 *3	思う・考える/생각하다、覚える/외우다、忘れる/잊어버리다、見る/보다、知る・分かる/알다、判断する/판단하다、望む/바라다、許す/용서하다、後悔する/후회하다、悩む/고민하다、言われる/듣다、夢見る/꿈꾸다、좋아하다、싫어하다、축하하다、부러워하다、間違える、例える
	VUA	非能格動詞 *4	行く/가다、来る/오다、入る/들어가다、出る/나오다、働く/일하다、遊ぶ/놀다、頑張る/분발하다、焦る/초조해하다、住む/살다、びっくりする・驚く/놀라다、喜ぶ/기뻐하다、答える/대답하다、寝る/자다、緊張する/긴장하다、フラフラする/빈둥거리다、並ぶ/줄서다、参加する/참가하다、踊る/춤추다、落ち込む/기죽다、泳ぐ/수영하다（헤엄치다）、仕事する/일하다、バイトする/알바하다、通う/다니다、結婚する/결혼하다、きっちりする、飽きる、疲れる
	VUE	非対格動詞 *5	出る/나다（나오다）、できる/생기다、困る/곤란하다、違う/틀리다、終わる/끝나다、助かる/도움되다、慣れる/익숙하다、効く/듣다、死ぬ/죽다、育つ/크다（자라다）、される・なる/되다、当る、ウケる
	VE	存在表現	ある・いる/있다、ない/없다、存在する/존재하다
	VA	形容詞	可愛い/예쁘다、懐かしい/그립다 日本語は「きれいだ」「静かだ」などの形容動詞を含む
	VC	名詞文	だ・です/이다、ではない/가 아니다、じゃなくて/말고 コピュラを持たず名詞句で終わる文 *6

*1 転成名詞を含む　　*2 対格を持つ動作性他動詞　　*3 対格を持つ非動作性他動詞

*4 意図的ないし意志的な行為を表す動詞（発話様態動詞［どなる、ぶつぶつ言う、ささやく］や動物が出す音を記述する動詞包含）、生理的現象を表す動詞（高見健一・久野暲（2006）「序章」『日本語機能的構文研究』大修館書店、pp.12–14 参考 ← Perlmutter, David（1978:162–163）“Impersonal Passive and the Unaccusative Hypothesis” *BLS* 4, pp.157–189）

*5 大きさ、形状、重さ、色、匂い、精神的状態などを表す形容詞、ないしそれ

に相当する状態動詞、対象（Theme）（および動作主（Patient））を主語にとる動詞（起動動詞包含）、存在や出現を表す動詞、五感に作用する非意図的現象を表す動詞、アスペクト動詞、継続動詞（存在表現、形容詞除外）
*6 名詞句が述部として機能し、項を持つ場合

付録 - 表2　機能タグ

<table>
<tr><th></th><th>タグ</th><th>範疇</th><th></th><th>タグ</th><th>範疇</th></tr>
<tr><td rowspan="6">一次
構文タグ</td><td rowspan="2">S</td><td rowspan="2">主語</td><td rowspan="6">二次
助詞タグ</td><td>JK</td><td>ガ・i/ga</td></tr>
<tr><td>JL</td><td>ヲ・eul/leul</td></tr>
<tr><td rowspan="2">O</td><td rowspan="2">目的語</td><td>JN</td><td>無助詞</td></tr>
<tr><td>JT</td><td>その他の格助詞</td></tr>
<tr><td rowspan="2">C</td><td rowspan="2">その他補語
及び付加語</td><td>XE</td><td>ハ・eun/neun</td></tr>
<tr><td>XT</td><td>その他の助詞と一部の特殊な表現</td></tr>
</table>

* 名詞句内の助詞は分析しない

付録 - 表3　文末タグ

主文	タグ	備考
平叙文	MDC	(는/ㄴ) 다、(는) 구나、지、だ・する、だね・するね、だよ・するよ等名詞文
約束文	MPM	마、ㄹ게、겠습니다、するよ、します等
疑問文	MIN	느냐、지、ㄹ까、ㄴ가、잖아、するか、するの、じゃない、疑問詞を含む表現
命令文	MIM	어라、소서、려무나、아/어 주세요、しろ、して、してください
勧誘文	MPR	자、-ㅂ시다、しよう、しましょう
接続節	タグ	備考
並列節	CC	고、(으) 며、(으) 나、ㄴ데、지만、して、するし、するけど、するが
従属節	CS	条件（면、するなら）、譲歩（라도、しても）、願望（으면、したら）、意図（려고、고자、しようと）、引用（고、と）、警戒（ㄹ세라、ㄹ까 봐、と思って）、義務（야、しなければ）、順次/理由（서、して）、理由（니까、から）、時間名詞修飾節（ㄴ 다음、ㄴ 후、기 전、ㄹ 때、してから、した後、する前、するとき）
連体節	CN	形式名詞修飾、一般名詞修飾

【2】補助用言構成、慣用句などの処理

（以下は主に韓国語の場合を中心に取り上げ、日本語にも当てはまる表現を挙げる）

1. 補助用言の構成、慣用句などの処理
   全体を一つの文末表現と見て、動詞の種類は本動詞を基準に分析
   例）-야 되다/하다, -도 되다/좋다/괜찮다, -고 싶다, -면 되다/안 되다, -면 좋겠다, -지 못하다, -아/어 있다, -고 있다, -게 되다/하다, -지 않다, -지 말다, -아/어보다, -ㄴ가 보다, -려고 하다, -ㄴ/ㄹ지도 모르다, …
   「すればいい」「してもいい」「している」「するようになる」「しようとする」「しない」「してみる」「しなければならない」「してほしい」「していく」「するかもしれない」
2. 擬似補助用言構成
   補助用言ではないが、叙法（mood, modal）を表す言語単位が来る場合「本用言＋補助用言」と同様に処理（全体を一つの文末表現と見て、動詞の種類は本動詞を基準に分析）
   例）-ㄴ/ㄹ 것 같다, -ㄴ/ㄹ 것이다, -ㄹ 테다, 수（가）있다/없다, 적（이）있다/없다, 리（가）있다/없다, …
   「と思う」「気がする」「わけである」「したほうがいい」「する気である」「したことがある」「するはずがない」「するわけがない」「することができない」
3. 慣用的終結形
   全体を一つの文末形と見て動詞の種類は本用言（本動詞）の種類で分析
   例）-ㄴ다손 치다, -단 말이다, -다고나 할까, -던 참이다, -지 그러다, -고 그러다, -고 해도 과언이 아니다, -면 뭐 하다, -ㄴ 셈이다, -ㄹ 생각이다, -ㄹ 생각을 하다, -ㄹ 생각이 있다/없다, -서 그렇다, 모양이다, …
   「とする」「ものである」「ということである」「するところである」「したらどう」「しても過言ではない」「ことになる」「というか」「するつもりである」「からだ」
4. 副詞的慣用句
   全体を一つの従属形として処理
   例）-ㄹ 때, -ㄴ 다음에, -기 전에, -ㄴ 후에 등 시간 관련 표현, -ㄴ 김에, -기 때문에, -ㄴ 거 이외에, -면 -ㄹ수록, -면 몰라도, -ㄴ다손 치더라도, -ㄴ 가운데, -던 차에, 도-이지만, -서 그렇지, -서 그런지, -ㄹ지 안-ㄹ지, -ㅆ든 간에, 건 둘째 치고, …
   「するとき」「するまえ」「したあと」など時間関連表現、「ついでに」「ために」「する以外に」「すればするほど」「ならいいけど」「にしても」「だけで」「より」「ほど」「くらい」「かどうか」「からか」
5. その他
   1）「主語＋述語」の形で辞書に載っている慣用的な表現：全体を一つの述語として処理
   例）생각（이）나다, 기억（이）나다, 재미（가）있다, 쓸모（가）없다, 배（가）고프다, 화（가）나다, 어이（가）없다, 속（이）보이다, 상관（이）없다
   もと（が）とれる、腹（が）空く、仕方（が）ない、幅（が）広い
   2）固まった引用表現（日本語）：引用形式内の節（先行節）は一般的な文と

して処理、引用表現そのものは挿入句と見なす

例)「みたいな」「って(いう(か))」「とか」

3)「と思う」について(日本語)

a. 実際の状況で感情を移入し発話され、ポーズを置いて「と思う」が続く場合

: 先行節と主節を別々に分析

例)「いいなあ_VA_MDC と/NB_CJT 思って_VTS_CS」

b. 意味的な分離が難しくモダリティー化した使用

: 従属節、文末形と見なす

例)「いいと思うよ_VA_MDC」「よかったと思って_VA_CS」「やろうと思ったら_VTA_CS」

c. 先行節と主節の主語が異なり、「思う」の主語が現れた場合

: 先行節と主節を別々に分析

例)「自分も/NP_458SXT-1P 最初/NG_458CJN 少ないなぁって_459VA_MDC

六人半分じゃん_460VC_MIN とか/NB_458CXT 思ったんだけど_458VTS_CC」

索 引

は

ひ

ふ

ほ

む

め

も

ゆ

よ

ろ

わ

を

金智賢（きむ じひょん）

略歴

1974年、韓国大邱生まれ。1997年、慶北大学人文大学国語国文学科卒業。2003年、東京大学大学院総合文化研究科修士課程修了。2009年、同研究科博士課程修了。博士(学術)。現在、宮崎大学語学教育センター准教授。

主な論文・著書

「現代韓国語の談話における無助詞について」(2009年、『朝鮮学報』210)、「無助詞及び「은/는」「は」、「이/가」「が」と主題について」(2010年、『日語日文學研究』72-1)、『教養韓国語 初級』(2015年、朝日出版社)、『教養韓国語 中級』(2016年、朝日出版社、共著)。

ひつじ研究叢書〈言語編〉第137巻

日韓対照研究によるハとガと無助詞

A Contrastive Study of 'Wa', 'Ga' and No particles in Japanese and Korean

Jihyun Kim

発行 2016年5月9日 初版1刷
定価 7800円+税

発行者 松本功
ブックデザイン 白井敬尚形成事務所
組版所 株式会社 ディ・トランスポート
印刷・製本所 株式会社 シナノ
発行所 株式会社 ひつじ書房
〒112-0011 東京都文京区千石2-1-2 大和ビル2階
Tel: 03-5319-4916 Fax: 03-5319-4917
郵便振替00120-8-142852
toiawase@hituzi.co.jp http://www.hituzi.co.jp/

ISBN978-4-89476-789-8

刊行のご案内

〈ひつじ研究叢書（言語編）　第118巻〉

名詞句とともに用いられる「こと」の談話機能

金英周 著　定価4,800円＋税

〈ひつじ研究叢書（言語編）　第119巻〉

平安期日本語の主体表現と客体表現

高山道代 著　定価6,400円＋税

〈ひつじ研究叢書（言語編）　第120巻〉

長崎方言からみた語音調の構造

松浦年男 著　定価6,800円＋税

〈ひつじ研究叢書（言語編）　第121巻〉

テキストマイニングによる言語研究

岸江信介・田畑智司 編　定価6,700円＋税

刊行のご案内

〈ひつじ研究叢書（言語編）　第122巻〉

話し言葉と書き言葉の接点

石黒圭・橋本行洋 編　定価5,600円＋税

〈ひつじ研究叢書（言語編）　第123巻〉

パースペクティブ・シフトと混合話法

山森良枝 著　定価5,500円＋税

〈ひつじ研究叢書（言語編）　第124巻〉

日本語の共感覚的比喩

武藤彩加 著　定価8,500円＋税

〈ひつじ研究叢書（言語編）　第125巻〉

日本語における漢語の変容の研究
副詞化を中心として

鳴海伸一 著　定価6,500円＋税

刊行のご案内

〈ひつじ研究叢書（言語編）　第126巻〉

ドイツ語の様相助動詞

その意味と用法の歴史

髙橋輝和 著　定価15,000円＋税

〈ひつじ研究叢書（言語編）　第127巻〉

コーパスと日本語史研究

近藤泰弘・田中牧郎・小木曽智信 編　定価6,800円＋税

〈ひつじ研究叢書（言語編）　第128巻〉

手続き的意味論

談話連結語の意味論と語用論

武内道子 著　定価7,800円＋税

〈ひつじ研究叢書（言語編）　第129巻〉

コミュニケーションへの言語的接近

定延利之 著　定価4,800円＋税

刊行のご案内

〈ひつじ研究叢書（言語編）　第130巻〉

富山県方言の文法

小西いずみ 著　定価8,000円+税

〈ひつじ研究叢書（言語編）　第131巻〉

日本語の活用現象

三原健一 著　定価3,800円+税

〈ひつじ研究叢書（言語編）　第132巻〉

日英語の文法化と構文化

秋元実治・青木博史・前田満 編　定価7,200円+税

〈ひつじ研究叢書（言語編）　第133巻〉

発話行為から見た
日本語授受表現の歴史的研究

森勇太 著　定価7,000円+税